目　录

第一章　国家安全、教育改革与教育法治

要从国家安全的高度认识教育，教育安全是国家安全的重要甚至根本性内容。为了推动教育综合改革，激活教育活力，回应现实挑战，根据全面深化改革和重大改革应当于法有据，我国应当通过法律授权方式，才能真正推进涉及高校、教育部门以及其他相关职能部门的教育综合改革。

第一节　从国家安全角度以法治推动教育改革[①]

习近平在中央国家安全委员会第一次会议强调：要准确把握国家安全形势变化新特点新趋势，坚持总体国家安全观，走中国特色国家安全道路，他指出："当前我国国家安全内涵和外延比历史上任何时候都要丰富，时空领域比历史上任何时候都要宽广，内外因素比历史上任何时候都要复杂，必须坚持总体国家安全观，以人民安全为宗旨，以政治安全为根本，以经济安全为基础，以军事、文化、社会安全为保障，以促进国际安全为

① 原标题为《论教育安全》，发表于《国家教育行政学院学报》2016 年第 2 期，有修改。

依托,走出一条中国特色国家安全道路。贯彻落实总体国家安全观,必须既重视外部安全,又重视内部安全,对内求发展、求变革、求稳定、建设平安中国,对外求和平、求合作、求共赢、建设和谐世界;既重视国土安全,又重视国民安全,坚持以民为本、以人为本,坚持国家安全一切为了人民、一切依靠人民,真正夯实国家安全的群众基础;既重视传统安全,又重视非传统安全,构建集政治安全、国土安全、军事安全、经济安全、文化安全、社会安全、科技安全、信息安全、生态安全、资源安全、核安全等于一体的国家安全体系;既重视发展问题,又重视安全问题,发展是安全的基础,安全是发展的条件,富国才能强兵,强兵才能卫国;既重视自身安全,又重视共同安全,打造命运共同体,推动各方朝着互利互惠、共同安全的目标相向而行。"①

总体国家安全观下的国家安全体系包括政治、国土、军事、经济、文化、社会、科技、心态、生态、资源、核安全,既有传统安全又有非传统安全,既有国家安全又有个体安全。那么,这一"等""于一体"的总体国家安全观是否可以涵盖教育呢?一直以来,我国对教育问题不可谓不重视,但多从发展角度认识教育,将教育作为国家发展的助力,很少从安全角度认识教育。实际上,如果深入研究教育,就会发现,教育除具有对国家发展的正向积极促进作用外,对国家安全更具有反向消极抑制作用,甚至与其他非传统安全相比,教育安全更具有根本性、决定性,同时也具有隐蔽性。总而言之,没有良性发展的教育,国家力量无法凝聚,国家安全无从谈起,教育应当纳入总体安全观的范畴,教育安全必须得到重视。

一、从国内总体国家安全观层面认识教育安全

教育是国家安全的基础,"是我们的第一道国防线"。随着国家安全观念的转变,非传统安全观逐步兴起,但"教育安全"仍然长期被忽视,未被纳入国家安全的范畴。实际上,"各类安全问题归根到底是人的安全,最关键的是教育问题"。"许多国家谈及国家安全时教育都是首当其冲的关键话题,教育的质量、水平、普及程度等越来越成为国家发展水平和安全系数的主要指标"。② 尽管我国在历史上"强

① 习近平:《坚持总体国家安全观 走中国特色国家安全道路》,载 http://news.xinhuanet.com/2014-04/15/c_1110253910.htm,最后访问日期:2014 年 11 月 23 日。

② 程方平:《教育:国家安全的基础——关于"教育安全"的思考》,载《教育科学》2006 年第 3 期。

国保种”的危机意识曾经引导着有识之士打出了“教育救国”的主张，但由于民族矛盾和政治矛盾的凸显，使教育的作用在激烈斗争和冲突中显得黯然失色，[①]但在今天尤其有必要从国家安全的角度认识教育，这不仅是基于教育是国家发展的基础和支柱这一教育政治学的视角，更是因为“教育本身也会有多重结果，不良的教育和错误的教育导向不仅不会有利于国家的安全和发展，反而会限制和影响国家的安全和发展”。

因此，无论从国际还是国内层面都有必要从国家安全的角度上认识“教育安全”。只有将教育提升到国家安全这一层面上，才能够站在国家前途和民族利益的高度审视各类与教育发展相关的问题。教育发展中的问题足以从许多方面制约国家发展的速度与效率，将在许多现实的和敏感的方面构成对国家开发的阻力，甚至威胁。而且，不仅要从软实力的角度来看作为国家安全的教育，更要从软安全的角度来看作为国家安全的教育。与食品、环境等非传统安全相比，教育安全难以在短期内感知，“教育本身传承模式的保守色彩和其效果的后显性往往使许多潜在的教育问题和安全问题不易引起社会的直接关注”，但造成的后果较之于其他非传统安全来说更为严重，因为一旦教育深层的安全问题凸显出来时，解决起来更为复杂，成本也就更大。[②]

我国2015年通过的《国家安全法》规定，“国家安全是指国家政权、主权、统一和领土完整、人民福祉、经济社会可持续发展和国家其他重大利益相对处于没有危险和不受内外威胁的状态，以及保障持续安全状态的能力”，[③]明确国家安全工作应当坚持总体国家安全观，以人民安全为宗旨，以政治安全为根本，以经济安全为基础，以军事、文化、社会安全为保障，以促进国际安全为依托，维护各领域国家安全，构建国家安全体系，走中国特色国家安全道路。从法律解释学角度来看，所谓“各领域”无疑也包括教育领域，而且教育安全与文化安全和科技安全关系尤其密切，

① 程方平：《教育：国家安全的基础——关于“教育安全”的思考》，载《教育科学》2006年第3期。

② 以上有关教育安全的论述主要参考程方平：《教育：国家安全的基础——关于“教育安全”的思考》，载《教育科学》2006年第3期。此外还可以参考程方平：《论西部开发中的教育安全问题》，载《教育研究》2001年第9期；王凌、吴卉卉：《我国教育安全的研究现状与反思》，载《继续教育研究》2014年第8期。

③ 《国家安全法》第2条。

无论是文化安全[①]抑或是技术安全,[②]不可能脱离教育单独加以维护。而且,在法律制定过程中,已经有常委委员提出,“草案第二章规定了各领域的国家安全任务,为适应不断发展变化的情况,建议增加兜底条款”。在此基础上,全国人大法律委员会经研究赞成上述意见,建议增加一条,最终成为《国家安全法》第 34 条,[③]因此,从技术操作层面来说,将教育安全纳入总体国家安全观也是完全可行的。

需要明确的是,教育安全是一种极强的忧患意识,不是在描述某一专门领域的问题,而是属于政治学、经济学、社会学、系统论等研究领域的带有综合性特点的重要概念,主要涉及与国家安全、民族兴衰正负相关的各级各类教育问题,包括教育的方针政策、法律法规、政府职能、均衡发展等一系列问题,既要考虑国内背景可能引发的安全问题,也要从国际视角考虑竞争、渗透、威胁、挑战和是否丧失主权和发展机遇的问题。[④]

二、从国际层面上人的安全角度认识教育安全

1994 年联合国开发计划署(UNDP)发布《人类发展报告》提出“人的安全”,将安全中心从传统的以国家为主、国界为分及军事手段为主,转移到以个体福利与安全为主,国内和国际两个舞台并重,并延伸到政策等非军事手段。[⑤] 尽管研究一般认为影响人类安全的七大要素并未包括教育安全,[⑥]但早在 1990 年第一份《人类发展报告》首次提出以人类发展指数代替 GDP 开始,就明确人类发展指数是一个涵盖收入、教育和健康三个维度的综合衡量指标,指出,“人类发展是一个不断扩大人

---

① 《国家安全法》第 23 条:国家坚持社会主义先进文化前进方向,继承和弘扬中华民族优秀传统文化,培育和践行社会主义核心价值观,防范和抵制不良文化的影响,掌握意识形态领域主导权,增强文化整体实力和竞争力。

② 《国家安全法》第 24 条:国家加强自主创新能力建设,加快发展自主可控的战略高新技术和重要领域核心关键技术,加强知识产权的运用、保护和科技保密能力建设,保障重大技术和工程的安全。

③ 《国家安全法》第 34 条:国家根据经济社会发展和国家发展利益的需要,不断完善维护国家安全的任务。参见 2015 年 6 月 24 日在第十二届全国人民代表大会常务委员会第十五次会议上全国人民代表大会法律委员会关于《中华人民共和国国家安全法(草案)》审议结果的报告。

④ 其其格:《“教育安全”知多少?》,载《内蒙古教育》2003 年第 10 期。

⑤ 何昌垂、玄理:《重塑国家之责:人的安全保护、冲突与治理》,国际关系学院《国际安全研究》编辑部举办的全球冲突与人的安全研讨会论文集。

⑥ 何昌垂、玄理:《重塑国家之责:人的安全保护、冲突与治理》,国际关系学院《国际安全研究》编辑部举办的全球冲突与人的安全研讨会论文集。

们选择权的过程。而拥有健康长寿、良好教育和体面生活的权利则是其中最重要的几个方面”。①

2014 年《人类发展报告》“旨在提高关于降低脆弱性和增强抗逆力对可持续人类发展的重要性的认识”。脆弱性和抗逆力的概念不仅看到人类发展所取得的成就,还看到其面临的风险和不确定性,因此进一步丰富了人类发展应对方法的内容。抗逆力是保障和维持人类发展的任何一种方式的支柱。其核心是确保政府、社区和全球机构能够发挥作用,赋予民众权利,并向民众提供保护。教育是应当普遍提供社会服务的首要内容,普遍的高质量公共教育可以缩小来自富裕和贫困家庭的儿童在教育方面的差距。诸如家庭教育等能力的代际传递可能让家庭长期受益,有助于加强抗逆力,提高社会能力和降低结构性脆弱,并可能成为一个促进机会和收入公平的强大力量。加强抗逆力要求提高个人、社会和国家应对挫折的能力。教育属于核心能力,享受较高人类发展水平的人们,尤其是身体健康并受过良好教育的人们的抗逆力相对较强,而营养不良且未受过教育的人们的抗逆力则相对较弱,并难以通过改变自己的活动或生活地点的方式来应对负面冲击;缺乏这一核心能力的人往往不能有效发挥其能动性,并难以过上自己喜欢的生活。

同时,脆弱性正威胁到人类发展,如果不能通过调整政策和社会准则的系统方法加以解决,便无法确保人类发展进步的公平性和可持续性。而教育投入(尤其是早期教育投入)有助于培养人们在金融危机或自然灾害来袭时的适应能力,加强在健康、教育和资源控制方面的能力可以赋予人们战胜威胁的能力,从而帮助解决脆弱性问题。作为对人类发展至关重要的选择权内容,对教育选择权的限制是人类的脆弱性的典型源头之一,采取改善教育等干预措施有助于限制脆弱性,在让人发挥自身潜力、提高生产率之外,还能增强人们应对危机的能力。人们接受的教育越多,就越能游刃有余地应对危机,因此,在教育等方面做重大的长期投资,并辅以合适的体制和管理框架,有利于建立良好的灾害防备体系,进而提升国家安全。

此外,对教育的选择权也可能受到社会障碍或其他排斥行为的限制或阻碍,从而进一步加深公共机构和政策中存在的社会歧视,进而构成发生社会冲突的可能诱因。最近发生的社会动乱显示,与日俱增的受教育青年人口和市场的就业机会

---

① 2010 年联合国开发计划署《人类发展报告》。

存在严重失调,这会给民众带来疏离感和绝望感。因此,大学生就业与升学率问题一直是国家的重要职能之一。惠及北欧全民的优质教育和医疗保健服务进一步促进了教育和医疗保健服务的普及,从而确保中产阶级愿意通过缴税提供资金支持,也保证了北欧较为稳定的社会结构。而在医疗和教育领域的投入可以加强国家应对金融危机的能力,从而维护国家安全。确保人们有办法获取教育和就业机会等社会保障和服务对于脆弱国家尤为重要,脆弱国家政府的在这些方面的碌碌无为将对本国、区域乃至国际的安全、稳定和繁荣带来沉重后果。从这一意义上来说,在国际层面,从人的安全角度来看,教育安全也是国家安全的题中之义。

三、近代中国对教育安全认识不足

考诸中国历史,可以发现,尽管教育地位不可谓不重要,但仍未将之与文化等因素相联系并上升到国家安全层面认识。这在清末尤其明显。清末教育制度已经成为社会发展的一个重大障碍,当时的很多有识之士都提出了改变教育制度的各种主张。① 维新运动领导人认为中国衰弱的根本原因在于教育的不良、学术的落后,所以救亡之道应从改良教育,提倡“西学”入手。② 戊戌变法被保留下来的也是教育制度的变革。但这并不意味着人们对以教育为代表的文化有了更深层次的认识,清末有关废除科举的态度是明显例证。

1905 年废除科举是中国近代历史的拐点,尽管当初清末废除科举在社会上的震动比想象的似乎要小,时至今日对该事件的重视,中国学者也不及西方学者“来得早、看得重”。③ 学者认为原因之一可能是传统社会制度突变都是以牺牲一部分人的利益为代价的,而这一部分人经常不具备起来反抗的能力。④ 尽管废除科举所产生的大量生计无着之人本身就足以构成社会的动荡不安因素,但因从改科举、废八股到主张渐废科举、立废科举,人们已有了相当的心理准备,而废除科举的长久深远的后果也还没有显露出来。⑤ “就 20 世纪初叶而言,在为教育注入科学技术、

---

① 陈景磐:《中国近代教育史》,人民教育出版社 1983 年版,第 14 页。

② 陈景磐:《中国近代教育史》,人民教育出版社 1983 年版,第 101 页。

③ 郑也夫:《吾国教育病理》,中信出版社 2013 年版,第 104 页。

④ 王日根:《中国科举考试与社会影响》,岳麓书社 2007 年版,第 411 页。

⑤ 王日根:《中国科举考试与社会影响》,岳麓书社 2007 年版,第 416 ~ 417 页。

生产生活的内容时，决定人们声誉与资格、入仕或称为乡绅的功能似乎不必废除。一下子废除，择优之路骤断，不逞之徒暴增，社会无法适应。博弈规则则有从文化转向武化的巨大风险。而当年之朝野如能有改革而非废除科举的认识，则须有一定见为前提：可变者考试内容，不可变者考试选官，即考选有其神圣不可动摇的位置”，毕竟，“将科学纳入科举内容的前提条件是：课本、教师、考题、阅卷人。这些都需要发展过程。只有视科举为神圣，才会走上这条艰辛的改革科举内容的道路”。①

也许有人主张科举并不属于教育，而是一种人才选拔制度，但教育从来“镶嵌于社会之中”，科举在“普及教育”的同时，也深刻影响了中国教育，并且其流弊“考试制度的僵化和技术化”影响延续至今。② 从废除科举制这一历史事件分析来看，中国教育直接对应的是中国文化乃至中华文明的问题，过去“以人家的学习‘内容’否定我们的科举‘形式’，在逻辑上是不对应。只有体会到三千年未有之变局，才会理解文化休克后一个民族慌不择路的昏聩选择”。③ 今日之教育及其改革亦如是。如果不视教育为神圣，不能从人的安全与幸福、国家安全与发展角度来认识教育，就不可能真正走好教育改革这一更加艰辛的道路。

四、中国面临教育安全的现实威胁

当前，我国对教育不公和教育质量的不满已经非常严重，不仅体现在教育领域，且直接体现在经济、文化以及政治等诸多领域：教育已经构成了对我国国家安全的现实威胁，直接影响到经济安全和社会安全，体现在科技安全、人才安全、文化安全等层面：

第一，教育成为移民的重要甚至首要考量因素。从国际层面来看，教育因素已经对国家经济产生了直接影响，这在移民和留学领域体现最为明显。2012 年 12 月中国与全球化研究中心和北京理工大学法学院联合发布首部年度国际移民报告《中国国际移民报告（2012）》指出，子女教育是投资移民考虑的第一因素，80% 以上

① 郑也夫：《吾国教育病理》，中信出版社 2013 年版，第 105 页。

② 王日根：《中国科举考试与社会影响》，岳麓书社 2007 年版，第 3 页。

③ 郑也夫：《吾国教育病理》，中信出版社 2013 年版，第 106 页。

申请人最直接的移民原因是子女教育。① 2014 年中国与全球化智库和社会科学文献出版社共同发布的《国际人才蓝皮书:中国国际移民报告(2014)》指出,中国人移民的首要原因是子女教育。“教育移民是具有典型中国特色的家庭移民——‘一切为了孩子’”。②《中国大众富裕阶层财富白皮书》2013 年、2014 年报告,随着近 20 年来中国经济的发展,从最初“先富起来的人”到如今的“大众富裕阶层”,越来越多的人开始考虑资产的更优配置、追求更舒适的生存环境以及打造下一代的成长教育环境,中国正在经历第三次移民潮。尽管真正考虑包括实现移民的并不是多数,但考虑将子女送到国外接受教育的却占到接受问卷调查人数的 3/4。③ 2014 年报告指出,超过 80% 的家庭为独生子女家庭,使子女的教育问题格外受到重视,调查中 69.2% 的人群有将子女送出国接受教育的打算。④ 由于对教育不满引发的移民呈持续增长。

第二,我国已经成为高等教育服务贸易逆差最大国家,且留学低龄化日益明显。我国连续多年稳居英美留学人数第一,已经成为高等教育服务领域贸易逆差最大的国家。⑤ 留学呈现出低龄化趋势。这传递出的信息是非常危险的。我国公民对本国教育正在甚至已经失去信心。如果一国国民不认同本国教育,失去对本国教育的信心,进而可能是对文化丧失信心,对国家认同可能也会出现问题。毕竟,教育无法强制,教育的力量来自内心的服从。如果没有让人们满意的教育,人们就不可能形成对国家价值的内心认同。必须要从国家认同的现实角度认识教育

---

① 郭少峰、邓琦:《近半亿万富翁考虑移民 八成因子女教育》,载 http://nb.ifeng.com/qtwz/detail_2012_12/19/490944_0.shtml,最后访问日期:2013 年 10 月 24 日。

② 参见《2014 中国国际移民报告 国人移民首因是子女教育》,载 http://www.chinanews.com/edu/2014/01-22/5768394.shtml,最后访问日期:2014 年 11 月 23 日;杜万岐:《〈中国国际移民报告(2014)〉发布》,载国际商报网:http://zt.shangbao.net.cn/a/252459.html,最后访问日期:2014 年 11 月 23 日。

③ 参见福布斯中文版《中国大众富裕阶层财富白皮书》,2013 年 3 月,载 http://www.creditease.cn/ziliaoxiazai/2013/0329/1567.html,最后访问日期:2014 年 11 月 23 日。

④ 参见福布斯中文版《中国大众富裕阶层财富白皮书》,2014 年 4 月,载 http://www.creditease.cn/ziliaoxiazai/2014/0417/2157.html,最后访问日期:2014 年 11 月 23 日。

⑤ 参见中国教育在线:《2013 年出国留学趋势报告》,载 http://www.eol.cn/html/lx/baogao2013/page1.shtml,最后访问日期:2013 年 10 月 24 日。此外还可参见《〈中国留学发展报告(2013)〉引发低龄留学忧思》,载 http://www.edu.cn/dong_tai_421/20131021/t20131021_1030051.shtml,最后访问日期:2013 年 10 月 24 日。

安全。

第三,教育直接影响人才安全。我国要发展,最终依靠的是人才。人才的培养当然需要借鉴他国经验,派遣学生到发达国家学习。但没有一个国家的人才和智库建设可以完全来自他国教育的培养。西方国家对于最核心的技术是否对我国开放仅仅是问题之一。即使不考虑中国留学人员屡屡因为在美从事高科技时被蒙上的政治色彩,也不得不考虑智力安全的可能性。更深层次的问题在于对西方知识谱系的系统接受和传播而没有反思,无法形成对中国问题和解决路径发出自己的声音。这在社会科学领域体现尤其明显。如果中国教育不能培养熟悉自己国情、开展中国自己研究就不可能发出中国自己的声音。更需要警惕的是,近年来原本承载着知识传承和创新功能的、最应该信任的学术界精英们多次爆出学历造假、学术造假,而学术界恰恰担当着提升中国软实力的重任。必须从人才安全的角度认识教育。

第四,教育直接影响到社会稳定。从国内层面来看,教育不仅未很好发挥其应有功能,反而成为影响社会稳定的因素之一。与我国政府教育财政投入的低比例①对应的是城镇和农村家庭教育支出的高比例。我国家庭教育支出已经占到家庭总收入的30.1%,并仍处于不断上升的发展趋势。② 即使是在大众富裕阶层家庭,“子女教育费”也是家庭最主要支出项目,占44.7%。此外,教育安全还直接与学校安全相联系,入园上学困难、义务教育不均衡引发的恶性事件,③寒门子弟难以进入一流学校、异地高考折射出地域不平等、学校自主招生的失控等一系列事件,社会对

---

① 我国的人均GDP早已超过5000美元,教育经费投入占GDP比重2012年刚达到4%。教育经费的投入占GDP的比例已成为衡量一个国家教育投入水平的重要指标。一个国家或地区的人均GDP达到1000美元时,教育经费占GDP的比例下限是4.07%～4.25%。参见冯兰蔺:《我国家庭教育支出占家庭收入30%　委员建议免税》,载http://news.qq.com/a/20130307/001496.htm,最后访问日期:2015年1月3日。

② 1985年,家庭教育支出占生活消费支出的2.1%,到1996年,此比例上升为5.2%;家庭教育支出的平均年增长率为101.4%,而同阶段家庭生活消费支出的平均年增长率仅为34.4%。20世纪90年代以来,家庭的教育支出以平均每年29.3%的速度增长,明显快于家庭收入的增长,也快于国内生产总值的增长。参见《城市家庭教育支出占收入三成　支出增速快于收入》,载《中国青年报》2012年3月16日版。

③ 参见《湖北十堰校园伤人事件已致3人死亡2人重伤》,载http://news.sina.com.cn/c/2014-09-01/130730776423.shtml,最后访问日期:2014年10月27日。

教育的不满情绪已经几近底线。教育所积聚的社会不满意程度已经达到临界边缘。

应该正是鉴于上述因素,党的十八大报告在论述工作不足和前进道路上的困难和问题时,指出主要问题之一就是社会矛盾明显增多,其中被排在首位的既不是住房,也不是食品安全问题,而是教育。但遗憾的是,尽管具有紧迫性和特殊性,作为总体国家安全观的教育安全概念仍尚未形成。

五、比较经验中的教育安全:美国教育改革与国家安全

美国非常注意国家安全意义上的教育安全。美国外交关系委员会专门成立由纽约市公立学校的前任领导乔尔·I. 克莱恩以及美国国务院的前任国务卿康多莉扎·赖斯主持的独立任务小组。小组包括 31 名杰出的教育专家,国家安全机构和公司领导人,对一系列有争议的问题达成了共识。2012 年 3 月由外交关系委员会出版社(Council on Foreign Relations Press)出版了小组的《美国教育改革和国家安全报告》。该报告指出,美国未能教育其学生从而使学生没有准备好竞争,从而威胁了在全球经济时代国家繁荣和保持国家领导地位的能力。小组警告说"教育失败将美国未来的经济繁荣、全球地位和物理性的国家安全置于风险之中"。除非采取措施矫正这一问题,国家将不能跟上甚至远远落后于全球发展的速度。

该报告认为,美国政府对中小学公立教育投入比其他发达国家更多,但学生并未做好全球竞争的准备。缺乏准备对国家安全前线造成了五个方面的威胁:经济增长和竞争力,物理安全,知识安全,美国的全球意识以及美国团结和凝聚力。太多年轻人在日益高科技的全球经济中缺乏就业能力,许多人根本不符合加入军队的条件因为其身体不合格,有犯罪记录或者教育水平不足。人力资本将决定本世纪的权力,不能提供这一资本将会削弱美国安全。大量受教育程度低的人口会破坏美国国防防卫、信息安全、实施外交和经济增长的能力。该小组提出了三个总体政策建议:第一,在对保护国家安全重要的科目上实施机遇期待和评估。在联邦政府和合作伙伴的支持下,州应该扩展州的核心标准,确保学生掌握对保护国家安全的技能和知识。第二,进行结构性调整,为学生提供好的选择。在一个公平的资源分配环境中,提升选择和竞争将会推动转变结果所必要的革新。第三,开展"国家安全准备审计",强化学校和决策者对结果的责任,提升公共意识。应该有全国上

下的协同努力来评估学生是否学到了对保护美国未来安全和繁荣所必要的技能和知识。结果应当公开,促使美国人民提出问题,为成功一起努力。小组相信小组所传达的信息和建议能够“重塑美国教育,将国家置于通向教育、经济、军事和外交全球领导的路径上”。

美国联邦调查局也非常重视教育与国家安全的关系。联邦调查局战略合作单位出版白皮书《高等教育与国家安全:高等教育校园的敏感、专有和分类信息目标定位》,旨在对高等教育机构的管理者、高级研究者和出口控制官员以及技术转让办公室提供有关外国情报服务和非国家行动者如何利用美国大学满足其情报和运作需要。该白皮书并不保密,满足了美国联邦调查局的部分目标,提高公共和私人实体的有关反间谍风险和国家安全问题的认识。

教育决定了瑞士公民的创造力和做出精品的能力。正如瑞士联邦主席施奈德·阿曼指出的,瑞士政府不会每天都关注瑞士的创新、竞争力的世界排名,瑞士政府每天都向公民传递的是这样一个理念“这一切都由你来决定!你越好地承担自己的责任,越好地完成自己或集体的工作,我们就能更好地在国际市场维护我们的利益”。①

六、从国家安全的高度推进教育改革

教育一度甚至现在仍然被作为一种间接或者隐性的因素在发挥作用。尽管我们无数次强调教育的重要性,但在内心深处,我们对教育的重要性认识是不够的。教育从来都是基础。它不仅是国家繁荣时的锦上添花,也是国家贫苦时的雪中送炭;不仅是个体走向成功的基础,也是改变命运的途径。学习,可以为个人创造未来;教育,能够为社会开拓明天。对个人而言,教育可以帮助每个人发展潜能、建构知识及提升个人素质;它赋予每个人掌握前途和开拓未来的能力。对社会而言,教育不单可以培育人才,而且具有一个更深层的意义,它给予社会每个人一个平等的发展机会,不论阶层和家庭背景。

当前,我们仍然多从教育的正面作用入手,即如果教育做好了,将可能带来的收益如何,很少从教育的负面作用入手,如果教育失败了带来的危害如何?教育如

---

① 施耐德·阿曼:《教育决定瑞士创造力》,载《新京报》2016年4月9日,第A14版。

果不公，老百姓会有最直接最深刻的体会，这种体会直接影响到人民对执政党对政府的信任，进而会逐步削弱政权赖以存在的群众基础。教育不公，如寒门子弟一校难进、名校难求，社会底层和上层失去传统中国社会中科举制所带来的社会平衡器功能，教育质量不能提高，国家就会失去竞争力，这些都构成对国家安全直接却非常隐蔽的影响。因此，要从国家安全的高度来认识教育，明确教育安全作为软安全，是国家安全中的重要甚至根本所在！

教育关系子女，教育关系未来，公民可以不在乎自己，不在乎现在，但不可能不在乎子女，不在乎未来。如果没有满意的教育，国家就不可能有真正的安全。只有如此，在推进教育改革的时候，才会更急迫，也会更慎重。教育改革关系每一位公民的切身利益，公民对于教育的关切已经超过了对自身的关切。稳妥推进一个迫切需要的改革，是非法治保障不可的。如果还停留在过去单项改革而非综合改革的思路，不形成有关教育改革的科学目标、途径和方案，认真思索教育的目的，回归教育的本质，以法治的方式突破现实的体制机制障碍，那么教育改革很难真正推进。我国教育改革已进入“深水区”，面临很多前所未有的新情况、新问题、新矛盾，改革的难度大、压力大，矛盾也比较多，许多问题没有现成答案，需要在实践中探索，要改变我国过去教育改革的传统路径，借鉴发达国家教育改革的经验，通过法治方式推行教育改革。

第二节　教育改革与教育法治

从历史和现实、国际和国内来看，教育都是影响我国国家安全的重要甚至根本性因素，但因其隐蔽性和长期性特点易被忽视。要从国内总体国家安全观和国际层面人的安全角度认识教育及其综合改革，我国历史上对教育安全认识不足，当前已经面临教育安全的现实威胁。只有从国家安全层面上认识教育，确立教育安全概念，加强国家教育安全观念，才能更好地认识教育综合改革的重要性和迫切性，并以法治保障、规范和推进教育改革的进行。

一、我国厉行法治推进教育综合改革的必要性

党的十八届三中全会提出要进行教育综合综合改革，十八届四中全会提出要依法治国，教育要落实，最核心、最本质的要求就是依法治教。依法治教是教育治理体系和治理能力现代化的核心内容，依法治教首要的就是以法治思维和法治方式深入推进教育领域综合改革。依法治教的核心是在法律上明确学校作为办学主体的核心地位，明确学校不仅作为民事法人的独立地位，也需要明确其公法上的独立地位，同时加强学校内部治理，通过内部有效治理赢得良好治理。要实现和保障学校作为办学主体的核心地位，关键是通过法治方式推进教育管理体制改革，明确教育行政的界限，同时加强教育行政执法，促进和监督学校依法治校。运用法治思维和法治方式推进教育综合改革，这既是在借鉴国外教育改革经验基础上对传统教育体制改革路径的突破，也是厉行法治、依法治教的体现，有其必要性和必然性。

域外发达国家在教育管理上非常注意应用法律权威。20 世纪 80 年代西方国家也都寻求通过改革寻求教育发展的出路和应对发展的对策。我们在借鉴西方教育改革内容的同时，对其改革的路径却缺乏足够的关注。英国在出台系列教育改革报告、白皮书之后，最终还是经过十多年酝酿后于 1988 年正式颁布的《教育改革法》发挥了关键性作用。苏联十月革命后于 1919 年就着手制定教育法令。西方很早就制定教育法令，借助法律权威保证各种教育事业的顺利进行。日本教育法令完备，在 2005 年推进国立大学法人化改革过程中非常注重法律制度尤其是立法的建构。美国阿肯色州 1990 年通过《教育改革法》。2001 年 1 月 23 日，美国总统布什公布了名为《不让一个儿童落后》的教育蓝图后，于 2002 年 1 月 8 日正式签署了《2001 年不让一个儿童落后法》(No Child Left Behind Act of 2001, NCLB Act)。教育改革也是美国奥巴马政府改革的重要组成部分，奥巴马政府提出了教育改革蓝皮书。尼日利亚为了推行教育改革，2007 年出台《教育改革法》，目的在于使该国教育领域改革生效，通过立法设立相应机构；修改、取消或者加强其他现行教育相关立法以实现教育部门改革目的及相关目的。[①] 澳大利亚维多利亚州 2006 年出台了

① 参见 2007 年《教育改革法》(Education Reform Act. 2007)序言。

《教育培训改革法案》。改革的主要目的是改革维多利亚州与教育和培训相关的立法,为州提供高质量的教育和培训。①

突破传统教育改革路径。在我国,传统教育改革乃至整个改革都通过政策推行。如1993年我国中共中央、国务院印发《中国教育改革和发展纲要》。2010年我国颁布了《国家中长期教育改革和发展规划纲要》。与此同时,教育领域的诸多立法也都是对改革成果的巩固。如高等教育法被视为"是推进高等教育改革和发展的重要法律。用法律来理顺和规范高等教育的管理和办学活动、推动高等教育的改革和发展"。② 在建设教育法制的过程中如何深入理解教育活动的基本性质,准确把握教育改革的复杂性,始终是提升教育立法水准和改革决策质量的一个关键性问题。教育从来不是单纯的教育行政部门的问题,始于1985年的我国教育体制改革针对的是与计划经济相适应的国家与教育高度一体化的教育体制。在这一改革过程中要通过改革政府的功能来重构政府的调控机制。因此,要推动改革,就要推动"综合"改革,而法律与教育改革密切相关。教育法治建设一方面要继续完善教育法制,完善立法,同时已经制定的法律由于社会的发展变化,一些条文已经过时或者与变革中的新制度设计相抵触,面临适时加以修订的问题。③ 我国应当重视教育立法问题,把国家重大教育政策和措施用法律的形式固定下来,以便保证教育改革的顺利进行。④ 具体来说,教育领域厉行法治有其如下意义:

首先,厉行法治是推进教育综合改革的前提和依据。教育综合改革属于重大改革,不仅要破除制约教育事业科学发展的体制机制障碍、促进教育体系自身完善,还要与经济、政治、文化、生态文明建设等改革事业相互配合、协同攻关,必须于法有据。《教育法》第11条第1款明确规定:"国家适应社会主义市场经济发展和社会进步的需要,推进教育改革,推动各级各类教育协调发展、衔接融通,完善现代国民教育体系,健全终身教育体系,提高教育现代化水平。"此外,《义务教育法》第

① 澳大利亚维多利亚州《教育培训改革法》(Education and Training Reform Act. 2007)第1条,2006年第24号法案。

② 朱源星:《一部推进高等教育改革和发展的重要法律——写在高等教育法实施之际》,载《人民之声》1999年第1期。

③ 劳凯声:《改革开放30年的教育法制》,载《教育研究》2008年第11期。

④ 详见黄学甫在《加强教育立法保证教育改革的顺利进行》一文中的论述。

35 条也规定了“国务院教育行政部门根据适龄儿童、少年身心发展的状况和实际情况……改革考试制度”。《高等教育法》第 6 条第 2 款规定：“国家鼓励企业事业组织、社会团体及其他社会组织和公民等社会力量依法举办高等学校，参与和支持高等教育事业的改革和发展。”《职业教育法》第 3 条也规定：“国家发展职业教育，推进职业教育改革……”这些教育法律已经为推进教育改革提供了依据，表明改革没有完成时，是教育的“新常态”，是一项长期的工程。

其次，厉行法治是形成改革共识、科学制定和实施教育综合改革方案的基础。教育综合改革涉及部门多、利益多样，要通过法定程序保障使改革方案制定过程成为各方共识形成过程，通过充分讨论和协商形成科学的综合改革方案，并将各方共识以法治的方式确认下来。通过法定程序广纳众意形成的科学教育综合改革方案有利于激发教育利益相关主体活力，增强主动遵守规则和自主实施方案的动力，降低实施成本、减少实施阻力，从而得到有效实施。我国已经推行过多次专项教育改革，最后改革剩下的都是硬骨头，更多涉及教育行政部门之内多个机构以及教育行政部门之外的多个部门乃至政府职能，这些利益及职能的调整都需要法治保障。

最后，厉行法治可为教育综合改革提供新的动力和途径。当前教育领域已经成为社会矛盾多发领域，推进改革尤其是综合改革将会涉及多种矛盾，触犯各种利益，形成各种纠纷。坚持依法治理，加强法治保障，运用法治思维和法治方式有利于从根本上化解社会矛盾。如近年时有发生的校闹问题、学生安全纠纷、师德事件等社会敏感问题，可以通过建立健全家长委员会制度、学生学校保险制度和师德处理机制等教育法律制度创新解决。对教师与学校、学校与教育行政部门之间发生的纠纷要通过法律途径来解决。

二、厉行法治推进教育综合改革的内涵及要求

（一）厉行法治推进教育综合改革的内涵

厉行法治推进教育综合改革，全面推进依法治教，当然有其深刻内涵，但从历史和现状出发，当前主要体现为五个注重：

第一，要更加注重程序正义。程序意味着按照某种标准和条件整理争论点，公平听取各方意见，在使当事人可以理解或认可的情况下作出决定，程序正义能够排除恣意因素，保证决定的客观正确。要改变教育领域传统上对实体正义的追求，重

视程序正义，建立健全推进教育综合改革的法定程序，包括国家重大教育决策的法定程序、学校重大决策的法定程序、教育行政执法的法定程序、教育纠纷解决的法定程序等。

第二，要更加注重权利保护。教育的核心价值在于“以人为本，促进人的全面发展”，这要求要尊重和保障学生与教师权利，关注个体权利、家庭权利、学校权利和社会权利，建立健全权利保障机制和纠纷解决机制。学生权利不仅限于受教育权，教师权利也不限于学术权利，学校权利不限于办学自主权，在推进教育综合改革过程中，要注重尊重各方主体的法律权利，同时从教育内在规律出发，探求教育各方主体的权利内核并以法律保障之。

第三，要更加注重制度完善。目前我国在宪法之下，已基本形成以《教育法》为核心的专门教育法律体系，包括《学位条例》《义务教育法》《教师法》《教育法》《职业教育法》《高等教育法》《国家通用语言文字法》《民办教育促进法》；以及《未成年人保护法》《侵权行为法》《预防未成年人犯罪法》《残疾人保障法》等教育相关法律体系。但总体来看，依法治教、依法治校的意识仍然较为薄弱，尚未成为国家、政府、学校的自觉行为，以教育政策和规范性文件为主要工作方式的局面尚未完全转变，依法治教的制度和措施还不健全，这要求建立健全教育法律制度，完善学校规章制度。

第四，要更加注重规则公平。法律是治国重器，良法是善治前提，规则公平是制度完善的核心，要通过法治方式真正建立健全实质公平正义的教育法律规则，提高制度建设的质量，充分体现各方合法权益和合法诉求。学校规章制度要符合法律保留原则，符合理性与常识，不得超越法定权限和教育需要设定义务。这要求在国家立法之外，探索学校立法尤其是学校规章制度在国家法律体系中的地位，研究学校规章制度在司法领域的适用问题。

第五，要更加注重利益相关方参与。教育关系到公民、家庭、社会和国家的切身利益，要办好人民满意的教育，不仅需要教育管理，更加需要教育治理。治理与管理的一字之差体现的是观念转变，学生、教师、家庭、社会与政府都是教育利益相关主体，教育综合改革要激发利益相关方的主动性和积极性，要形成充分共识、获得有效推进，必须更加注重通过信息公开和决策民主等各种法治途径和方式吸收和引导利益相关方的广泛参与。

（二）厉行法治推进教育综合改革的要求

依法治教不仅是依法治国的必然延伸，也是依法治国的必要条件，有利于推进法治国家和法治政府的建设。通过法治方式深化教育综合改革，要完善以下内容：

第一，加强基本理论研究，建立健全教育法律治理体系。要区分不同教育阶段的权利，在基础教育阶段以受教育权为核心，在高等教育阶段要以学术自由为核心，加强教育权利和教育法律制度系统研究；要明确政府、公民、家庭、学校、社会等多元教育利益主体模式，建立健全教育利益主体参与治理制度，鼓励社会力量兴办教育，委托社会组织开展教育评估监测，形成社会依法支持和参与教育治理和学校管理的共治格局。

第二，建立健全教育法律体系和学校规章制度，提高立法质量。要坚持立法先行，发挥立法的引领和推动作用，抓住提高立法质量的关键，继续完善教育立法，把国家重大教育政策和措施用法律的形式固定下来；适时修订已经过时或者与变革中的新制度设计相抵触的条文；建立健全教育法律法规规章、学校规章制度和规范性文件的审查与清理机制。

第三，推进教育行政部门依法行政，加大执法力度。要明确政府、社会教育权利（力）边界；理顺教育与相关职能部门的权限和职能分工；转变政府职能方式，健全政府补贴、政府购买服务、助学贷款、基金奖励、捐资激励等制度；深入推进管办评分离，正确处理中央和地方的教育权限，扩大省级政府教育统筹权；建立教育行政权力清单制度，明确教育行政部门与学校的权力边界；健全教育依法决策体制和教育执法体制，强化国家教育督导，整合教育执法队伍，探索教育综合执法，加大教育执法力度，改变教育顽疾和教育有法不依现象；运用法治思维和方式推进改革，依法建立健全对学校的监督指导机制和依法治校考核评价机制，实现政府依法管理和监督。

第四，全面推进依法治校，落实学校、教师和学生主体地位。要以建设现代学校制度为目标，落实和规范学校办学自主权，形成学校依法办学、自主管理，教师依法执教，学生依法维权；完善依法治校工作机制，建立健全以章程为核心的学校规章制度建设；学校重大决策引入公众参与、专家论证、风险评估、合法性审查、集体讨论决定这一重大行政决策法定程序；通过师生参与等多种途径提高制度建设质量，规范和制约学校权力运行，建立学校法律顾问制度，全面提高学校依法管理的能力和水平;健全法律规定的教职工代表大会和学生代表大会等制度,推动基层民主建设,全面落实师生主体地位。

第五,保障各方合法权益,建立健全教育纠纷解决机制。政府和学校要增强运用法治思维和法律手段解决学校改革发展中突出矛盾和问题的能力,以健全权利保障和救济机制为着力点,依法落实和保障师生的知情权、参与权、表达权和监督权;完善教师学生权利救济制度,依法健全校内纠纷解决机制及相关诉讼制度;健全安全管理及突发事件的应急处理机制。

第六,加强法治教育,形成教育法治文化。教育领域树立法治意识有利于推动全社会树立法治意识。要健全普法宣传教育机制,深入开展法制宣传教育,切实加强对教育行政部门、学校领导干部、职能部门工作人员依法治校意识与能力的培养,全面提高教师依法执教的意识与能力;加强和改善学生法治教育,丰富法治教育形式与内容,把法治教育纳入国民教育体系,形成浓厚的校园法治文化范围。

三、教育法治化是当今中国教育改革的路径选择

2010 年《国家中长期教育改革和发展规划纲要(2010 ~ 2020)》颁布施行。2013 年十八届三中全会做出了《关于全面深化改革若干重大问题的决定》。日前,党的十八届四中全会审议通过了《中共中央关于全面推进依法治国若干重大问题的决定》。根据当前教育综合改革的形势,有必要从国家安全这一新的高度认识教育改革,不仅要在高校推动综合改革,也要在教育部内部推动综合改革。

要普及法治理念和法治思维,要通过改革达成共识,但首先也要对改革形成共识,要在制定改革方案中达成共识。改革要激发每一个人的活力。教育改革与其他领域的改革相比更具有根本性,这个根本性是从教育对个体的发展与塑造、对个体和国家的影响来说的。如果说,经济可以用指标来评价,比较容易量化为指标的话,教育很难如此。教育是一种潜移默化,是对心灵的滋养与丰富。教育不仅仅是为了谋生,应该有更好的情怀。那么,教育改革就不能以升学率、获奖指标等来衡量。这些都需要在讨论中凝聚共识。通过讨论的方式本身就是一种改革,一种决策方式的改革,是法治观念在教育领域的贯彻。制定教育改革法的制定过程中能进一步推动利益相关各方对教育改革达成共识,减少改革阻力;能够通过程序吸收各方意见,协调不同利益;增强人们对教育改革方向、改革路径和改革方式、改革内

容的预期和认同感。教育改革依法推进,依法依章推进,这是中国教育改革的路径。与此同时,贯彻十八大四中全会决定,实现立法和改革决策相衔接,做到重大改革于法有据、立法主动适应改革和经济社会发展需要。实践证明行之有效的,要及时上升为法律。实践条件还不成熟、需要先行先试的,要按照法定程序做出授权。对不适应改革要求的法律法规,要及时修改和废止,建议我国制定"教育改革法"或由全国人大常委会单行授权进行教育综合改革,允许试点打破不适应改革要求的法律法规。

四、当前推进教育综合改革的一些法律问题和建议

当前各地都在推行教育综合改革,尤其是作为试点的"两校一市",都采取了一些新的措施和方法。这些作为改革的探索和尝试,尽管在法律上并没有明确的禁止性规定,但并意味着不需要进行法治思考;相反,这些推进中的教育综合改革对教育法治提出了更大的挑战。

以北京市为例。2014 年北京深化教育领域综合改革,在优质资源扩大化的目标驱动下学校之间采用集团化、"重组""抱团"等方式联手,出现教育集团、优质资源等组合方式。北京市采取的重组、撤并校等方式法律并无禁止性规定,在某种程度上也确实快速实现了教育均衡化,但在这里面其实涉及了诸多重要的教育法问题,一是公办学校是否具有独立的主体地位?是否有权对政府的决定说"不"?二是名校或者优质校的评判标准是什么?如果是仍以传统的升学率来评判的话,这种优质资源共享可能与推行素质教育的目标是相悖的,而且这种改革有可能造成教育同质化之嫌。基础教育的均衡化应该不是同质化,是否有必要允许不同特色的学校存在?这种方式是否是实现教育均衡的最好方式呢?2015 年年初的因撤校发生的案件值得我们思考。2008 年百年名校地安门中学被北京东城区教委宣布撤销,并入北京市五中分校。马全根等几位原地安门中学的退休教师在为恢复地安门中学奔走无果后,在 2015 年年初起诉东城区教委。尽管案件存在诉讼主体适格等问题,但这无疑提出了一个尖锐的问题,在基础教育综合改革中,中小学是否只是被改的对象?其独立的办学主体资格是否存在?教育行政机关做出的改革决策是否有必要征求中小学校的意见或教师、学生和家长的意见呢?甚至在部分地方在学校合并过程中还出现了担任不足半月的校长被免职的情形。改革要厉行法

治，也意味着要让每一位公民包括校长、教师在内有合理预期。厉行法治就是要让改革更稳妥地进行，在法律没有禁止性规定的情况下，教育综合改革更要注重法治思维，以制度方式吸收公众参与到教育改革进程，充分考虑各方面的利益，形成各方的最大共识。改革决策的民主化也是法治化的过程，不能是教育行政机关来改学校，而是教育行政自身也要改革。推动改革者也要依法推动，依法决策，尊重办学主体权利，这也是教育法治的当然之义。

此外，北京市基础教育综合改革的前述做法还面临一个现实的问题，面对现实改革中出现的新事物，如灯市口小学优质教育资源带的“校区负责制”、北京小学教育集团的“主任委员会制度”、北京教育学院附属丰台实验学校“理事会领导下的校长负责制”，如何从法律上界定并理顺涉及学校治理结构完善问题，决策科学等诸多问题。学校的规模越大，学校决策的影响越大，则对学校内部治理的要求越高，需要学校更加注重以法治来构建学校的内部治理制度。

从高等教育综合改革来看，制约高等学校发展的体制机制并未从根本上改变。对于公立高校集中关注的办学自主权问题，在法律上并未有“重大”松绑。高校的招生、学科设置、学位授权点等自主权方面的问题并未解决，高校内部治理结构尚未完全理顺，党委领导下的校长负责制还需进一步健全完善，高校内部的诸多权力关系还需要进一步梳理，校院两级的关系，学校学术权力和行政权力的关系，都并非是单纯的尊重院系自主权和学术权力所能够解决的。以法治视野观之，所有的权力都可能滥用，高校固然要相对政府自治，但并不是无须治理，高校的自治是以内部有效治理为依托的，院系治理和学术治理也是如此。在高等教育综合改革不断放权还权于学校、高校尊重院系自主权和学术权力的同时，要加强高校内部的法治建设，在高校章程的基础上完善学校各项规章制度并保障有效施行，妥善借鉴学校内部纠纷，形成学法用法守法的校园文化。

总之，教育是我们的第一道国防线，要办好教育就要深化教育综合改革，而教育综合改革的稳妥有序进行，需要全面推进依法治教，让教育领域成为全面推进依法治国的“首善之区”。为此，不仅要考虑依法行政原则，在法律未修改之前不能采取法律明确禁止的措施，对于法律没有明确禁止的可以创新工作方式和方法，同时尤其要注意比例原则采取的改革措施和方式，要从根本上考虑是否符合教育目的，是不是最适切的方式，给受教育者和公众带来的损害最小，同时要使改革有预期；

考虑到信赖利益保护原则的要求，对于教育改革措施和方法，要考虑到教育秩序的安定性，充分考虑到学校、校长和教师的利益，实现改革的平稳进行；要注意正当法律程序的运用，形成科学决策机制，重大决策要进行合法性审查，要注意尊重教育领域每一类权利，最终实现教育的本质。

第二章 教育法基本理论问题

伴随着党的十八届三中全会提出的深化教育领域综合改革和十八届四中全会提出的全面深化依法治国,在教育领域厉行法治理念和法治思维进一步成为共识。与早些年发生的以田永案、刘燕文案所引发的“让司法的阳光”照进大学的殿堂的呐喊相比,依法治教、依法治校、教育法制、教育法治等概念已经为人所熟知,并且逐渐走入了制度建构层面,在以教育八法的基础上建立了初步的教育法律体系,同时伴随着教育改革发展和依法治国的推进,以学校为主体的学校法律制度也在逐步建设之中。但教育法律制度的推进与现实对教育法治的需求相比仍然落后。而且,由于有关教育法的范畴、本质以及教育法学的学科性质等问题缺乏深入研究,对教育法的一些基本理论问题并未达成共识。鉴于我国现行教育立法更多是从实际需要出发,以实践为导向,教育法相关研究多以立法及其实施为对象,缺乏理论研究的“自觉”探讨,体现在教育法的本体研究和外部研究不足。为此需要对教育法的范畴、渊源、教育法与相关法律部门的关系、教育法与法治教育的关系加以研究。

第一节　教育法的概念

尽管作为现代教育发展的一个理性选择,教育法是世界各国发展教育的共同经验,①但从历史来看,教育法是 18 世纪以来社会现代化过程中随着教育的国家化过程才产生的,此前“国家一般不直接影响教育,只是在幕后间接影响教育”,“教育领域中各种关系的调整主要依靠民间的习俗和自律,教育与法律之间并没有什么必然的联系,也无所谓教育法”。② 此后国家意识到教育对现代生产发展的意义,开始通过国家强制力普及和发展教育,通过法律来组织和调控教育发展,由此教育日益普及化和社会化,教育教学活动也日益复杂化,要求法律调整、规范和保障教育教学活动的有序运行。随着教育在现代社会中的地位日益提升,教育立法数量日益增长,教育法调整范围日益扩大,教育法的地位也在逐步提升,教育法的研究才逐渐繁荣起来。在我国,教育法研究是伴随着教育立法实践需要而发展起来的。教育法学研究的关注度随着教育的发展和教育立法数量的增长而逐步增长。

一、我国教育法的历史

在我国,法治和现代意义上的教育都是近代才产生的。伴随着我国近代社会变迁,在鸦片战争失败之后,清政府出于“应付新生活的要求”和“抵御强敌的企图”,不得已而发展新式教育,伴随着新教育的产生,面对外国传教士在境内的传教与兴学、国内开设同文馆、开展水师教育、陆军教育和留学教育,都制定了大量有关教育的规范和章程,③到民国时期已经有大量的教育立法。④

1949 年中华人民共和国成立之初《共同纲领》专章规定了文化教育政策,将文化教育体育共九条(第 41 ~ 49 条)规定在第五章。20 世纪 50 年代通过《关于高等

---

① 劳凯声:《教育法与教育法学》(上),载《中国法学教育研究》2007 年第 3 期。

② 劳凯声:《教育法与教育法学》(上),载《中国法学教育研究》2007 年第 3 期。

③ 参见陈青之:《中国教育史》,中国社会科学出版社 2009 年版,第 503 ~ 520 页。

④ 有关民国时期教育立法,可以参见宋恩荣、章咸编:《中华民国教育法规选编》,江苏教育出版社 2005 年版,第 1 页。

学校领导关系的决定》《高等学校暂行规程》《私立高等学校管理暂行办法》《关于处理接受美国津贴的文化教育、救济机关及宗教团体的方针的报告》《中央人民政府关于修订高等学校领导关系的决定》《高等学校教师进修暂行办法》《高等学校教师教学工作量和工作日试行办法》《高等学校科学研究奖励暂行办法》等教育法规范，但此时没有一部由最高权力机关制定或通过的教育法律，大多是以"暂行规定""草案""通知""规则"等文件或规章形式存在，教育立法的基础都十分薄弱，①教育法学研究更无从谈起，教育法律规范的存在更多的是对现实需要的一种回应，缺乏对教育法理论研究的自觉。

随着教育科技文化事业的恢复与发展，我国在 1982 年《宪法》颁布之前，于 1980 年 2 月 12 日即由第五届全国人民代表大会常务委员会第十三次会议通过《学位条例》，作为我国第一部教育立法实施至今。《学位条例》虽然"标志着新时期我国教育法制建设的开端"，但在这一阶段"尚未开展真正意义上教育法学学科建设的研究"。② 有关教育法学的自觉研究则是伴随着 1986 年 4 月 12 日第六届全国人民代表大会第四次会议通过《义务教育法》开始的。虽然有研究认为 1986 年第 11 期《教育研究》刊载的胡文斌《国外教育法学发展概述》是作为一门学科的教育法学首次见诸于我国学术报端，开启了我国教育法学学科建设的先河，③但实际 1981 年我国教育学界就已经注意到，日本教育法学会是日本会员在千人以上的十二个教育方面的学会之一，④而且 1986 年何瑞琨在《辽宁高等教育研究》第 3 期即发表了《教育法学研究对象初探》，对教育法学的研究对象尤其是教育法律现象开展研究，提出"作为法学一个分支的教育法学，是研究存在于教育过程之中的法律现象及其发展规律的科学"，"教育法律现象是一个最基本的概念"，"作为教育法学研究对象的教育法律现象"包含"教育法律关系、教育法律规范、教育法律制度和教育法律意识四个要素"，⑤从时间上何瑞琨对教育法学概念的提出早于胡文斌。但无论二者谁在前，在 1986 年前后，我国已经开始有学者有意识地开展教育法学研究。1993

---

① 胡文斌:《教育立法与教育法学的比翼发展》，载《上海教育科研》1990 年第 4 期。
② 谭晓玉:《我国教育法学研究的回顾与反思》，载《教育研究》1995 年第 8 期。
③ 谭晓玉:《我国教育法学研究的回顾与反思》，载《教育研究》1995 年第 8 期。
④ 金芳:《日本的教育学会、协会和教育科研机构简介》，载《中国教育学会通讯》1981 年第 1 期。
⑤ 何瑞琨:《教育法学研究对象初探》，载《辽宁高等教育研究》1986 年第 3 期。

年劳凯声所著《教育法学》问世，是我国大陆第一本教育法学专著，其标志着我国教育法学开始有自己的理论体系。①

二、教育法及教育法学的界定

教育法的概念是教育法学研究的起点。从最早针对教育立法开展的教育法研究开始，教育法学研究逐渐开始教育法学的本体研究，讨论教育法的概念及其调整对象等教育法学基本问题。教育法学当然是以教育法律为研究对象的，但教育法律是否是教育法学研究的全部内容呢？而更为关键的问题是，到底什么构成教育法呢？只有在明确教育法概念的基础上才能明确教育法的范围，进而明确教育法学的研究对象。因为无论如何界定，教育法学的研究对象都不可能脱离对教育法律规范的研究。

（一）教育法的概念界定

关于教育法的概念，学者有不同的看法。劳凯声认为，"教育法是调整公民在实现受教育权利的过程中所发生的各种社会关系的一类法律规范的总称"，主要的规范内容包括"国家国家机关所实施的教育管理活动、学校及其他教育机构所进行的办学活动、公民的学习活动以及社会组织和公民所从事的与教育相关的活动中发生的，国家机关、学校及其他教育机构、教师、学生或其家长、社会组织及公民个人之间的关系"。② 申素平认为，"教育法是国家机关经过一定的程序制定，用以调整国家、父母、学校、教师、学生之间基于教育与受教育而产生的各种关系的规范性文件的总称"，有广义和狭义两种用法，"广义的教育法泛指一切具有立法权的国家机关制定的教育法律，狭义的教育法只包括全国人民代表大会或其常委会制定的教育法律"，并提出教育法的规范对象虽然是教育，但并非所有教育问题都需要国家以法律形式强行介入加以规范，由"教育这种具有高度创造性和灵活性的培养人的活动的本质特征所决定"，国家公权力对教育的介入原则上应限于教育的外部事项，规范教育的外部秩序，作为教育内部事项的教师教学活动应属教育自主的范

① 程雁雷：《诉求与回应：构建教育法学学科的若干思考》，载《中国高等教育》2014年第17期。

② 劳凯声：《教育法与教育法学》（上），载《中国法学教育研究》2007年第3期。

围,不适合由法律加以强行规范,只要未被明显滥用,也不应受到司法审查。① 两位教育学界学者对教育法的概念界定都集中于对教育活动自身的调整,强调了教育法调整教育活动的这一核心特征。然而,这一界定有其不足。首先,不得不指出的是,教育活动是教育领域的核心活动,但并不是唯一的活动。其次,法律对教育介入的范围和界限是法律介入教育领域的强度问题,而并非法律介入教育的广度问题,借鉴教育理论界关于教育内部事项与外部事项的区分理论②当然是必要的,但该理论解决的仍然是法律介入的强度而非广度问题,这也是与当前司法审查强调对学位等高等教育行政法律争议的程序性审查而非实体性审查趋势相一致的,不是法律不能介入,而是法律只能对其中的程序问题进行审查。最后,要区别教育法律与教育法。教育法包括教育法律,但不限于教育法律,不能以教育法律代替教育法。法有别于法律,教育法与教育法律不同,可以说教育法律是法律的一种,可以说教育法学科,但不能说教育法律学科。之所以强调二者的区别,是因为我国教育法研究最初就是伴随着教育立法而且是全国人大及其常委会制定的法律而开始的,但教育法的研究必须超越对教育法律乃至整个教育立法的研究,进入更广泛的教育法律行为、教育法律实施等领域才可能成熟。

因此,教育法应当是指是指调整教育领域法律关系的法规范的总称,而非教育活动的法规范的总称。即从广义上来说,教育法是指调整教育领域所有问题的法规范的总称;从狭义来说,教育法是指调整教育领域内教育活动的法规范的总称。并非教育领域内涉及的所有活动都属于教育活动。如学校对教育设施的维修、办公用品的购买和校园安全的维护都并不属于教育活动本身,但同样是教育管理者面临的重要问题,需要遵循相应的法律规范。而教育法应当对教育领域涉及所有活动进行调整。当然,狭义的教育法实际上着眼于教育核心活动的理解,将教学科研作为教育的核心领域,而将从事为教学科研服务的经营性以及辅助性等其他非教学科研等非活动排除在外。这充分考虑了教育的本质性特征,对于理解教育法概念很有必要,但如果据此将教学科研就理解成“教育”既不完整,也不准确。教育不限于教学,校园环境、校园氛围也具有育人的功能。而且,国家本身并不直接从

① 申素平:《教育法学:原理、规范与应用》,教育科学出版社 2009 年版,第 2 页。
② 申素平:《教育法学:原理、规范与应用》,教育科学出版社 2009 年版,第 3 页。

事教学科研活动,但有关调整国家教育职能的法律无疑也属于教育法的范畴。因此,教育法应当采取广义的概念,指一切调整教育领域法律关系的法规范的总称。其中涉及教学科研等教育活动的法律规范是教育法的独有特征。当然,其中的法规范的范围是广泛的,包括我国现行《立法法》所确定的法律、法规和规章等法源。

采取广义的教育法概念意味着教育法的调整对象是非常广泛的,但这并不妨碍对于教育法的核心内容达成共识。教育法应当围绕着教育教学科研活动这一有别于其他领域的独特性出发进而加以构建,因此有学者主张现代教育法的中心内容是确认和保障公民的受教育权,围绕公民的受教育权发展出公民与国家、父母(家庭)、学校、教师的不同的法律关系,而国家与父母、学校及教师之间,彼此又会产生相应的法律关系。教育法应主要规范和调整教育的外部事项,但对于内部事项,也需要在其与外部事项联系的基础上加以适度规范。即将教育法的内核定位为教育教学科研,将服务于教育教学科研、服务于教育目的的相关活动作为教育活动的外延而纳入教育法调整范围中,从而使教育法的可能调整范围延展到社会生活的各个方面。从此意义来说,教育法概念的提出更多的是出于现实的需要,是教育活动发展到一定程度、教育领域各方主体行为日益复杂亟待法律调整规范的基础上自然发展出来的。在此基础上开展的教育法学研究是对问题的无意识地自然回应,而非逻辑的理性结果。

(二)教育法学的研究范围

教育法学作为对教育法研究的科学,研究对象包括但不限于教育法的研究。教育法是教育法律规范的总称,而教育法学不仅要研究教育法律规范这一立法范畴,还要研究教育法律现象、教育法律主体、教育法律行为等内容,此外还有教育法学的学科归属等理论问题。因此,教育法学的研究范围是非常广泛的。有学者将教育法学的系列研究归结为三个方面,教育法学学科自身建构的研究、受教育权中的法学问题研究和教育法治研究。① 有学者将教育法学的研究范畴与基本内容归纳为“教育法学学科自身建构的研究、教育法律规范的研究和教育法治研究”

---

① 湛中乐:《教育法学研究的问题、范围与方法》,载《中国高等教育》2014 年第 17 期。

三个方面。[①] 还有学者认为,教育法学研究范围包括教育法的基本理论问题、国家与教育的关系、基本教育制度的法律形式、国家教育行政法律问题、学校及其他教育机构法律问题、学生法律问题、教师法律问题等。[②]

当前,关于教育法学研究对象尚未达成共识,但可以肯定,教育法学的研究对象至少应该要从四个角度加以确定:第一,基本权利角度。受教育权、学习权固然是核心,必不可少,但同时需要注意教育领域中的其他权利。这也就是第二次世界教育法大会主题为"受教育权和教育中的权利"(World Conference on the Right to and the Rights in Education)因由所在。其中涉及的宗教信仰自由、学术自由、未成年人保护以及父母权利等问题均需加以研究。

第二,法律主体角度。学生、教师、家长是教育法学研究中的个体主体;学校、教育行政部门等是教育法学研究中的组织主体。此外,学校校长、董事会、基金会等也都是教育法学研究的对象。教育法学研究不限于学校教育研究,要对所有涉及教育领域的法律问题开展研究。对此,《教育法》体现非常明显。该法早在制定之初就明确,"随着教育的发展,教育的领域已经从正规学校教育扩展到学校教育以外的广阔领域。制定教育法,应当从'大教育'的观点来确定其适用范围",在普通学校教育之外,还有军事学校教育、宗教学校教育,考虑到军事学校教育、宗教学校教育等具有不同于国民教育性质的特点,该法在第十章"附则"第 84 条规定,"军事学校教育由中央军事委员会根据本法的原则规定。宗教学校教育由国务院另行规定"。

第三,教育活动角度。教学、科研是典型的教育活动,如国民教育课程的确定、教科书的选择、学术研究的课题、教育考试的进行等都属于教育活动,教育法学的研究需要保证这些活动作为教育活动的自主性。此外,还包括支持教育发展的其他活动,如教育财政涉及对教育活动的支持,学校安全涉及对学校教育活动的秩序保障等问题,这些作为教育活动的支持行为都构成教育法的研究对象。

第四,监督救济角度。对学校内部学生教师违纪行为的处理,教育行政部门对

---

① 谭晓玉:《教育法学的何谓与何为——中国教育法治的困惑与教育法学的使命》,载劳凯声主编:《中国教育法制评论》(第 6 辑),教育科学出版社 2009 年版,第 59 ~ 83 页。

② 劳凯声:《教育法与教育法学》(下),载《中国法学教育研究》2007 年第 4 期。

学校的监督检查与评估，对学校处理行为、教育行政行为的监督救济，如学校内部纪律惩戒、校内申诉、教育评估、教育诉讼等。此外，其他一些内容都可能成为教育法研究的课题，如教育领域中的性别平等问题、残疾人的教育权利保障等。

教育法学应当研究教育领域及与教育领域相关的一切法律问题，研究核心则是具有教育特殊属性的法律问题。如作为行政机关的教育部以及地方教育行政部门与其他行政部门共性多，但在教育这一领域更强调去行政化；而学校则是国家履行教育职能的直接主体，学校在行政法上具有特殊的法律地位。再如，大学可以接受社会捐赠，但从大学的功能出发，大学有义务拒绝不适当的捐赠。教育法学要在坚持以教育活动为核心开展研究，以人的发展为目的，其他相关活动都要服从于这一目的。

三、教育法学的学科性质

教育法及其法学研究的发展提出了教育法学的学科性质问题。近年来，围绕着教育法在法律体系中的地位、教育法能否成为独立的学科的争论日益激烈，这已经不仅是一种学术研究的争议，而且直接反映在当前教育法学的学科设置和归属方面，该学科的设置甚至成为一种学科创新的象征。如中国人民大学教育学院的官网声明，2000 年 8 月，国务院学位办公室特批人民大学试办“教育法学”硕士点，可授教育学学位。官网强调“本专业是我校的特色优势学科，是全国唯一的教育法学硕士学位授予点，2000 年经国务院学位办公室在《授予学位和培养研究生的学科专业目录》外特批设立”。教育法学的学科性质和归属问题直接关系着能否以及在哪一学科门类下设立该学科的问题。

（一）争议

目前有关教育法学学科性质的争议，可以归纳为以下三个方面的内容：一是教育法学是否构成一个独立的法律部门；二是教育法学的学科归属问题；三是教育法学学科设置路径。三个问题是相互联系的，都涉及教育法在法律体系中的地位问题，涉及教育法学与法学和教育学学科的关系问题。

有学者提出，我国目前对教育法在法律体系中的地位存在与日本相似的主张，有教育行政法规说和教育制度独自法说，前者将教育法视为行政法的一部分，后者则主张教育法应有独立地位，提出我国主流观点认为教育法应归属于行政法，认为从教育法的基本性质而言教育法确应归入行政法。① 我国台湾地区学者提出教育人权法说，认为教育法学应理解为以实现教育人权之法的总体及其体系为研究对象，以探究并建构教育事务中特殊之法理论的法学研究领域。② 从教育法的历史发展来看，从肯定教育法（学）作为法学分支到教育法（学）归属行政法（学），到交叉边缘学科的界定到独立学科的主张，教育法学的学科归属经历了一个发展阶段，有法学分支说、教育学分支说、交叉学科说发展到独立学科说。

1986年何瑞琨强调教育法律现象不同于教育现象，认为教育现象是教育科学的研究对象，教育法律现象是教育法学的研究对象，教育法学是法学分支。③ 1990年胡文斌提出教育法应是一个相对独立、比较完整的部门法。④ 张维平认为，教育法学主要以教育学和法学为理论基础，以教育法、教育法律现象及其发展规律为研究对象的一门新兴交叉学科。⑤ 劳凯声教授认为，早期教育法学研究属于行政法学分论，但从国际范围来看自20世纪50年代开始，教育法的理论研究从行政法学中分离出来，形成一个独立的研究领域，教育法学是法学和教育学的一门共同的分支学科，作为一门应用性很强的学科，不仅在法学和教育学两个学科中都占有一席之地，而且具有越来越强的独立性。⑥ 当前，有关教育法学科的讨论开始成为教育法学研究的重要内容之一。⑦

（二）作为行政法（学）的教育法学

分析教育法的学科性质，要从实然和应然两个层面进行。无论如何争议，教育法作为法学学科分支的性质是毋庸置疑的，但在教育法能否构成独立的法律部门上争议是比较大的。从我国现行法律体系来看，有关教育立法被归属于行政法。国务院新闻办公室2008年2月发布的《中国法治建设》白皮书提道："当代中国的

---

① 申素平：《教育法学：原理、规范与应用》，教育科学出版社2009年版，第6页。

② 周志宏：《教育法学研究的范围课题——兼论少子化时代对教育法学研究的影响》，载周志宏：《教育法与教育改革》，高等教育文化事业有限公司2012年版，第6页。

③ 何瑞琨：《教育法学研究对象初探》，载《辽宁高等教育研究》1986年第3期。

④ 胡文斌：《教育立法与教育法学的比翼发展》，载《上海教育科研》1990年第4期。

⑤ 张维平、马雷军：《走入法学视野中的中国教育法学》，载《中国法学教育研究》2006年第4期。

⑥ 劳凯声：《教育法与教育法学》，载《中国法学教育研究》2007年第3期、第4期。

⑦ 关于教育法学有系列研究成果，除了文中参考文献外，还包括谭晓玉：《当前中国教育法学研究中的若干理论问题探讨》，载《教育研究》1995年第8期；黄明东、杜玉萍、汪萍：《对我国教育法学学科定位的几点认识》，载《清华大学教育研究》2006年第6期等。

法律体系……主要由七个法律部门和三个不同层级的法律规范构成。七个法律部门是:宪法及宪法相关法,民法商法,行政法,经济法,社会法,刑法,诉讼与非诉讼程序法。三个不同层级的法律规范是:法律,行政法规,地方性法规、自治条例和单行条例。"在该白皮书的附件"中华人民共和国现行有效法律分类目录(229件)"中,学位条例、义务教育法、教师法、教育法、职业教育法、高等教育法、国家通用语言文字法和民办教育促进法被归入行政法这一法律部门。因此,从作为教育法核心渊源的教育八法所处的位置来看教育法属于行政法部门是无须争议的,至少,教育法(学)与行政法(学)的关系是非常密切的,但这并不意味着未来的教育法(学)只能从属于行政法。尽管学者们承认,"教育法学在很大程度上是通过借用行政法学的概念及其学术范式形成和建立起来的",但教育法律关系不限于教育行政法律关系,而是"一种综合性的法律关系,包括教育行政法律关系、教育民事法律关系以及教育宪政法律关系",发展中的教育法(学)开始日益关注教育法学作为"独立的法学研究内容",研究教育法学研究的基本问题,作为教育法学学科合法性的基础。[①] 毕竟,"20多年来,虽有教育法是否可以成为独立法律部门的讨论,但教育法学学科的独特性已是其他部门法学所无法覆盖与替代",[②]未来教育法成为独立的学科并非没有可能,虽然这还有待于教育法学研究的发展和成熟。

可以肯定的是,从教育法(学)研究的角度看,教育法研究对象不限于行政法律关系,但从当前教育法治实践角度分析,教育法的核心仍然是教育行政法,这主要是由我国当前的教育法实践决定的,表现为教育法调整的核心在于明确个体有关教育方面的权利与自由,明确国家介入教育的必要性与限度。无论是以受教育权作为教育法研究起点抑或其他,都必须回答国家介入教育的必要性以及界限问题。即国家有义务提供教育,但国家不能妨碍或减损个体自我供给教育的自由;而且即使国家给付教育,也并不意味国家在教育领域的为所欲为。国家给付教育实际是国家作为教育的资助者,这一资助可能是国家设立学校,也可能是国家对私人设立的学校给予资助或优惠。同时国家还作为教育的干预者,这种干预尽管与国家作为教育给付主体有关,但其根源在于国家本身作为立法者和管理者的角色,正是这

① 湛中乐:《教育法学研究的问题、范围与方法》,载《中国高等教育》2014年第17期。

② 程雁雷:《诉求与回应:构建教育法学学科的若干思考》,载《中国高等教育》2014年第17期。

一点使国家对学校以及教育从事者都具有一定的管理权限,与公立私立教育无关,公立私立教育的区别主要体现为国家干预的范围和幅度上的差异,而非国家干预与否。

(三)行政法(学)之外的教育法(学)

教育法学的核心体系更接近于行政法学,但确实不限于行政法学。如果从世界范围内法学发展来看,教育法及其教育法学的产生是对传统法律部门分割的一种"抵触"。传统法律部门学说更多的是画地为牢,将问题按照逻辑属性分割成部门法律问题,但实践往往比理论更复杂也更鲜活,教育实践中的很多问题并不能简单地归结于行政法问题。教育法学的研究必须注重宪法层面上的研究,不可能脱离受教育权或者学习权等宪法权利,也不可能忽视宪法中确定的教育与国家及宗教的关系。教育领域还涉及诸如校办产业问题、学校知识产权问题、教育领域的职务犯罪等法律问题。如公立高校的举办者投入问题,既涉及行政法上的教育给付行政,又涉及公立高校作为民事法人的主体地位,学校并不具有一般民事法人的权利能力和行为能力,还要受到国有资产相关法律规范的调整和约束;校办产业问题就更为复杂,涉及学校法律性质、国有资产管理和知识产权保护等诸多问题。这些当然也该属于教育法学研究的范围。从这一点来看,单纯将教育法学作为行政法或者部门行政法有其不足。但现实是如果要将教育法作为一个独立的研究领域,始终需要一个核心范式作为引导。从目前的中国来看,以行政法作为教育法的基本属性是合适的。但从未来长远发展来看,教育人权法说可能更为合理,这既是从国内有关受教育权和学习权为核心的教育法学研究愈加发达的现状出发,也更是从国际层面出发。国际层面强调以权利为核心,但不限于受教育权,不限于学习者,还包括与教育关联权利,如父母的权利,如为了保障受教育权这一核心权利而发展的教育环境安全权利。

因此,现阶段可以形成共识的是,尽管包括教育学界从事教育法研究的学者也认为教育法应归属于行政法,我国当前法律体系来看教育法的基本性质也确实归入行政法,但同时必须认识到教育法的丰富和复杂内涵。在进行教育法研究时,不能单纯从行政法的视角来分析教育法问题,还必须同时学习其他部门法。[①] 在具体

① 申素平:《教育法学:原理、规范与应用》,教育科学出版社2009年版,第6页。

的学科设置上，虽然“现阶段我国大陆法律体系的部门划分模式有其局限性”，但“传统上教育法被划入行政法部门的现实不应成为教育法学成为二级学科的制度性障碍”，[①]在法学学科下设立教育法二级学科或者教育学下设立教育法二级学科都不失为一种可行的路径选择，这也符合学科创新发展的趋势，即针对不同岗位教育法制专门人才的迫切需要，教育法学二级学科设置的路径选择有二：教育学一级学科下设教育法学二级学科，授教育学硕士学位；法学一级学科下设教育法学二级学科，授法学硕士学位。

四、余论：教育法（学）研究展望

从我国教育法及教育法学的发展历史来看，教育法学是以实践为导向的，教育法的这种功能导向影响着教育法学的研究。纠结于教育法的性质或者教育法学的部门法学属性，即使不能说没有意义，至少不是当下教育法治实践所首要需要解决的问题。因为当前教育法学还未能脱离行政法特征，尚未成为单独的法律部门，作为涉及不同的法律部门知识的综合法律体系，正处于发展之中。要想成为独立的法律部门或者学科，还需要进一步从功能价值出发开展研究。

当前，教育法学的学科价值正在得到更多重视，实务部门对教育法学研究和教育法治人才的需求日益增长，认为“依法治国、依法治教、依法治校的实践需要为教育法学学科发展提供了现实依据和实践动力”，“教育法学关注法律的主体性、法律的教育性和教育的规则性”这一内在生命力已经构成“教育法学本身的独特视角”，[②]强调“要大力加强教育法治的理论与实践研究，教育部和省级教育部门要探索设立教育法治研究基地或者专业智库，培育教育法治方面的专业研究力量；鼓励和推动教育法学学科建设，设立专业硕士学位”。[③] 联系近年来我国教育法治实践的发展，以及国家推行教育综合改革和发展教育事业的决心，有理由相信，教育法将会得到更充分的发展。

在强调知识经济、人才竞争的当代，在开展教育改革、厉行依法治国的当代中国，“教育法学是一门符合学科发展趋势的新兴交叉学科，符合国家和区域教育事

---

① 程雁雷：《诉求与回应：构建教育法学学科的若干思考》，载《中国高等教育》2014 年第 17 期。

② 孙霄兵：《教育法学的学科价值与学科发展》，载 http://www.moe.edu.cn/s78/A02/zfs__left/s6528/s6529/201412/t20141222_182224.html，最后访问日期：2016 年 4 月 10 日。

③ 《教育部关于印发〈依法治教实施纲要（2016～2020 年）〉的通知》（教政法〔2016〕1 号）。

业特别是教育法治发展的需求,具有很大的发展潜力和应用前景”。[①] 未来的教育法及教育法学研究,不仅要站在教育中看教育,要在法学中看教育,而且还要从更广阔的视野中来看教育问题,从教育与其他事业的关系来看教育,从人的自由全面发展来研究教育法学的发展。这是当代中国教育法学研究应该正视解决的问题,“教育法学不能局限于一个狭窄的问题域中展开,拘泥于教育中一些纠纷的分析与解决。教育法学的视野应该覆盖已有教育立法中所涉及的问题,应该覆盖教育实践中的重大利益和重大问题”,“需要把教育法学和教育法研究放在一个更大的概念框架下讨论”。[②] 总之,与教育法治实践需要和教育法学的发展潜力相比,教育法(学)研究还不成熟,需要更多的耕耘者。

第二节　我国教育法的渊源

一、概述

(一)我国现行教育立法概述

依据我国《宪法》以及《立法法》规定的立法体制,全国人大及其常委会行使国家立法权,其中全国人大制定基本法律,全国人大常委会制定基本法律以外的其他法律。在全国人大闭会期间全国人大常委会可以修改法律,但不得同法律的原则相抵触。在现行教育法律中,作为教育基本法的《教育法》就是由全国人大制定的,同时基于义务教育的特殊型和重要性,《义务教育法》也是由全国人大制定的,其他六部教育法律都是由全国人大常委会制定通过的。同时教育立法不属于法律保留的内容,即全国人大及其常委会可以就教育事项进行授权立法。这也是与我国现行教育法律中关于教育立法的大量授权现状是一致的。

在我国推行教育综合改革的过程中,教育立法应当发挥重要作用。但由于改革正在进行之中,改革的路径、方式和方法本身也还需要探索,要通过法律方式将改革的成果固定下来在短期内并不现实,这就需要充分利用现有的授权立法和地

① 程雁雷:《诉求与回应:构建教育法学学科的若干思考》,载《中国高等教育》2014 年第 17 期。

② 褚宏启:《教育法学的转折与重构》,载《北京师范大学学报》(社会科学版)2013 年第 5 期。

方立法制度。

《立法法》规定的授权立法限于全国人大和全国人大常委会的授权，本次修正增加了有关授权立法的限制性规定的同时，[①]特别规定了有关改革的授权立法条款，在第13条明确规定："全国人民代表大会及其常务委员会可以根据改革发展的需要，决定就行政管理等领域的特定事项授权在一定期限内在部分地方暂时调整或者暂时停止适用法律的部分规定。"到目前为止，有关这一改革特别授权条款的运用尚未涉及教育领域，但制约我国教育尤其是高等教育发展的一些法律暂时难以取得共识，如《学位条例》的修改，为此有必要也有可能通过行使这一授权条款在部分地方暂时调整适用这些教育法律，允许地方通过改革积累经验，为未来修法立法奠定实践基础。

此外还要注意《立法法》扩大了地方立法权。有人认为，在《立法法》明确列举授权的地方立法事项中不包括教育事项，据此否定地方拥有教育立法的自主权。这是错误的。《立法法》对与设区市的立法授权并不能完全理解为地方立法权。关于地方立法权的理解要从整个修法背景来看，是国家通过结合《立法法》但实际上有关教育的地方立法已经远远走在前面。一些地方在上位法没有规定的情况下开展自主立法，部分地方早就制定了学校安全规定或条例，如天津、云南等地；一些地方则在制定实施教育法律的过程中增加了相关内容。

（二）教育法渊源概述

教育法的渊源既包括成文法渊源，也包括不成文渊源。我国属于成文法国家，成文法是教育法的主要渊源，体现为宪法、法律、法规（行政法规、地方性法规、自治条例和单行条例）、规章（部门规章和地方规章）。我国还有大量的规范性文件，这些规范性文件不具有法规范的作用，在现实中也发挥着重要功能，但不构成教育法

---

① 《立法法》第10条："授权决定应当明确授权的目的、事项、范围、期限以及被授权机关实施授权决定应当遵循的原则等。授权的期限不得超过五年，但是授权决定另有规定的除外。被授权机关应当在授权期限届满的六个月以前，向授权机关报告授权决定实施的情况，并提出是否需要制定有关法律的意见；需要继续授权的，可以提出相关意见，由全国人民代表大会及其常务委员会决定。"

《立法法》第11条："授权立法事项，经过实践检验，制定法律的条件成熟时，由全国人民代表大会及其常务委员会及时制定法律。法律制定后，相应立法事项的授权终止。"

《立法法》第12条："被授权机关应当严格按照授权决定行使被授予的权力。被授权机关不得将被授予的权力转授给其他机关。"

的成文法渊源。

不成文法渊源并非我国教育法的主要渊源。近年来,随着教育法治实践的发展,不成文法的作用逐渐增强。以高等教育领域为例,最高人民法院指导案例汇编①有9个行政法案例,其中有2个是高等学校行政案例;中国行政审判案例②有6个教育案件,其中4个涉及学生与高校之间的争议。基于指导案例制度和中国行政审判案例制度设计的目的,这些案例对推动教育法实践发展和理论研究都发挥了重要作用,成为教育法的渊源。随着我国司法公开的推进,中国裁判文书官方网站开通,这为教育法不成文法渊源的发展提供了巨大的发展空间。

二、宪法

各国通常都会在宪法中规定公民受教育权,以此作为国家权利义务的基础。典型如法国、德国、日本。我国也在宪法中规定了公民的受教育权,同时在总纲中还规定了国家的有关教育权利义务条款。此外,需要明确的是,通常认为教育法及其法学研究都是以公民受教育权为基础的,因此将宪法上的公民受教育权作为教育法学的基本权利基础。这是不够全面和准确的。宪法中教育法的渊源不限于宪法中公民受教育权的内容,还包括其他基本权利;也不限于公民基本权利,还包括总纲部分和国家机构的内容。我国现行《宪法》作为教育法渊源,主要体现为第46条、第19条、第24条等规定。《宪法》第45条、第89条、第107条、第119条等也构成教育法的宪法渊源,规定了不同机构的教育职权。

三、法律

全国人大及其常委会制定的法律仅低于宪法,当然是教育法的主要渊源。但构成教育法的法律渊源的不限于教育法律,还有众多其他法律。相对来说,教育法律作为教育法渊源是很容易理解的,也是研究者和实践者都较为熟悉的内容,但其他法律也构成教育法的渊源则极易被忽略,实际上其他法律对教育的影响日益明显,这是与教育作为社会生活的重要组成部分直接相关的。如教育行政部门当然

---

① 截至2015年6月,指导案例汇编共52个案例。

② 截至2015年11月,最高人民法院行政审判庭编的《中国行政审判案例》共160个案例。

要受到教育法律之外的行政法律的影响，这些行政法律也构成教育法的渊源。而刑法中有关规定也会同样适用于学校等主体。教育法律是教育法的核心法律渊源，但并非全部，除此之外，教育相关法和一般法律均可能构成教育法的渊源。

（一）教育法律

有关教育法律构成教育法的核心法律渊源。目前我国已经制定了八部专门的教育法律，这八部教育法律中《学位条例》是我国第一部教育法律，《教育法》是我国教育法律的基本法。在现行教育法律中，作为教育基本法的《教育法》就是由全国人大制定的，同时基于义务教育的特殊型和重要性，《义务教育法》也是由全国人大制定的，其他六部教育法律都是由全国人大常委会制定通过的。需要说明的是，作为基本法律的法律由全国人大制定之后可以由全国人大常委会修改，并不因此改变其作为基本法律的性质。① 虽然全国人大制定和修改刑事、民事、国家机构的和其他的基本法律，全国人大常委会有权“制定和修改除应当由全国人民代表大会制定的法律以外的其他法律”，但并不意味着由其修改的法律就不是基本法律。因为全国人大常委会还有权“在全国人民代表大会闭会期间，对全国人民代表大会制定的法律进行部分补充和修改，但是不得同该法律的基本原则相抵触”，即制定基本法律是全国人大独享的宪法职权，但修改基本法律则是全国人大和全国人大常委会共享的职权，只是后者修改基本法律受到相应的限制，但并不因为其修改而改变法律原本的基本法律性质。

在我国《教育法》作为教育基本法的地位是明确的。在制定之初，“教育法作为教育的基本法，主要就涉及教育的全局性重大问题，如教育的地位、教育方针、教育的基本原则、教育基本制度、教育投入和条件保障、学校的法律地位、教育与社会的关系、教育对外交流与合作以及法律责任等，作出基本的规范并为制定其他教育法律、法规提供立法依据。各级各类教育的具体问题，则主要由其他教育法律、法规具体规定”。② 因此，尽管《教育法》制定实施晚于《学位条例》《义务教育法》和《教

① 申素平教授认为，1995 年《教育法》属于基本法律，其他都属于基本法律以外的法律，并专门指出 1986 年《义务教育法》是经全国人大制定的基本法律，但 2006 年修订之后成为基本法律之外的其他法律。这种说法是不准确的。《教育法》也已经修改，但这并不妨碍其作为基本法律的性质。

② 1995 年 3 月 11 日在第八届全国人民代表大会第三次会议上时任国家教育委员会主任朱开轩《关于〈中华人民共和国教育法（草案）〉的说明》。

师法》,但其作为教育基本法的地位是肯定的。

表2-1 教育八法

名称	制定、生效及修改
学位条例	1980年2月12日第五届全国人民代表大会常务委员会第十三次会议通过,自1981年1月1日起施行;根据2004年8月28日第十届全国人大常委会第十一次会议《关于修改〈中华人民共和国学位条例〉的决定》修正
义务教育法	1986年4月12日第六届全国人大第四次会议通过,2006年6月29日第十届全国人大常委会第二十二次会议修订;根据2015年4月24日第十二届全国人大常委会第十四次会议《关于修改〈中华人民共和国义务教育法〉等五部法律的决定》修正
教师法	1993年10月31日第八届全国人大常委会第四次会议通过,自1994年1月1日起施行;根据2009年8月27日第十一届全国人大常委会第十次会议通过的《全国人民代表大会常务委员会关于修改部分法律的决定》修改
教育法	1995年3月18日第八届全国人大第三次会议通过,自1995年9月1日起施行;根据2009年8月27日第十一届全国人大常委会第十次会议《关于修改部分法律的决定》第一次修正;根据2015年12月27日第十二届全国人大常委会第十八次会议《关于修改〈中华人民共和国教育法〉的决定》第二次修正
职业教育法	1996年5月15日第八届全全国人大常委会第十九次会议通过自1996年9月1日起施行
高等教育法	1998年8月29日第九届全国人民代表大会常务委员会第四次会议通过,自1999年1月1日起施行;根据2015年12月27日第十二届全国人大常委会第十八次会议《关于修改〈中华人民共和国高等教育法〉的决定》修正
国家通用语言文字法	2000年10月31日第九届全国人民代表大会常务委员会第十八次会议通过,自2001年1月1日起施行
民办教育促进法	2002年12月28日第九届全国人大常委会第三十一次会议通过,自2003年9月1日施行;根据2013年6月29日第十二届全国人大常委会第三次会议《关于修改〈中华人民共和国文物保护法〉等十二部法律的决定》修正

(二)教育相关法律

教育相关法律是指并不直接以教育为主题,但内容与教育直接相关的法律。与教育法律相比,教育相关法律作为教育法渊源的研究较少,需要加强研究。教育相关法律的领域非常广泛,并且其范围因事项不同而变化,但这些法律中往往明确规定教育相关内容,体现为四种形式:

第一，有的法律明确规定要将相关内容纳入学校教育、教学和培训的内容，包括《国防教育法》《防震减灾法》《反恐怖主义法》《人口与计划生育法》《老年人权益保障法》。如《反恐怖主义法》第17条规定："各级人民政府和有关部门应当组织开展反恐怖主义宣传教育，提高公民的反恐怖主义意识。教育、人力资源行政主管部门和学校、有关职业培训机构应当将恐怖活动预防、应急知识纳入教育、教学、培训的内容。新闻、广播、电视、文化、宗教、互联网等有关单位，应当有针对性地面向社会进行反恐怖主义宣传教育。村民委员会、居民委员会应当协助人民政府以及有关部门，加强反恐怖主义宣传教育。"

第二，有的法律明确规定了学校这一教育领域重要主体的义务以及职权，包括《反家庭暴力法》《未成年人保护法》《预防未成年人犯罪法》《传染病防治法》《侵权责任法》《突发事件应对法》《道路交通安全法》《食品安全法》《防洪法》《动物防疫法》《消防法》《残疾人保障法》《精神卫生法》等。如《反家庭暴力法》有两条专门规定了学校对无民事行为能力人和限制行为能力人遭受家庭暴力的义务及违反该义务的处理。该法第14条规定："学校、幼儿园、医疗机构、居民委员会、村民委员会、社会工作服务机构、救助管理机构、福利机构及其工作人员在工作中发现无民事行为能力人、限制民事行为能力人遭受或者疑似遭受家庭暴力的，应当及时向公安机关报案。公安机关应当对报案人的信息予以保密。"第35条规定："学校、幼儿园、医疗机构、居民委员会、村民委员会、社会工作服务机构、救助管理机构、福利机构及其工作人员未依照本法第十四条规定向公安机关报案，造成严重后果的，由上级主管部门或者本单位对直接负责的主管人员和其他直接责任人员依法给予处分。"

第三，有的法律部分条款则与教育活动直接相关，包括《民族区域自治法》《公益事业捐赠法》《境外非政府组织境内活动管理法》《刑法》等。如《刑法》中有关教育事务的相关规定有第120条、第138条、第284条和第418条。其中第120条之四规定"利用极端主义煽动、胁迫群众破坏国家法律确立的教育制度实施的"，构成"利用极端主义破坏法律实施罪"。第138条规定"明知校舍或者教育教学设施有危险，而不采取措施或者不及时报告，致使发生重大伤亡事故的"构成"教育设施重大安全事故罪"。第284条则在《刑法修正案（九）》的基础上专门对考试作弊犯罪行为加以规范，明确"在法律规定的国家考试中，组织作弊的"构成"组织考试作弊罪"；"为实施考试作弊行为，向他人非法出售或者提供第一款规定的考试的试题、答案的”,构成“非法出售、提供试题、答案罪”;“代替他人或者让他人代替自己参加”法律规定的国家考试的,构成“代替考试罪”。第418条则规定“国家机关工作人员在招收公务员、学生工作中徇私舞弊,情节严重的”,构成“招收公务员、学生徇私舞弊罪”。《公益事业捐赠法》所称公益性非营利的事业单位是指依法成立的从事公益事业的不以营利为目的的教育机构、科学研究机构、医疗卫生机构、社会公共文化机构、社会公共体育机构和社会福利机构等。

第四,有的法律既涉及开展相关教育的内容,也直接对教育活动产生重要影响。如《慈善法》第88条规定:“国家采取措施弘扬慈善文化,培育公民慈善意识。学校等教育机构应当将慈善文化纳入教育教学内容。国家鼓励高等学校培养慈善专业人才,支持高等学校和科研机构开展慈善理论研究。广播、电视、报刊、互联网等媒体应当积极开展慈善公益宣传活动,普及慈善知识,传播慈善文化。”而依据该法第3条规定,慈善活动作为自然人、法人和其他组织以捐赠财产或者提供服务等方式自愿开展的公益活动,内容之一就是促进教育事业的发展,整部法律都将对教育产生重要影响。

四、法规

依据我国现行立法制度,法规包括行政法规和地方性法规,但二者在制定机关、制定权限、制定依据和效力方面都不相同。行政法规由国务院制定,要求根据宪法和法律制定,这是由国务院作为最高行政机关的性质决定的。作为中央最高行政机关,基于单一制国家结构形式下的中央与地方关系,行政法规的效力仅次于宪法和法律,但基于其行政机关的性质,行政法规的自主权限并不大,更多的是执行性立法,强调要有上位法作为“根据”。地方性法规由设区市以上人大及其常委会制定,虽然效力低于行政法规,但省级人民代表大会及其常务委员会有权“根据本行政区域的具体情况和实际需要,在不同宪法、法律、行政法规相抵触的前提下”制定地方性法规,“设区的市的人民代表大会及其常务委员会根据本市的具体情况和实际需要,在不同宪法、法律、行政法规和本省、自治区的地方性法规相抵触的前提下,可以对城乡建设与管理、环境保护、历史文化保护等方面的事项制定地方性法规”。基于地方自主权,地方性法规原则上只要与上位法“不抵触”即可,如果上位法无规定,则抵触问题无从谈起。

（一）行政法规

行政法规也包括教育行政法规和教育相关行政法规。当前我国现行有效的教育行政法规已经有 18 部，包括《学位条例暂行实施办法》（1981）、《全国中小学勤工俭学暂行工作条例》（1983）、《高等教育管理职责暂行规定》（1986）、《征收教育费附加的暂行规定》（1986）、《普通高等学校设置暂行条例》（1986）、《扫除文盲工作条例》（1988）、《高等教育自学考试暂行条例》（1988）、《幼儿园管理条例》（1989）、《学校体育工作条例》（1990）、《学校卫生工作条例》（1990）、《残疾人教育条例》（1990）、《教学成果奖励条例》（1994）、《教师资格条例》（1995）、《禁止使用童工规定》（2002）、《中外合作办学条例》（2003）、《民办教育促进法实施条例》（2004）、《校车安全管理条例》（2012）、《教育督导条例》（2012）。

教育相关行政法规数量众多，很多行政法规都可能涉及对教育活动及教育相关活动的调整，包括但不限于《基金会管理条例》《行政复议法实施条例》《危险化学品安全管理条例》《娱乐场所管理条例》《艾滋病防治条例》《企业事业单位内部治安保卫条例》等行政法规。

（二）地方性法规

地方性法规既有执行性立法，也有创制性立法，[①]教育地方性法规也不例外。修改后的《立法法》扩大了地方立法权，将其扩大至设区的市，但在第 72 条第 2 款有关设区市地方性法规的明确授权限于“城乡建设与管理、环境保护、历史文化保护”，鉴于明确授权并不包括教育事项，从而发生了对该款“等方面的事项”是否包括教育事项的理解问题。结合《教育法》等相关教育法律来看，这实际不成为问题，义务教育主要是地方政府的职责，高等教育主要是在地方主要是省级职责，省级地方性法规的教育立法权当然没有问题，设区市的地方性法规只要与上位法不抵触也没有问题。实际上有关教育的地方立法已经远远走在前面。很多地方专门制定了针对《义务教育法》《未成年人保护法》的实施办法，有些地方开展自主立法，比较典型的是部分地方早就制定了学校安全的地方性法规，如天津、云南等地制定了《学校安全条例》；有些地方则在制定实施教育法律的过程中以地方性法规的形式

① 关于创制性立法与执行性立法分类，可以参见姜明安主编：《行政法与行政诉讼法学》，北京大学出版社、高等教育出版社 2015 年版，第 162 页。

增加了相关内容,将教育法律的实施与教育相关法律的实施结合起来,如2016年3月30日湖南省第十二届人民代表大会常务委员会第二十一次会议通过的《湖南省中小学校幼儿园规划建设条例》,在第1条明确规定:"为加强中小学校、幼儿园规划和建设工作,促进教育事业健康发展,根据《中华人民共和国教育法》《中华人民共和国义务教育法》《中华人民共和国城乡规划法》和其他有关法律、行政法规,结合本省实际,制定本条例。"因此,要高度重视地方性法规作为教育法渊源的重要地位,善于充分利用地方教育立法空间发展教育事业。

(三)自治条例和单行条例

自治条例和单行条例涉及民族自治地方的自治权限。自治条例和单行条例是民族自治地方立法,由民族自治地方人民代表大会制定,可以在不违背法律或者行政法规基本原则的情况下,依照当地民族的特点,对法律和行政法规的规定做出变通规定。依照《宪法》《立法法》和《民族区域自治法》,民族自治地方的自治机关有权根据国家的教育方针,依照法律规定,决定本地方的教育规划,各级各类学校的设置、学制、办学形式、教学内容、教学用语和招生办法。自治区的自治条例和单行条例,报全国人民代表大会常务委员会批准后生效。自治州、自治县的自治条例和单行条例,报省、自治区、直辖市的人民代表大会常务委员会批准后生效,如《玉树藏族自治州义务教育条例》《大通回族土族自治县义务教育条例》《民和回族土族自治县发展职业教育条例》等。

五、规章

规章是由行政机关制定的,包括部门规章和地方政府规章。部门规章和地方规章在各自范围内有效,但二者制定机关、制定依据、制定权限不同。部门规章自主权限小于地方规章,主要是执行性立法,规定属于执行法律或者国务院的行政法规、决定、命令的事项。地方规章除了执行性立法外,还可能是创制性立法,这是基于对地方自主管理权限的尊重。

(一)部门规章

根据《宪法》和《立法法》规定,国务院各部、委员会、中国人民银行、审计署和具有行政管理职能的直属机构,可以根据法律和国务院的行政法规、决定、命令,在本部门的权限范围内,制定规章。我国教育部单独或联合制定的规章是我国目前数量最多的教育法渊源,覆盖了从学前教育到高等教育的各个层次,在实践中发挥重要作用。从目前教育改革对立法的需求而国家全面深化改革面临的有限立法资源之间的张力来看,教育规章立法将会发挥更大的作用。现行有效的教育部门规章包括《普通中小学教材出版发行管理规定》(1995)、《中小学教材编写、审查和选用的规定》(1995)、《学生伤害事故处理办法》(2002)、《独立学院设置与管理办法》(2002)、《国家教育考试违规处理办法》(2004、2012)、《高等学校档案管理办法》(2008)、《托儿所幼儿园卫生保健管理办法》(2010)、《高等学校消防安全管理规定》(2010)、《高等学校章程制定暂行办法》(2011)、《学校教职工代表大会规定》(2011)、《学位论文作假行为处理办法》(2012)、《高等学校学术委员会规程》(2014)、《普通高等学校招生违规行为处理暂行办法》(2014)、《普通高等学校理事会规程(试行)》(2014)、《民办高等学校办学管理若干规定》(2007)、《中小学教材编写审定管理暂行办法》、《幼儿园工作规程》(2016)等几十部之多。此外,还有大量与其他部门联合制定的规章。

需要注意的是,修改后的《立法法》增加了对部门规章的限制,明确"没有法律或者国务院的行政法规、决定、命令的依据,部门规章不得设定减损公民、法人和其他组织权利或者增加其义务的规范,不得增加本部门的权力或者减少本部门的法定职责"。教育部门规章的制定权限受到限制,这既有利于规范教育行政权力,也有利于激活地方行使教育地方立法权,从而发挥地方立法的主动性和积极性,促进地方教育事业的发展。

(二)地方规章

地方规章包括省级规章、设区市规章。制定主体为省、自治区、直辖市和设区的市、自治州的人民政府,制定权限是"可以根据法律、行政法规和本省、自治区、直辖市的地方性法规"。地方政府规章既有权就可以就"为执行法律、行政法规、地方性法规的规定需要制定规章的事项"做出执行性规定,也有权对"属于本行政区域的具体行政管理事项"进行创制性立法。前者如《北京市实施〈教师法〉办法》《北京市未成年人保护条例》等,后者如《上海市终身教育促进条例》《上海市普通高等学校学生校外实习暂行规定》等。

六、国际条约与协定

条约与协定既是国际法的渊源，也是行政法的渊源。通常认为教育法是国内法，国际法不构成教育法的渊源。实际上，教育法与国际法的关系非常密切，《教育法》第70条已经肯定了国际条约作为教育法的渊源："中国对境外教育机构颁发的学位证书、学历证书及其他学业证书的承认，依照中华人民共和国缔结或者加入的国际条约办理，或者按照国家有关规定办理。"而且，教育本身也是一个国际性问题，教育作为一项非常重要的人权是很多国际公约的内容，同时，我国加入世界贸易组织后，教育国际交流和对外开放进一步发展，教育面临的涉外法律问题越来越多，我国需要履行入世的教育服务承诺，①这都要求将国际条约与协定纳入教育法的渊源。

我国已经加入的国际公约包括《1958年消除就业和职业歧视公约》《就业政策公约》《经济、社会及文化权利国际公约》《儿童权利公约》《残疾人权利公约》《消除一切形式种族歧视国际公约》《消除对妇女一切形式歧视公约》《准予就业最低年龄公约》《残疾人职业康复和就业公约》等，这些公约中涉及教育的内容都可能成为教育法的渊源。此外，我国还加入了一些教育国际公约，签署了教育双边协定，前者如《亚洲和太平洋地区承认高等教育学历、文凭与学位的地区公约》，后者如《中华人民共和国政府和俄罗斯联邦政府关于相互承认学历、学位证书的协议》，这都构成教育法的国际渊源。

---

① 我国"入世"的教育服务承诺主要包括：(1)承诺有限开放高等教育、成人教育、高中阶段教育、学前教育和其他教育市场，对于小学、初中教育(义务教育)和军事、警察、政治和党校教育的市场开放没有承诺。(2)对跨境交付方式下的市场准入和国民待遇均未作承诺。(3)对境外消费方式下的市场准入和国民待遇没有限制。对于我国公民出国留学和培训与国内教育机构接受其他成员国来华留学生没有限制。(4)在教育服务的商业存在方面，不允许外国机构单独在我国设立学校及其他教育机构；在市场准入方面允许中外合作办学，并允许外方获得多数拥有权。(5)在自然人流动方面，外籍个人教育服务提供者受到中国学校和教育机构的聘用或邀请，可以到中国提供教育服务，但必须具备学士或学士以上的学历，从事本专业工作两年以上，具有相应的资格证书或专业职称。参见金孝柏：《WTO体制下的我国教育服务开放政策与立法》，载《WTO法与中国论坛文集——中国法学会世界贸易组织法研究会年会论文集(八)》(2009年)，转引自北大法律信息网：http://article.chinalawinfo.com/ArticleHtml/Article_66284.shtml，最后访问日期：2016年3月20日。

七、需要进一步研究的问题

一般来讲教育法的渊源不包括教育政策或者其他规范性文件。而且关于教育政策与教育法的关系有不同的看法。有的认为教育政策更为宏观,是教育法的上位概念,如《国家中长期教育改革和发展规划纲要(2010～2020)》属于教育政策,指引着教育法律的修订;有的认为教育法是教育政策的上位概念,教育法将教育政策的内容通过法律的形式固定下来。还有的则认为教育政策属于规范性文件,属于广义的教育法。对此还需要进一步加以研究。

需要加以注意的是教育专业或者行业组织所制定的行业标准能否作为教育法的渊源。在美国各专业组织的标准对法律发挥了辅助作用,如认可协会的标准等。这些组织在学术方面有重要作用,相当于学术界的法院。有些法律无法干涉的问题,学术专业组织负责处理。因此,学术专业组织的标准也被看作教师权利的来源,具有法效力。例如,美国大学教授协会和美国学院协会的1940年《学术自由和固定职位原则声明》就具有法律效力。这个原则声明规定了学术自由和学术职位的一些问题。再如1975年的美国大学管理人员协会的《高等教育管理人员职业标准》也具有法律效力,这个标准明确规定了管理人员的责任和权利。还有一些关于职业道德方面的专业标准也具有法律效力,例如《全国教育协会职业道德准则》宣称:教学职业的成员在雇佣方面负有责无旁贷的义务。为了满足职业道德准则的要求,教师必须遵守合同条件,按照条件完成工作,通过双方同意或其他合法的办法结束合同。如果违反了合同就是非专业道德行为,可能被吊销教师证书。尽管我国目前这些专业组织还不发达,但随着我国改革进程尤其是教育综合改革的推进,在我国教育专业或者行业组织也会出现,如我国中小学和高等学校教师职业道德规范由教育部与中国教科文卫体工会全国委员会联合发布,虽然仍然具有部门规范性文件的色彩,但与后者联合发文本身实际已经意识到了这应该是教师专业团体自治的内容。而在学术界各种学术期刊的排行榜以及核心期刊的认定都涉及学术同行评议问题,未来教育领域行业组织、专业团体将会在标准制定等方面发挥更加重要的作用,这些标准能否作为教育法的渊源也是需要进一步加以研究的课题。

第三节　教育法与部门法问题研究

我国现行法律体系主要由七个法律部门和三个不同层级的法律规范构成。七个法律部门是:宪法及宪法相关法、民法商法、行政法、经济法、社会法、刑法、诉讼与非诉讼程序法。三个不同层级的法律规范是:法律,行政法规,地方性法规、自治条例和单行条例。教育法目前部门法律定位主流观点是行政法,属于部门行政法;也有属于社会法的争论,同时与其他部门法关系非常密切。尽管如前所述,教育法作为独立部门法或者学科尚未达成普遍共识,但教育法涉及不同法律部门、属于综合性法律体系已经形成共识。为更好地理解教育法及教育法学,有必要进一步研究教育法与相关部门法和学科的关系。①

一、部门行政法与教育法

在行政法学研究中部门行政法学并非显学,而在部门行政法中教育法学更非显学,尽管教育已经成为一种不可承受之痛,以至于十八大报告中将学有所教列在民生第一要务。尽管在法学研究者中教育法研究多被归属于行政法范畴,称之为教育行政法。与此相映成趣的是,在教育领域教育政策与法律研究也并非显学,且研究者对教育行政法概念颇有微词,以为教育行政法不足以涵盖教育法领域。这也凸显了部门行政法研究的微妙处境,一方面是行政法学内部作为行政法总论研究仍占据主导地位,部门行政法问题多被作为总论的例证;另一方面是行政法学与规制领域专业之间相对于行政法学的自我放逐,其他学科已经开始从法学角度进行思考。如果说,行政法学总论以其精细化的理论体系为部门行政法学的发展奠定了基础,那么可以说唯有部门行政法学的发展才能够促进行政法学的开放性整合与反思,使行政法学总论的研究不断深化。

---

① 这些问题的思考还并不成熟,但确实是当今教育法实践和教育法研究者需要面临和解决的问题,之所以将这些尚不成熟的想法大胆裸露,虽有鲁莽之嫌,但更多是希望这些问题得到更多关注和研究。无论赞同或是反对,都是一种学术交流,是我心向往之的。

如何以现实方法解决具体问题,以理想制度实施抽象理论,通过抽象理论建构理想制度进而剥离出现实方法来解决具体问题,这恐怕是今天每一个行政法学者面对的现实问题。然而,相对于行政法学总论习惯以一种理论预设来改造现实,以共性制度来面对个性问题,部门领域的实务者更需要一种具体的指导。或者更确切地说,需要行政法学总论的研究者进入具体的部门行政领域,在深刻把握实践问题的基础上提出可行性方案,完成一种从理论到现实、从总论到分论的过程,而研究者则因为具有了更为鲜活丰富的实践素材也加深了对行政法学总论的理解。在这种意义上可以说,正是部门行政法的存在使行政法学得以完成从理论到实践的循环反复过程。

尽管部门行政法学与行政法学总论有如此密切关系,但在现实中二者并不是完全契合的,部门行政法往往由于面对最鲜活的实践而具有了相当的前瞻性,也在一定程度上对传统行政法总论的规范行政权力运行与保障公民权利提出了挑战。以教育领域为例,政府职能及其方式的转变体现尤为明显,教育"去行政化"涉及教育行政职能的转变,学校办学自主权涉及学校法律地位,最高人民法院曾经试图出台专门针对教育行政案件的司法解释,最终在全国人大法工委处以在行政诉讼法中解决为由碰壁而归。但是部门行政法问题也由此而进一步,《行政诉讼法》可能会专门针对教育行政案件加以规定吗?如果教育行政案件加以规定,那么工商、质检等其他领域呢?由是,行政法学总论与部门行政法学之间出现了一道看不见的缝隙,这种缝隙是否能够缝合抑或本身就是部门行政法与行政法总论之间的固有表现?这涉及如何判断部门行政法学的问题,是否每一行政领域都对应着一个部门行政法?是否每一个国务院组成部门就意味着一个部门行政法领域?如此,体育行政法、卫生行政法、经济行政法、海关行政法、社会行政法、交通行政法等不一而足,还有应急行政法、信息公开法……究竟哪些属于部门行政法范畴?哪些仍然属于总论范畴?这还有待进一步的讨论。

尽管还没有答案,但在教育领域教育行政法的特征是鲜明的,它不仅是根深蒂固的存在,并且由于其固有特征,还对行政法学总论产生了相当影响。基于教育的特殊性,学生、教师与学校之间的争议传统被归属于特别权力关系,公办学校作为一类特殊主体成为行政组织法律制度不可回避的风景线,民办学校与公办学校的关系涉及国家教育职能的定位、国家市场与社会之间的界限。作为纯公共品的义务教育与准公共品的高等教育虽同属公共服务，要求国家不同的给付方式；在给付行政的同时，干预行政也存在，并且给付与干预相互交织，对行政法规制提出了更高的要求。

如果说刘燕文诉北大案和田永诉北京科技大学案正式揭开了教育法学的篇章，西北政法大学申博案将大学面对行政权力的无助表现得淋漓尽致，最高法院2012年公报刊载的两个教育行政案件——甘露不服暨南大学开除学籍决定案和何小强诉华中科技大学履行法定职责纠纷案——则再一次突出了教育领域行政法治面临的困境，如何在维护学校自主与保护学生权利和实现教育目的之间进行衡平，权利与权力不再是考量的核心，如何实现该具体领域内的目的成为不可不虑的重要因素，对行政目的和过程自身的关注也必然成为行政法的内容。教育行政法的研究愈来愈多要求突出教育自身的特性，不能以总论研究成果简单套取部门领域研究现实。比如，教育领域争议的解决要求必须尊重学校的学术判断权力，这成为判断行政争议解决途径、范围及审查强度的根本。

不了解实践中存在的问题，一味强调将“权力关进制度的笼子”，忽视权力存在的职能基础，就难免会有一种削足适履的嫌疑。每一领域有其各自规律，对行政管理领域的具体问题了解不足就会出现学者以主观臆想代替实践判断的可能。因此，当然可以说，部门行政法学的研究丰富了行政法学总论研究，总论研究指导着部门行政法学的研究。但事实上部门行政法与总论行政法的关系远非如此简单，这种粗疏的概括总结在某种程度上可能正是目前部门行政法学和总论行政法研究无法深入的原因。

与总论相比，部门行政法学在体系上也许还不是那么健全和完美，但它面对的是更鲜活的实践问题，而这些问题的解决可能既需要总论的指导，也可能直接构成对总论的挑战。当行政法学总论的宏观性遭遇部门行政领域的具体时，理论研究者试图将行政法学的煌煌正论加诸于实务操作者，就会出现一种阳春白雪和下里巴人的困境以及实务者对研究者的漠然。这不能简单归因于实务者对法治的漠视，更重要的是，实务者需要理论能为其明确地指出可行性的路径和方法。而总论面对差异极大的部门领域颇有些无从下手。这当然可以理解为行政法学研究的方法和路径问题，理论与实践结合的不足。但事实是，一旦行政法学者怀着问题意识开始研究的时候就必然要涉及具体的部门领域，这样部门行政法领域的研究就为总论研究提供了素材,在丰富行政法学总论的研究的同时,也拓展着行政法的疆域。部门行政法与总论之间存在的缝隙更成为促使行政法理论回应现实而需要不断努力填补的不竭动力。

不得不提的是,在部门行政法研究直接沿用总论现象的同时,还会出现与行政学研究如何界定的问题。以教育法学为例,一方面是直接以行政加于教育之前为教育法学,另一方面则仍然难以脱离教育管理色彩,前者认为后者的法学研究欠缺,后者则以为前者忽视了教育自身特征。虽有教育政策法律研讨会,但由于各自学科优势的不同,对话难以深入。这是否意味着部门行政法的研究要以该部门的专业知识为基础?即使不能具有相应专业基础,至少也应该努力了解,因为任何部门行政领域都会涉及专业知识,而法律的调控应是建立在对该领域的了解之上。技术判断和专业判断优于法律判断,这是不是或者应该成为部门行政法乃至整个行政法的一个原则?司法审查对此似乎已经做了肯定的判断。然而,技术和专业判断总受着认知的局限,如果法律对专业技术标准和专业性判断是一味简单地认同,恐怕也会有失法律的价值。如是,则在学术问题的判断上所谓专业人士也可能构成对学术自由的压制。信息公开在教育领域就要不仅考虑知情权、隐私权和商业秘密问题。在涉及同行评议等问题上还会涉及基于学术事务特殊性而考虑的匿名评审,在信息公开的范围上有所限制。这些都是教育法学在制度设计时不得不考虑的问题。

从总论体系来看,教育行政法学需要回应以下问题:作为公民个体教育权利的演变与国家教育教育职能的演变,包括公民受教育权的保护、学术自由与大学自治的制度性保障、国家对教育的行政给付职能与行政干预;由此涉及国家教育职能实现的组织形式,教育行政机关与公办学校,公办学校的法律地位始终是我国事业单位改革中的一个难题,民办学校的公益地位也需法律保障;如果教育行政机关仍可以沿用行政法总论的有关原理,那么学校就需要单独的理论体系构建,即使学校作为行政主体能得到认同,但将其行为等同于一般行政行为也无法得到教育学界的认同,这都影响着教育行政争议的解决,正是在这一领域,还存在申诉、仲裁、复议、诉讼等多重途径,而在各途径范围的划分、彼此的连接上也还缺乏清晰的界限。

二、教育法与民商法

民商法尤其是民法对教育领域中的行为调整发挥着重要作用。第一,学校作为教育法调整的重要主体,也从事民事活动。无论在公法上学校如何定位,有关学校从事民事活动的民事法人地位是清楚的,要遵循民事法律规范的约束。对于学校法人财产问题,《教育法》起草制定时非常注意。针对学校财产关系中出现的产权不明、管理不善等问题,《教育法(草案)》第 28 条曾专门规定:“学校及其他教育机构具备法人条件的,自批准设立或者登记注册之日起取得法人资格,依法享有民事权利,独立承担民事责任”;“学校及其他教育机构中的国有资产属于国家所有”;“学校及其他教育机构用于教育活动和科学研究的财产,应当与校办产业的财产相分离”。由于学校不同于企业,其财产权的行使要受办学宗旨的制约,有关学校及其他教育机构的财产关系尚需根据本法的原则,制定其他法律、法规和规章进一步作出具体规定。[①] 最终《教育法》第 32 条规定:“学校及其他教育机构具备法人条件的,自批准设立或者登记注册之日起取得法人资格。学校及其他教育机构在民事活动中依法享有民事权利,承担民事责任。学校及其他教育机构中的国有资产属于国家所有。学校及其他教育机构兴办的校办产业独立承担民事责任。”如何界定学校中非国有资产、横向科研经费,厘清校办产业与学校之间的产权关系,如清华同方集团、北大方正集团等与大学的关系,涉及公司法律制度、国有企业改革和教育综合改革。

第二,我国学校的事业单位法人概念直接源于《民法通则》第 50 条第 2 款的规定:“具备法人条件的事业单位、社会团体,依法不需要办理法人登记的,从成立之日起,具有法人资格;依法需要办理法人登记的,经核准登记,取得法人资格。”这一事业单位法人定位也是我国分类推进事业单位改革的基础。尽管关于学校在公法上定位有不同的看法,但学校从事教育活动的核心特征,使学校不同于一般民事主体身份是确定的。然而,正在起草中的民法典有关法人分类的探讨可能改变事业单位法人这一定位和分类。

---

① 1995 年 3 月 11 日在第八届全国人民代表大会第三次会议上时任国家教育委员会主任朱开轩《关于〈中华人民共和国教育法(草案)〉的说明》。

梁慧星认为,关于法人的分类,究竟是沿袭民法通则的做法,分为企业法人与非企业法人,非企业法人再分为国家机关法人、事业单位法人、社会团体法人,还是按照民法传统理论,分为社团法人与财团法人,以及是否先分为公法人、私法人。这是法人这一章最重要的争论。传统民法理论将法人分为公法人与私法人。区别在法人设立的法律根据不同,其理论意义和实际价值,在于公法人之设立须经特别程序、国家对公法人的财产及其活动有特别措施、特别制度,这些特别措施、特别制度,由行政法加以规定。鉴于在民事活动中,无论公法人抑或私法人,其法律地位一律平等,均同等适用民法有关法人制度的基本规则。就民法立法角度言,明示公法人与私法人之区分,实际意义不大。因此,建议遵循民法通则的做法,不区分公法人与私法人。民法理论将法人分为"公益法人"与"营利法人",意在揭示法人设立之不同目的,并因此决定法人设立的不同方式和法律适用上的重大区别。此种分类的缺陷是,无法涵括一些既非公益、亦非营利的中间法人,从而留下法律漏洞。现行民法通则所规定的企业法人实际上就是营利法人,而所谓国家机关法人、事业单位法人以及社会团体法人,则应属于公益法人。考虑到我国民法更为注重法人在经济生活中的地位和作用,建议沿袭民法通则关于区分企业法人与非企业法人的基本思路,借鉴德国和瑞士的立法例,采用"营利法人"与"非营利法人"的分类,且在营利法人中,不再按生产资料所有制区分为全民所有制法人、集体所有制法人。[①] 而民法学界的这一讨论与《民办教育促进法》修改过程中关于营利法人与非营利法人的分类管理直接相关,也直接关系着整个学校法人制度的构建问题,需要跨部门的研究。

当前,教育法研究者主要研究的是学校从事教育活动的法律调整问题,较少研究学校的民事活动问题。学校作为法人从事非教育事务时,既要遵守民事法律规范的一般约束,也要遵守有关教育法律规范的特别规定,还可能遵守行政法律规范。一般来说,各国都会考虑学校的特殊法律性质,在教育法律规范之外,对学校遵守民事、行政法律规范做出专门规定。鉴于教育的公益性特征,在研究学校遵守的法律规范时多强调学校对教育和行政法律规范的遵守,往往忽视学校民事法律

---

① 梁慧星:《民法总则立法的若干理论问题》,载 http://www. iolaw. org. cn/showArticle. aspx? id = 4564,最后访问日期:2016 年 5 月 2 日。

主体的特殊地位。实际上,学校在民事活动中既享有与一般民事法律主体相同的权利义务,也需要遵守民事法律规范对学校的专门规定。即在民事法律规范中也会考虑到学校的特殊性,对学校做出特别规定。这在《侵权责任法》《担保法》等民事立法中体现尤为突出。

需要指出的一个有意思的问题是,在英国、新加坡等国家推行高等教育改革、扩大高校自主权的过程中,采取通过修改《公司法》、专门规定大学的特殊公司法人地位来明确高校的法人自治地位的。此外,学校也要解决面临的知识产权法律问题,包括学校的名称权、学校无形资产保护以及学校与教师、学生的职务发明、创造等问题。

三、教育法与社会法

社会法是我国政府规范劳动关系、社会保障、社会福利和特殊群体权益保障方面的法律。社会法是在国家干预社会生活过程中逐渐发展起来的一个法律门类,所调整的是政府与社会之间、社会不同部分之间的法律关系。

社会法是我国社会主义法律体系中的一个法律部门,它包括劳动就业、收入分配、社会保障、困难群体权利保护等方面的法律。

为适应立法工作需要,进一步加强社会领域立法,经中央机构编制委员会批准,全国人大常委会法制工作委员会最近成立了社会法室。

早在《义务教育法》修正过程中,何劲松、褚宏启和潞河中学张世义提出,“应处理好本法与教育法、教师法及未成年人保护法等相关法律的关系,处理好一些过渡性政策和法律规定的关系。立法不能只关注社会热点问题,否则就会丧失法的前瞻性和稳定性”。①

四、教育法与文化法、科技法

教育、科技、文化事务联系在一起,与教育法一样,科技法、文化法也正在发展之中,要深入研究、科学处理教育法与科技法、文化法的关系。有人认为教育法应该作为文化法的下位概念,并指出有些国家和地区已经出现了文化宪法等部门宪

① 参见有关部门、教育工作者和专家对《义务教育法(修订草案)》的意见(2006 年 3 月 17 日)。

法,并主张从我国现实出发应该将文化作为一个大概念,把教育和科技涵盖其中。但从逻辑来看,教育应该是一个大的概念,与科技和文化密切相关,甚至可以说教育是科技和文化的基础。即如果一定要将教育法与文化法分层定位,也应该是教育法成为一个涵盖文化、科技和教育在内的研究领域,因为大量的科技成果产生于高等学校,而文化以教育为根基。从现实来看,联合国教科文组织将"教育"放在"科技"和"文化"之前也不排除上述因素。无论如何,文化教育的法律研究是不可或缺的,而且在当今的中国,还有可能在一定程度上成为一门"显学"。

第三章 义务教育法律问题研究

第一节 义务教育内涵新诠释

义务教育具有强制性，是基础教育，由学校实施。义务教育制度的基础在于儿童的受教育权，家长、国家、社会和学校均有义务保障权利的实现，并以具体制度保障该义务的履行。针对我国现状，2006年《义务教育法》的修改和实施重点集中在义务教育的免费实施方面，然而，免费并非义务教育的全部，《义务教育法》对强制入学、逃学、辍学等规定不够细致，义务教育的真正全面实施还要从义务教育的内涵出发，建立健全具体实施制度。

一、义务教育的概念诠释

我国义务教育是指"国家统一实施的所有适龄儿童、少年必须接受的教育，是国家必须予以保障的公益性事业"，与最初"依照法律规定，适龄儿童和少年必须接受的，国家、社会、家庭必须予以保证的国民教育"[①]不同。我国台湾地区称为国民教

① 参见《关于〈中华人民共和国义务教育法(草案)〉的说明》。

育,我国香港特区称为强迫教育,指"每名正常儿童均须在此特定阶段接受正规教育",目的是希望儿童能够在该段期间完成基本教育。① 在英美国家,义务教育是指"法律规定儿童的父母或者监护人必须使儿童受到的教育",②在法国,"义务教育,所有没有达到规定教育水平的必须学习以达到目标。国家在其权限范围内,运用必要的手段,延长就学年限"。③

同样是义务教育,不同国家和地区强调重点不同,英美强调法定性与家庭义务,法国强调强制性与国家义务,我国台湾地区强调强制性与国家色彩,我国香港特区强调强制性与权利色彩,大陆突出强调强制性与国家特征。其中,强制性是共同强调的明显特征,而接受一定程度的教育也是共识所在。

(一)义务教育是强制教育

"强迫入学"是义务教育最初也最典型的特征。16 世纪欧洲宗教改革运动时期,推行新教的国家把教育作为争取青年、弘扬新教派、对抗旧教势力的重要手段,强迫儿童入学学习读、写、算和宗教知识。德意志魏玛公国 1619 年公布《学校法令》,规定父母应送其 6 岁至 12 岁的子女入学,否则"应以俗界政权之手,强迫实行这不能改变的义务",标志着义务教育的产生。强制推行教育使人们充分认识了教育的价值,西方各国逐步兴办起国家负责的公立学校系统,形成了国家管理教育的模式。国家进一步介入教育,教育由纯粹私人事务逐步发展为公共事务,个人不再具有完全的选择权。我国首次提出义务教育思想的 1904 年"癸卯学制"认为义务教育就是强制教育。"义务教育本质是强迫性教育。"④义务教育是法律制度,不是教育学概念。作为法律权利义务,义务教育强制特征的典型就是强制入学,国家的强制介入使儿童接受教育成为法律上的义务。

有人认为免费是义务教育的本质和核心特征,这是不科学的。义务教育的免费特征是随着强制而发展的。强制固然可以推行教育,但因为不能强迫个人做不

---

① 参见《九年强迫教育检讨》,载 http://www.emb.gov.hk/index.aspx? langno = 2&nodeID = 532,最后访问日期:2013 年 5 月 10 日。

② 薛波主编:《元照英美法词典》,法律出版社 2003 年版,第 273 页"compulsory education"词条。

③ 参见《法国教育法典节录》第 122 - 2 条。

④ 周洪宇:《义务教育是谁的义务?》,载 http://news.xinhuanet.com/forum/2005 - 08/23/content_3388872.htm,最后访问日期:2013 年 5 月 10 日。

可能的事,国家于是通过各种方法鼓励入学,免费正是推行强制教育的最好办法。这也是同义务教育的历史发展相一致的:19世纪后半期,普及义务教育的法规相继制定,一些国家为使绝大多数儿童都能受到初等学校教育,同时减免学费①。义务教育今天的免费特征不过是历史发展的结果。免费应该是强制的前提,只有免费了才能强制就学,没有免费就没有强制,也就不可能保证义务教育的实施。②

(二)义务教育是基础教育③

义务教育以接受一定程度的教育为内容,通常为基础教育。基础教育本质是对年幼学生所提供的基本课程的教育,目的在于提高人口素质,“包括令儿童学会各种必需的学习技巧和方法,以及一些基础学问知识,以便日后能够自力更生、尽展所长,在处世和处事两方面均不卑不亢,而且决断明智,并有能力继续求学进修”。④ 它“是科教兴国的奠基工程,对提高中华民族素质、培养各级各类人才,促进社会主义现代化建设具有全局性、基础性和先导性作用”。⑤

教育有基础教育、中等教育和高等教育,义务教育以推行基础教育、培育公民的基本能力为内容,这是由基础教育的基础性特征决定的。基础教育对个体和国家发展具有重要意义,国家于是通过法治确定以“强制”为手段推行“基础教育”,构成义务教育这一法律制度。基础教育的内容决定了义务教育不实行淘汰竞争机制,注重个性化素质教育,旨在塑造公平、促进社会正义。这正是义务教育备受重视的原因。

基础教育是义务教育的内容这一特征具有可变性。随着国家能力的提高,可能会提供更高程度的教育,但通常一方面出于国家能力的考虑,另一方面出于尊重人们的自由选择,义务教育作为国家的强制教育通常限于基础教育阶段,较高阶段教育如高等教育则在尊重个体选择的基础上通过竞争实行。

---

① 吴式颖、阎国华主编:《中外教育比较史纲》(近代卷),山东教育出版社1997年版,第591页。

② 《十届全国人大常委会第二十次会议分组审议义务教育法(修订草案)的意见》。

③ 依据《国务院关于基础教育改革与发展的决定》,基础教育包括基本普及九年义务教育和基本扫除青壮年文盲(以下简称“两基”)。

④ 参见《九年强迫教育检讨》,载 http://www.emb.gov.hk/index.aspx? langno=2&nodeID=532,最后访问日期:2013年5月10日。

⑤ 参见2001年5月29日发布的国务院《关于基础教育改革与发展的决定》(国发〔2001〕21号)。

(三)义务教育是学校教育

义务教育是学校教育,儿童要入学接受义务教育。[①] 儿童最初在家接受教育。工业革命后,家庭逐渐丧失了自我持续生产力和很多福利功能,包括训练儿童的主要责任,"学校,尤其是公立学校已经成为当今社会的核心机构之一",[②]代替家庭承担了教育儿童的主要职能。义务教育的学校教育特征,是义务教育的基础教育和强制教育特征的必然延伸:只有确定学校这一义务教育的具体实施主体,国家对基础教育的强制实施才能得以实现,因为国家不可能直接实施教育,为此,国家需要设立学校。强制儿童入学主要是指强制儿童进入国家设立的学校。从而,义务教育的强制性、基础性和学校实施三者得以统一。

但是,国家设立学校作为实施义务教育的主要机构并不排除私立学校和在家教育形式。学校实施义务教育,无分公办民办,只要实施义务教育,对适龄儿童提供基础教育,国家都应当予以支持。而对有能力有意愿为儿童提供在家教育的,国家应该允许,同时也必须进行监督。义务教育的强制性表现形式多样,除了传统和典型的主要在公办义务教育学校实施的强制入学外,还有针对民办义务教育学校和在家教育的监督检查,内容主要以国家规定的基础教育为标准。

义务教育是法律制度,以人权为基础、法治为保障,具有个体权利和国家权力双重色彩。强制推行使教育功能得以充分重视,国家遂在强制基础上引入多种手段包括通过提供资金、免费和建立学校方式推行教育,而鉴于国家力量的有限性和尊重个性,教育的强制推行一般局限在基础教育领域。发展到当代,义务教育作为法律制度,使最初通过强制推行的基础教育进一步通过免费等方式得到国家和人民的一致认同:基础教育的目的决定义务教育的强制性;学校教育保障基础教育和强制教育的可行性。综上,义务教育宜界定为"依照法律明确规定强制进行,适龄儿童应当接受的,国家、社会和家庭应当予以保障,由学校进行的基础教育"。

---

① Dan Braveman, William C. Banks and Rodney A. Smolla, *Constitutional law: structure and rights in our federal system*, Matthew Bender & Company, 2000, p. 901.

② 对于家庭在教育中的职能变化与学校教育功能发展的简要论述,可参见 Dan Braveman, William C. Banks and Rodney A. Smolla, *Constitutional law: structure and rights in our federal system*, Matthew Bender & Company, 2000, pp. 901 – 903。

二、义务教育的基础——儿童的受教育权

依据我国宪法，受教育权既是权利又是义务，受教育权也理所当然成为教育法律制度的基础。但是，受教育权“权利义务的同一性”并不适用于义务教育之外的其他教育制度，这是由儿童作为义务教育阶段受教育权主体决定的。而且，即使对于儿童来说，受教育权既是权利又是义务的说法也欠准确，因为接受义务教育和保障义务教育是义务教育的不同方面。接受义务教育是儿童个体的权利，①保障义务教育的实施是家庭、政府和社会的义务。

接受义务教育首先并且主要是儿童的权利。② 儿童作为义务教育的主体，体现为他们是义务教育的接受者；接受义务教育对他们主要是一种权利。出于儿童的最大利益考虑，同时考虑到他们自身尚不足以对利益尤其是教育利益做出适当判断，法律才辅助规定接受义务教育也具有义务性质。所谓接受义务教育的义务性质不过是其权利性质的延伸。

国家、家庭、社会和学校在义务教育中只负有义务——保障儿童接受义务教育的义务。对儿童受教育权来说，他们更多意义上不过是义务主体——并不享有权利，所享有的权利不过是保障实现儿童受教育权的手段。

三、义务教育的实施——义务保障制度

儿童的受教育权构成了整个义务教育制度的基础。为保障这一权利的实现，这需要从义务教育的内涵出发，充分考虑儿童受教育权的特征在《义务教育法》实施细则中建立健全下列制度：

（一）儿童义务保障制度

儿童本身智识有限，由于各种原因如不喜欢目前教育考试方式、受到学校不愉快对待、家庭无力供养等，可能拒绝入学或者出现逃学、退学、辍学等拒绝接受义务教育的情形。我国《义务教育法》只规定了儿童处于身体状况延缓入学和休学制

---

① 汤林春：《外国义务教育的演变、性质及其启示》，载《教育评论》1997年第6期；杨成铭：《从国际法角度看受教育权的权利性质》，载《法学研究》2005年第5期。

② 有关义务教育性质是权利、义务抑或二者兼具的讨论，参见温辉：《义务教育性质刍议》，载《法制与社会发展》2001年第2期。

度,对其他原因和其他不接受义务教育的形式未做规定。建议建立健全下列制度:

1. 在家上学制度

在入学阶段,除了身体原因之外,是否允许儿童不入学接受义务教育?即在家接受教育是否允许?[①] 对此,建议参考法国经验,[②]应当入学接受义务教育的儿童也可以在家上学,但只限于特定情形,需要经过法定程序,且要接受国家监督,完成国家规定的义务教育所必须掌握的基本知识与基本能力。

2. 家长联系制度

在入学之后,出现逃学情形的,无论何种理由,鉴于儿童成长的特殊性,由家长和学校共同承担义务。为此,应明确确立家长与学校的定期联系制度,如家长会等形式。

3. 退学原则禁止制度

在入学之后,儿童申请退学的,区分不同因由,由义务教育学校、家长分别承担义务。非经正当事由、法定程序,义务教育学校不得允许儿童退学。法规、规章应严格规定退学的条件以及基本程序,义务教育学校也应制定规章,保障家长参与决定。既要防止家长放任儿童退学,也要防止学校在义务教育阶段不能开除学生的情况下利用退学手段来达到目的,同时也避免儿童在心智不成熟的情况下做出对自身的不利决定。

(二)家长义务保障制度

儿童身心发育尚不成熟,家长基于亲权有义务保障其接受、完成义务教育:

1. 强制入学制度

父母负有按时送子女入学的义务。义务教育的强制性体现为家长的首次注册义务。确因法定正当事由不能履行义务的,需要申请报经有关机关批准。即使儿童不愿意入学,出于“最大利益”考虑,父母也有义务采取相应措施强制其入学,不

---

① 如我国著名童话作家郑渊洁就让其子在家接受教育。

② “义务教育阶段的儿童在家接受教育,始于第一年。在两年中接受有权市长的检查和监督。检查的结果应通知督学和国家教育在省内的负责人。如果检查未进行,国家在省内的代表有权进行。督学应每年至少一次确认是否符合本法第122－1条规定的儿童受教育权利。学生知识的内容由政令确定。督学认为教育内容不足时,家长应在通知后15日,为儿童办理登记入学与公立或者私立学校,并通知市长和督学。”参见《法国教育法典》第131－10条。

能以尊重儿童意志为由拒绝送孩子入学。

我国《义务教育法》针对家长这一义务规定了批评教育、限期改正措施，但面临实际执行困扰：对拒不履行的送儿童入学义务的家长，是否可以予以行政处罚或者强制执行？[①] 建议参照我国香港特区立法例，[②]在制定新的实施细则时保留原实施细则中的规定。[③]

2. 逃学治理制度

父母负有保证子女入学后"完成"义务教育的义务，如为儿童购买必备文具，与儿童所在学校的配合，了解儿童的在校状况，处理休学、逃学等，以家庭教育配合学校教育。这是父母为保障实现儿童受教育权的必要义务。不能认为将儿童送交入学即完成家长的义务，剩下的全部是学校的责任。"留守儿童"数量增长等现象，表明父母保障义务教育的"完成"义务易被忽视，这已成为我国义务教育制度的一个盲点，应当注意。

逃学是指适龄儿童在入学后无正当理由而自己拒不到学校接受义务教育。近年来，受就业影响"读书无用论"有所抬头，我国逃学现象和家长拒绝送儿童入学现象在一些地区有扩大趋势。有的家长对此持放任态度，我国还没有相应措施。英国鉴于学龄儿童逃学日益严重，2000 年修改了刑法，增加"家长拒绝配合履行基础教育义务"的条款，情节严重的可判处有期徒刑，最长可达 3 个月。[④]

为保证家长履行保障义务教育的"完成"义务，建议我国建立逃学治理制度：在不知情的情况下家长对于逃学不承担法律责任；学校在儿童逃学后，应当及时与家长取得联系；家长知晓儿童逃学的，应当采取措施送儿童返校学习；如果家长知晓儿童逃学仍然拒绝采取措施的，基层政府或者教育行政部门有权处罚。

---

① 参见《沅江开庭审理家长违反〈义务教育法〉一案》，载《湖南教育》2001 年第 10 期。

② 《香港教育法例》第 74 条规定："任何家长无合理辩解而没有遵守入学令（或不时经更改的该命令），即属犯罪，一经定罪，可处第 3 级罚款及监禁 3 个月。"

③ 1986 年《义务教育法》第 15 条及 1992 年《义务教育法实施细则》第 40 条。

④ 帕翠夏的女儿经常逃学，当地教育官员多次找到她解决逃学问题，还曾两次申请法院发布命令要求她督促女儿到校，最终起诉到当地治安法庭，帕翠夏被以"不履行父母的教育义务"为由判处 28 天监禁，不准保释。参见刘燕：《逮住"逃学威龙"——英国义务教育法的最新发展》，载《21 世纪环球报道》2002 年 6 月 14 日版。

（三）学校义务保障制度

学校负有对儿童实施义务教育的义务。作为实施者，义务教育学校承担着国家无法直接实施的教育职能，是决定义务教育实施的关键。

义务教育学校的设立者不同，义务保障制度也有不同。"孟母堂"事件已经提出了学校问题。[①] 作为保障儿童受教育权的义务教育制度，义务教育学校的公办或者民办性质无关宏旨，关键不在于谁来实施，而在于是否完成国家规定的基础教育内容。公办学校是义务教育学校的主体，核心保障制度是禁止开除制度；民办学校的义务保障制则主要表现为资格准入制度。以公办义务教育学校为核心的义务教育学校制度的具体构建是义务教育制度的重要内容。教师资格制度、教育评价制度都是义务教育学校实施义务教育的保障制度。《义务教育法》并未区分公办民办义务教育学校的不同保障制度，建议实施细则中加以规定。

（四）国家义务的制度保障

所谓义务教育，是指少年儿童有义务接受义务教育的学习，同时亦指政府有义务免费为少年儿童提供相应的学习条件和环境。[②] "实行义务教育，既是国家对人民的义务，也是家长对国家和社会的义务。"[③]这是由义务教育的纯公共物品性质决定的。义务教育首先并且主要是国家的义务。义务教育对国家来说是一种义务；在义务教育的多个义务主体中，国家是核心义务主体。国家义务的多种制度保障构成义务教育制度的重要内容：

1. 教育资源公平分配制度

国家的核心义务是公平配置教育资源。公平配置教育资源，首先体现在义务教育学校的设置。这是实施义务教育的前提。国家不仅应当自己设立义务教育学校，也应当允许私人举办义务教育学校；国家不仅要保障一般儿童、非少数民族儿童、非不良行为儿童接受义务教育的权利，也要保障特殊儿童，少数民族儿童、不良行为儿童接受义务教育的权利，对弱势群体进行特殊保护；国家不仅要设置普通义

---

① 强制入学是义务教育强制性特征的体现，但义务教育的强制性并不仅仅体现在强制入学，还体现在国家统一大纲、国家统一课程的设置等方面。这样如果以民办学校对儿童进行教育并非强制入学而认定学校违反义务教育就曲解了义务教育的强制性。

② 《十届全国人大常委会第二十次会议分组审议义务教育法（修订草案）的意见》。

③ 《关于〈中华人民共和国义务教育法（草案）〉的说明》。

务教育学校,还要设置特殊义务教育学校。

公平配置教育资源还体现为国家促进学校均衡发展的义务。国家不仅在公办义务教育学校之间要促进均衡发展,如不得将学校分为重点学校和非重点学校,加强教师培训、促进教师流动等,还要鼓励民办义务教育学校与公办义务教育学校的均衡发展;国家不仅要资助公办义务教育学校,也要资助民办义务教育学校,这是义务教育得以持续实施的制度保障。

2. 督促入学与辍学治理制度

国家有督促儿童入学与治理辍学的义务。这是国家义务的重要内容。督促入学是指在每一年度入学时期,国家(具体落实到县级教育部门和乡镇政府)应当组织、督促儿童入学。辍学是儿童被迫停止接受义务教育,对此要积极治理,针对辍学的不同原因采取措施帮助解决困难,防止辍学。对不采取措施组织入学或者防止辍学的,需要追究法律责任。

3. 教育经费保障制度

教育经费保障是《义务教育法》修订的重点和亮点,不再赘述。值得注意的是,教育经费保障制度的落实,不履行经费保障义务的,一定要依法追究法律责任,不能将制度虚置。

(五)社会义务的制度保障

社会与国家同样负有保障义务教育实施的义务;在某种程度上还充当了国家作为核心义务教育主体的分担者与制约者的角色。社会主体范围广泛,一般是指儿童、儿童家长或者其他法定监护人、国家、义务教育学校之外的其他组织和个人。

社会义务教育保障制度体现在多方面:(1)准用限制。社会组织和个人原则上禁止招用应当接受义务教育的适龄儿童。(2)禁入制度。营业性舞厅、网吧等不适宜未成年人活动的场所不得接收义务教育年龄儿童入内消费。此外,还有其他制度保障社会履行配合义务教育的义务,如禁止提供担保制度等。①

四、结语

基础教育是现代社会公民赖以生存发展的基本技能,只有通过义务教育制度

---

① 如《担保法》第9条、第37条第3项规定了学校的担保禁止。

为掌握该基本技能提供制度保障，公民才能既在形式上享有平等接受教育的机会，也在实体上接受教育的提供，最终才不会出现极端贫困的结果。① 我国《义务教育法》修正后重点关注和解决了义务教育的费用问题，但在不同主体的具体义务实施及其制度保障方面规定却并不健全，还有待于实施细则的细化、健全、完善。毕竟，将义务教育理解为免费教育虽然能够解决我国当前义务教育面临的主要问题，但并不能够解决全部问题。义务教育制度的有效实施依然任重而道远。

第二节　义务教育学校公法主体地位研究②

学校的法律地位问题一直是个有争论的话题，对此既有《民法通则》与《教育法》规定在前，又有《侵权责任法》《国家赔偿法》施行在后，相关立法不仅没有澄清，反而加大了争议，学校的尴尬清晰可见——学校的私法与公法主体地位结论未定。尽管声称学校特殊法律地位的意见不绝于耳，但遍寻《国家赔偿法》并没有任何有关学校可能承担国家赔偿责任的规定，虽然公办学校尤其是公办义务教育学校源于政府；学校对受教育者承担侵权责任的依据为《侵权责任法》，但依据是学校负有教育管理职责，且是作为特殊的责任主体。可见，简单依据立法条文来断定学校的法律地位仍为时过早。

一、学校法律地位的基本问题

（一）法律地位

法律地位是有关主体的综合性法律判断，包括该主体的公法私法性质，权利能力、行为能力和责任能力，权利义务内容以及与相关主体的关系等。主体的法律定位不仅涉及主体的法律性质、权利义务和法律适用问题，更直接关系到该主体成立

---

① 参见世界银行《世界发展报告 2006》。

② 本篇论文发表于《首都师范大学学报》（社会科学版）2010 年第 6 期。2015 年《教育法》修改并未涉及学校法律地位，但《民法典》的起草制定涉及法人制度的变化，将直接影响学校法律地位。有关民法典制定过程中法人制度的争议，可以参见梁慧星：《民法总则立法的若干理论问题》，载 http://www.iolaw.org.cn/showArticle.aspx?id=4564，最后访问日期：2016 年 5 月 10 日。

的目的能否实现。因此,在确定主体的法律地位时始终要考虑如何能够实现该主体的核心目的。

(二)作为社会机构核心之一的学校

对学校法律地位的探讨不能不谈及学校在当今社会的地位。学校已经成为当今社会的核心机构之一,这与其说是学校努力的结果,不如说是现代国家将受教育权加以法定化后教育法律规范施行的结果。学校的核心地位是由其教育机构的本质决定的。

(三)确定学校法律地位应当考虑的因素

学校法律地位并不是单纯的法律问题,势必要考虑多方面的因素,尤其是一国的教育现状与法治进程。但学校的法律定位始终必然要从教育和法律两方面出发,考虑到学校履行教育职能的本质与保障受教育者合法权益的诉求。保护受教育者的合法权益与实现学校目的二者间并非完全一致,甚至"法律"的相对"冰冷"可能会冲淡"教育"的"温情",法律对于学校日益严格的民事责任规定看似保护了学生的民事权益,但却在很大程度上打消了学校从事教育教学活动的积极性,甚至是以牺牲学校存续的教育本身目的为代价。这尤其需要立法者慎重衡量、谨慎对待。

二、有关学校法律地位的规定及讨论

(一)学校定义及范围

教育学认为学校是"按照一定社会的需要,有目的、有计划、有组织地对年轻一代进行培养和教育的场所";①或者指经有关部门批准设立,招收适龄人口实施教学活动的教育机构。② 我国立法并未规定学校定义,但《教育法》等行文上采取"学校及其他教育机构"字样,明确了学校的教育机构性质。我国其他地区和部分国家在立法中界定了学校的含义或者将学校定义为组织机构,如《香港教育法例》第 3 条规定"学校指一间院校、组织或机构,其于任何一天向 20 人或多于 20 人或于任何时间同时向 8 人或多于 8 人提供幼儿、幼稚园、小学、中学或专上教育或以任何方式提

① 顾明远主编:《教育大辞典》(第 1 卷),上海教育出版社 1990 年版,第 74 页。

② 中国基础教育统计指标解释。

供任何其他教育课程,包括以专人或邮递服务交付的函授方式";或者将学校定义为教育设施,如《德国北威州学校管理法》第1条规定:"本法中所称的学校是满足下列条件的教育设施:学校的课程独立于教师和学生的变动之外,课程是由学校主管机关根据本法确定或批准的教学计划来设置的。"不同定义侧重不同,将学校界定为场所设施等强调"物"的性质,界定为机构则强调"人"的性质。任何一个组织都不可能脱离人和物的因素,但对于该组织的界定主要看"人"和"物"哪一个是根本性因素。学校首先并且主要是教育机构,而非场所、教室等物化因素的集合;无论是作为教育者的教师还是受教育者的学生,其重要性远远超过了"物"的因素,场所教室等服从于教育者和受教育者的需要。这是将学校定义为教育机构不同于场所之处。学校作为教育机构,是指政府、社会组织或者公民个人依法举办的,依照法律规定在固定场所对固定人数有目的、有组织、有计划地实施教育活动的机构。学校是教育机构的主要组成部分。与其他教育机构相比,学校的设立、变更更为严格,准入条件限定较多;教师和学生也有一定的数目比例限制。学校范围原本并非一个大的问题,但却有明确的必要,因为教育较之其他事务更为复杂,承担不同阶段教育任务的学校对法律地位要求也并不相同。因此,尽管我国《教育法》中提到的学校包括各级各类学校,但通常认为这里的学校仅指中小学,不包括高等学校。上述提及的香港和德国学校均指中小学而不包括大学。西方国家一般通过"school law"和"college and university law"分别表示学校法和大学法。

(二)实证法上的学校法律地位。

《教育法》第32条[①]被视为学校法人法律地位的权威依据,实际上这种法人地位是非常模糊的。教育学界和法学界乃至法学界内部的不同法律部门都有各自的解读,学校的法律地位总是不能明确,尤其是相对于高等学校作为"法律法规授权组织"以及"公务法人"的相对一致,中小学法律地位的争议更大。那么,在被视为公法的《教育法》中规定学校的法人地位,到底是通过借鉴法人概念而创设了一种新的法人制度还是直接适用民法的法人概念与一般民事法人主体相同?如果是后者,应该说第2款就没有必要,因为作为民事主体,其仅可能进行民事活动,当然要

---

① 2015年修改后的《教育法》第32条,修改前为第31条,仅是条文顺序发生变化,内容并未发生变化。

承担民事责任，根本无须强调。而只有认为学校这一法人不同于一般民事法人，有可能从事民事活动之外的活动，才有第2款存在的必要。因为，公法主体从事民事活动是非常普遍的，但私法主体从事公法活动则仅在极特别情形下方可能发生。因此，有关学校公法主体地位的解读应该是对《教育法》第32条更合理的解释。此外，《教育法》中有关学校权利义务等的规定都说明了学校的法律地位有别于民事主体。当然不可否认的是，一旦认定学校的公法主体地位就会遭遇一个更大的难题——如果学校是公法主体，并且符合条件就会成为法人，又应该如何看待所谓的"学校法人"呢？

三、作为公法主体的"学校法人"制度

(一)要慎重对待学校独立法人的说法

早在1989年我国就有人提出了学校的独立法人地位问题。① 之所以要将学校作为独立法人，是因为有人认为在政府对学校包揽过多、统得过死的状况下，要改变过于集中的单一计划管理模式，就要在改善宏观管理的同时，进一步扩大学校办学的自主权限，而学校独立法人定位有助于从制度上解决学校与政府的从属关系问题。这也是我国目前仍有众多学者钟情这一观点的根本原因所在。但是，学校法人首先要解决是私法(民事)主体还是公法主体的问题。学校的本质应该是公法主体。

首先，肯定学校的民事法人地位无助于解决义务教育学校自主办学与政府管理之间的矛盾，确立学校民事法人地位这一论断由于并未看到学校作为民事法人与学校法人之间的区别所在，也并不能解决这一矛盾。只有首先明确学校的公法主体性质，再进一步研究其作为公法主体与政府作为公法主体之间的关系，才是一种可行性的选择。

其次，增强学校的自主权限与确立学校的独立法人身份之间并不具有必然关系。即使学校不具有独立的法人身份，作为具有部分权利能力的公法主体，也并不意味着政府的任意干涉，关键在于明确政府权力的界限。如鉴于公办义务教育学校所进行的义务教育特征和政府依附特征，是否确立公办义务教育学校完全独立

---

① 李铁映1989年2月18日在国家教委1989年工作会议上的讲话《振奋精神，把教育搞上去》。

于政府的公法法人地位,以及公办义务教育学校独立为法人之后国家与学校之间的关系,各国做法不同。①

最后,有必要指出的是,尽管政府与学校的关系始终是确定学校法律地位要解决的问题,但这并不意味着学校与政府从此要划分界限。学校要求独立地位根本上是要求"办学自主权",减少甚至避免政府干预,但并非拒绝政府投入。在"学校法人化"的浪潮之中,政府以此为由拒绝或者减少教育投入甚至实行教育产业化已经造成了不良后果。在学校办学自主权不足与政府教育投入之间,笼统的"学校独立法人地位"并不利于学校目的的实现。

(二)作为公法主体"学校法人"的构建

要肯定学校尤其是义务教育学校是公法主体地位,因为受教育者与义务教育学校关系是依据法律规定强制成立的,义务教育阶段的"强制入学"已经基本否认了公民的选择权,而在高等教育阶段,受教育者虽然对入学拥有选择权,但入学后大学依据法律享有的教育权力对学生发挥着与作为典型公权力的行政权同样的作用。也正因如此,民法学者将学校法人视为一种"特殊法人",《侵权责任法》将其视为特殊的责任主体;行政法学者将学校视为公营造物或者公务法人;教育学者认为学校既非民事法人,有别于行政机关,笼统称为"公务法人"也不能突出学校的特殊地位,而应当为独立的"学校法人"。这种法学界与教育学界以及法学界内部的纠结真实地体现了法学研究的某种尴尬——作为组织手段的公法人制度研究的缺乏。我国公法人制度研究并不充分,尚未形成体系,仍然流于私法法人的判断标准和方法。实际上法人作为主体制度应当是公私法共同的财产,公法有必要借鉴但不能完全照搬私法法人制度。我国《教育法》有关学校成立条件与《民法通则》有关法人成立条件并不相同。德国此方面可供参考。

德国公法理论认为,相对于民法法人都具有完全权利能力和行为能力,公法主

① 通过对域外经验的考察,有人指出对公办中小学,要慎言"确立学校的完整的法人地位",参见李继星:《法德意公办小学管理体制及其启示》,载《人民教育》2005年第6期。在实践中各地义务教育学校如小学也有不同种类,法律性质不一。如《山东省全日制中小学职业中学机构编制管理暂行规定》第6条规定,初等小学不作为独立法人单位,其教学业务和教职工由乡镇中心小学或完全小学管理。关于这一结论的赞同,还可以参见徐志勇:《现代学校制度的构建逻辑与政策含义》,载褚宏启主编:《中国教育管理评论》(第2卷),教育科学出版社2004年版,第100~113页。

体则有完全权利能力、部分权利能力和无权利能力之分。所谓部分权利能力是指某一个组织旨在特定权利领域内或者只就特定的法律规范享有权利能力，而不享有一般的权利能力。这种组织只能在法律为其设定的部分权利领域之内自主活动，不是一个（具有完全权利能力的）法人。完全权利能力则“只需要具体确定相关法律规范的可适用性”，而部分权利能力则“必须首先查明相关权利义务是特别授权”。① 与私法强调法人财产能力不同，支持公法法人权利能力大小的是法律对“权力”的授予，即在多大程度上能够以自己名义行使权力、承担责任。② 这样，法律依据不同阶段学校的不同特征，授予学校不同权力，从而造成了学校的不同公法主体地位。学校法律地位是多样化的，至少要从举办者（公办民办）和教育阶段两个层面加以区分。无论公办学校还是民办学校都从事教育公益事业，都不以营利为目的，也因此都享有教育法规定的学校权利，都属于公法主体。但相对于公办学校，民办学校往往享有更大的自主权，宜定位为具有完全能力的公法法人。作为公办学校，从事不同教育阶段的学校法律地位并不相同。一般来说，从事高等教育的高等学校宜定位为具有完全能力的公法法人，在与政府的外部关系和与教师和学生的内部关系上，高校都享有较大的自主权。高校应为社团法人而非一般所谓的公营造物或公法设施，因为大学固然是“人与物的持续的稳定的集合”以提供公共服务，不能单纯以物或人的要素决定，但在根本上，对于大学来说其中人的因素重于物的因素，大学对于财产的使用和管理以及大学在设立后所获得的财产及公法上的优益，都是为了大学的公务目的而进行的，最终物是要以服务于人为目的的。在性质上，大学更接近于社团法人而非财团法人。

那么，公办义务教育学校属于何种权利能力的公法主体呢？德国北威州认为，公立学校是法定主体的一个不具有法律上权利能力的公法设施性质。③ 法国一般也认为小学不具有独立、完整的法人地位。目前，我国公办义务教育学校作为公法主体，宜定位为具有部分权利能力的公法法人。因为它主要目标在于实现国家教育目标，对政府依赖更大，只享有有限自主权——在义务教育学校与政府这一外部

---

① 参见［德］哈特穆特·毛雷尔：《行政法学总论》，高家伟译，法律出版社2000年版，第499页。

② 如派出所具有行政主体资格，但限于警告和500元以下罚款，超越该权限则不具有权利能力和行为能力，而由设立其的公安机关承担责任。

③ 参见《德国北威州学校管理法》第6条。

关系上,义务教育学校有义务接受政府的依法管理,不享有自主权;而在与教师和学生这一内部关系上,义务教育学校仅具有一定的自主权。但仍然要强调公办义务教育学校的部分权利能力,因为政府可能凭借对义务教育的支持忽视教育自身的规律,完全扼杀学校在办学方面的自主权限。

四、结语

之所以仍将学校做公法法人定位是考虑到教育与政府的特殊关系:不强调教育的独立,则教育发展;过分强调教育的独立,则教育可能失去发展的支持。因此,在学校的法律地位上既要强调国家的不干预又要强调国家的保障,考虑到不同阶段学校,教师和学生对教育的要求也不相同,学校的法律地位也应当有所区别。这在一定程度上也正是《侵权责任法》以受教育者不同年龄来判断学校侵权责任的缘由所在。需要提醒的是,该法有关学校承担侵权责任的规定与其说是对学校民事法律地位的确认,毋宁认为是在目前公法理论研究尚未突破、《国家赔偿法》难以覆盖情况下对学校迫切需要承担法律责任的一种妥协,因为侵权须赔偿是公私法的共同原理。但如果不注重对学校作为公法主体承担教育管理职责的保障,无限放大学校这一职责,可能会削弱学校教育目的的实现。因为当学校过分将力量集中于保障受教育者的民事权益时,可能会懈怠其教育职责的履行。当前,学校权利义务责任划分不清,导致学校、教师与学生权利义务关系不清:学校有权利,但行使权利无保障;学校有义务,但履行义务无边界;学生有权利,但行使权利无边界;学生有义务,但履行义务无保障。这都需要进一步明确学校法律地位来加以矫正。

鉴于《教育法》等公法制度与《民法通则》等私法制度对学校法律地位的界定存在冲突,考虑到学校履行教育职能的本质与保障受教育者合法权益的需要,我国宜确立学校的公法主体尤其是公法法人地位,既强调国家的不干预又强调国家的保障,以解决政府与学校关系这一制约学校法律地位的关键问题。考虑到不同阶段学校、教师和学生对教育的要求不相同,学校的法律地位也应当有所区别。同时,要加强我国目前作为组织手段的公法人制度研究。

第三节　有偿补课治理法律研究①

有偿补课一直是我国教育治理的难题之一。尽管教育部和其他部委从学生减负、素质教育、行风建设和规范收费等方面着手出台多个规范,补课问题仍然未得到有效治理。2008 年,教育部、中国教科文卫体工会全国委员会重新修订和印发《中小学教师职业道德规范》,明确"自觉抵制有偿家教,不利用职务之便谋取私利"。2014 年,教育部发布《中小学教师违反职业道德行为处理办法》(以下简称《处理办法》),明确中小学教师"组织、要求学生参加校内外有偿补课,或者组织、参与校外培训机构对学生有偿补课的"都属于违反职业道德的行为。在此基础上教育部 2015 年出台《严禁中小学校和在职中小学教师有偿补课的规定》(以下简称《规定》),首次专门明确规定禁止中小学和教师"有偿补课"。在这一意义上,《规定》是对《处理办法》严禁有偿补课的具体解读和落实,是对长期以来补课治理经验的高度凝练和总结,是处理有偿补课问题的权威规范。然而,补课尤其是有偿补课有其深刻的产生根源,全面治理有偿补课、从根源上杜绝有偿补课需要各方面的共同努力。有偿补课治理问题还涉及《中小学教师职业道德规范》《中小学教师违反职业道德行为处理办法》等规范的实施问题,需要从法律角度系统研究教师职业道德规范的实施问题。

一、治理中小学校和教师有偿补课行为的合法性

(一)治理有偿补课的必要性

中小学校和教师补课问题是我国当前社会高度关注的问题。各界对有偿补课

---

① 2015 年 5 月,笔者代表北京外国语大学中外教育法研究中心接受教育部教师工作司委托,负责组织开展"治理中小学校和在职中小学教师有偿补课"课题研究。课题组在分析治理有偿补课规定合法性规定的基础上,根据需要开展了国外部分国家的文献调研,并对我国中央法律法规之外的行政规范性文件和地方立法进行了梳理,形成了系列研究报告,并于 2015 年 5 月 25 日提交给教育部教师工作司。研究报告包括"治理中小学校和教师有偿补课行为的合法性报告""我国治理中小学教师有偿补课的规范梳理"和"域外治理公立中小学教师有偿补课行为的调研报告"。2015 年 6 月 29 日教育部发布《关于印发〈严禁中小学校和在职中小学教师有偿补课的规定〉(教师〔2015〕5 号)的通知》,载《严禁中小学校和在职中小学教师有偿补课的规定》正式开始公布实施。此处为课题部分成果。

的危害已经达成基本共识。中小学教师有偿补课异化师生关系；有偿补课使一些教师本末倒置，把在学校上课当成副业，而将有偿补课当成主业。甚至屡屡发生教师为了强迫学生参加有偿补课，将课堂教学内容讲一半，留下一半放在有偿补课时讲或利用职务之便不择手段为校外教育机构招揽生源等严重突破师德红线的行为；有偿补课严重损害了爱岗敬业、全身心投入教育教学工作的广大教师积极性；有偿补课加剧和扩大学生之间差距，破坏教育公平；学校组织有偿补课加重人民群众经济负担，滋生教育腐败。更重要的后果是，有偿补课进一步加重了应试教育的弊端，不利于推行素质教育。

（二）治理补课的方式

围绕着中小学校和教师能否补课、能否有偿补课，长期以来有不同观点，体现为在治理有偿补课问题上的三种不同解决方式：一是不区分有偿无偿补课，全面禁止中小学校和教师补课；二是区分有偿无偿补课，全面禁止中小学校和教师有偿补课，对无偿补课不予禁止；三是区分有偿无偿补课，允许中小学校和教师有偿补课，但要进行严格限制，对无偿补课不予禁止。

从目前情况来看，各方对有偿无偿补课区别治理的态度是一致的，即治理对象主要是有偿补课行为，但在全面禁止有偿补课和严格限制有偿补课（允许有偿补课存在）仍然存在分歧。从有偿补课的危害来看，目前全面禁止有偿补课是必要的，但这都涉及对学校行为和教师行为自由的禁止或限制，从法治理念和法治思维出发，需要从法律层面考察禁止有偿补课的合法性。

禁止有偿补课，禁止的是公办中小学校和公办中小学校在职教师的以营利为目的通过收取费用等方式为在校中小学生补课的行为。核心是公办中小学教师能否在正常教育教学活动之外从事有偿补课行为，涉及对教师行为禁止的合法性、禁止有偿补课的合法性、处理从事有偿补课教师合法性三个层面的合法性问题。

1. 禁止教师行为的合法性分析

禁止教师从事某种行为是由教师的法律地位决定的。关于教师的法律地位，可以从两种身份来理解，一是宪法规定的公民身份，二是教师法规定的履行教育教学职责的专业人员身份。

第一，中小学在职教师首先是我国公民。从教师作为公民的一般意义来讲教师可以从事包括有偿补课在内的兼职行为。

第二,中小学在职教师是履行教育教学职责的专业人员。《教师法》第3条明确规定:教师是履行教育教学职责的专业人员,承担教书育人、培养社会主义事业建设者和接班人、提高民族素质的使命。教师应当忠诚于人民的教育事业。这意味着教师是其在一般公民身份之外的一种特殊职业身份。这种特殊职业身份使教师接受职业限制成为可能。理解教师身份要注意,教师不是单纯地履行教学职责,还包括教育职责,教学是教育职责的一部分而非全部。这意味着从事教学的行为要符合教育目的,对妨碍教师教育职责的教学行为基于教育职责履行的目的是可以限制的。

第三,公办中小学目前在我国属于事业单位,在职教师作为事业单位工作人员,工资由财政负担。《义务教育法》第31条明确规定:"各级人民政府保障教师工资福利和社会保险待遇,改善教师工作和生活条件;完善农村教师工资经费保障机制。教师的平均工资水平应当不低于当地公务员的平均工资水平。特殊教育教师享有特殊岗位补助津贴。在民族地区和边远贫困地区工作的教师享有艰苦贫困地区补助津贴。"从目前现有规定来看,公办中小学教师虽然不是公务员,但其参照公务员管理、由国家财政负担工资的现实以及可以给予行政处分这一规定(《教师法》第37条、《教育法》第76~78条)进一步证明了教师职业的特殊性。

教师不是一般公民,而是履行教育教学职责的专业人员。公办中小学教师工资由国家财政负担,公办中小学教师具有了某种国家工作人员身份。基于这种对教师特殊身份及公职性质,对教师职业予以某种限制或禁止是合法合理的。

2. 禁止教师从事有偿补课的合法性

从教师职业身份的特殊性出发对教师行为予以某种限制或禁止是合法的,但要注意限制禁止教师行为的内容及方式,即对教师行为的禁止限制也要符合法律。依据我国现行法律法规和教师职业道德规范等规定,禁止公办中小学在职教师从事有偿补课行为是合法的:

第一,教师法明确规定教师有遵守职业道德和完成教育教学工作任务的义务。《教师法》第8条规定教师应当履行下列义务:遵守宪法、法律和职业道德,为人师表;贯彻国家的教育方针,遵守规章制度,执行学校的教学计划,履行教师聘约,完成教育教学工作任务等。教师不仅要遵守宪法和法律,还要遵守职业道德,这是教师法明确规定的教师的法定义务。

第二,2008 年修订的《中小学教师职业道德规范》明确规定教师对于有偿家教的应有立场"自觉抵制有偿家教,不利用职务之便谋取私利"。中小学教师职业道德规范明确了教师职业道德的内容,而遵守教师职业道德是教师的法定义务。

第三,从《事业单位人事管理条例》等行政法规来看,利用工作之便谋取不正当利益的也是事业单位工作人员应当禁止的行为,否则将受到处分。《事业单位人事管理条例》第 28 条规定事业单位工作人员有下列行为之一的,给予处分:利用工作之便谋取不正当利益的;严重违反职业道德、社会公德的。教师从事有偿家教或者有偿补课,涉及利用教师职务便利,有利益冲突应当予以禁止。

针对禁止限制中小学教师从事有偿补课的合法性质疑,理由是有的文件鼓励高校教师和医生兼职。对此需要注意,第一,中小学教师与高校教师不同;第二,禁止限制中小学教师从事有偿补课,所要调整的有偿补课行为主要针对中小学生,并不妨碍中小学教师对其他人群的补课;第三,禁止限制公办中小学校及在职教师的有偿补课行为,对已经退休老师的有偿补课行为不予禁止。此时,教师的特殊身份已经终止,其实际上并未从事教学,不涉及利益冲突。

3. 处理从事有偿补课教师行为的合法性

治理有偿补课在禁止限制中小学校及其在职教师有偿补课合法性的基础上,对有该类禁止行为的还要依法依规予以处理。对教师从事有偿补课等违反职业道德的行为,依据法律法规规定,是可以进行处理的:

第一,教师法明确学校有权对教师进行考核,教育行政部门有权对教师考核工作进行指导监督,教师考核结果是受聘任教、晋升工资、实施奖惩的依据(《教师法》第 22 条、第 24 条)。从事有偿补课既涉及教师的工作态度,也涉及教师的工作成绩问题,属于教师考核的内容,当然可以成为对教师进行处理的依据。

第二,教师法规定了行政处分和解聘的处理方式。《教师法》第 37 条规定:教师故意不完成教育教学任务给教育教学工作造成损失的,由所在学校、其他教育机构或者教育行政部门给予行政处分或者解聘。在实践中出现教师故意不完成教学任务,向学生收取费用来讲述本应课堂内完成的内容,以此谋取利益,这种行为不仅要禁止,一旦发现还要从严处理。

第三,《事业单位人事管理条例》《事业单位工作人员处分暂行规定》作为国务院行政法规和规章,都对事业单位工作人员处分种类、情形和程序等做了规定。这就为处分从事有偿补课的中小学在职教师提供了依据。

（三）治理有偿补课与《中小学教师违反职业道德行为处理办法》关系

2014年，教育部出台规范性文件《中小学教师违反职业道德行为处理办法》，其中专门规定了中小学教师违反职业道德行为应与处理的行为，第4条第9项规定“组织、要求学生参加校内外有偿补课，或者组织、参与校外培训机构对学生有偿补课的”即是对教师从事有偿补课行为的禁止。该处理办法同时规定了对教师处理的种类和程序。本次治理补课采取禁止教师从事有偿补课的方式进行，主要是对处理办法的解释，进一步明确有偿补课的情形，在此基础上在适用该处理法办法对从事有偿补课的教师进行处理，从而与《中小学教师违反职业道德行为处理办法》《中小学教师职业道德规范》《事业单位工作人员处分暂行规定》《事业单位人事管理条例》《教师法》等规定就构成了一个禁止有偿补课的规范有机整体，具有合法性。当然，为了更好地治理有偿补课行为，也有必要对中小学校从事有偿补课的行为做出规定。公办中小学不能以营利为目的，尤其是从事义务教育的公办中小学有义务推行素质教育，从事有偿补课不利于推行素质教育，也属于谋取利益的行为。因此，禁止中小学校从事有偿补课也是于法有据的。《教育法》第25条、第29条和《义务教育法》第3条和第25条都做了明确规定。

二、我国治理中小学教师有偿补课规范的历史梳理

我国一直非常注重治理中小学教师有偿补课行为。目前在国家法律法规层面虽然没有禁止有偿补课的明确规定，且经过梳理虽然可以发现治理中小学教师有偿补课有其合法性，但对禁止有偿补课的具体情形还需要考察我国历年来有关规范性文件和地方相关规定。这也是制定有关禁止中小学校及在职教师有偿补课规定的基础。

（一）中央行政规范性文件治理公办中小学补课的规定

我国对治理补课也经历了一个历史过程。早在20世纪80年代初，教育部对补课问题加以规定，但最早并未涉及有偿补课问题，主要从纠正片面追求升学率、减轻学生负担和提高教育质量的角度禁止假期补课，同时还允许辅导行为的存在，如教育部《关于全日制普通中学全面贯彻党的教育方针、纠正片面追求升学率倾向的

十项规定(试行)》(1983)[①]和《国家教育委员会关于全日制普通中学端正办学方向、纠正片面追求升学率倾向的督导评估的几点意见》(〔1988〕教督字001号)。[②]后来到20世纪90年代初,对补课的时间限制扩展到课外活动时间[③]和自习时间[④]补课的禁止,对补课的形式和内容也有了规定,如不得占用假日和课余时间给学生集体补课或上新课,[⑤]这也为教育部规章《小学管理规程》所吸收。[⑥]

与此同时,国家逐渐开始从反对腐败、清正廉洁,纠正行业不正之风、建立良好行风的角度开始制止包括有偿补课在内的教育乱收费行为。[⑦] 此后,治理中小学补课乱收费与"切实减轻学生课业负担、深入实施素质教育、全面实现立德树人根本任务"[⑧]有机结合起来,从而得到高度重视。此外,从校园安全的角度规定了禁止学

---

① 1983年教育部《关于全日制普通中学全面贯彻党的教育方针、纠正片面追求升学率倾向的十项规定(试行)》规定:"寒暑假期间要保证休息,原则上不进行补课;对需要补考的学生可进行必要的辅导,但时间不要超过假期1/3的天数,平均每天不要超过3小时。"

② 国家教育委员会《关于全日制普通中学端正办学方向、纠正片面追求升学率倾向的督导评估的几点意见》(〔1988〕教督字001号)规定寒暑假应主要让学生休息,接触社会和从事健康的和学生有兴趣的活动。可以适当布置假期作业,对学习有困难的学生可进行适当的辅导,但不得举办以升学为目标的补课。

教育部《关于全日制六年制小学教学计划的安排意见》(〔1984〕教初字008号)[失效]:自习时间应由学生自己支配,用于预习、复习、做作业或阅读课外读物,以培养他们的自学能力。教师不得用自习时间授课或给全班学生补课。

③ 国家教育委员会《印发〈现行普通高中教学计划的调整意见〉的通知》(教基〔1990〕004号)[失效]:课外活动时间不得进行补课和辅导。

④ 国家教育委员会《关于重申贯彻〈关于减轻小学生课业负担过重问题的若干规定〉的通知》(教基〔1990〕002号)[失效]:课表内的自习应由学生自己支配,用于预习,复习,做作业,或阅读课外读物,教师不得用于授课或进行集体补课。寄宿制学校中、高年级可设晚自习,非寄宿制学校不设晚自习。

⑤ 国家教育委员会《关于减轻义务教育阶段学生过重课业负担、全面提高教育质量的指示》(教基〔1993〕3号)[失效]:必须保证学生在课间、节假日和寒暑假的休息,指导学生自主地支配好课余时间。学校和教师都不得占用假日给学生集体补课或上新课。

国家教育委员会《关于全面贯彻教育方针,减轻中小学生过重课业负担的意见》(1994年11月10日):课余时间和节假日(期)由学生自主支配,学校或教师都不得占用,不得给学生集体补课或上新课。

⑥ 《小学管理规程》第26条:小学要合理安排作息时间。学生每日在校用于教育教学活动的时间五、六年级至多不超过6小时,其他年级还应适当减少。课余、晚上和节假日不得安排学生集体补课或上新课。(第1款)

⑦ 如国家教育委员会《关于坚决纠正中小学乱收费的通知》(教财〔1993〕61号,1993年8月25日)。

⑧ 教育部、国家发展改革委、财政部、审计署、国家新闻出版广电总局等五部门《关于2014年规范教育收费治理教育乱收费工作的实施意见》(教办〔2014〕6号)。

校组织补课。①

随着有偿补课行为的愈演愈烈,有关行政规范性文件也日益密集,对有偿补课行为的限制和禁止性规定也日益增多,对有偿补课的限制也逐步拓展到禁止,并且禁止的范围、时间等更加详细。目前,中央行政规范性文件中关于补课有禁止有偿补课和禁止违规补课等规定。禁止补课、违规补课与有偿补课不同。② 禁止补课意味着对补课行为的全面禁止,禁止违规补课的情形包括但不限于有偿补课,还包括集体补课等被禁止但可能不予收费的行为。③ 严禁补课的行为目前主要是禁止集体补课、禁止有偿补课。同时一致规定,严禁公办在职中小学教师从事有偿补课④或者"严格禁止任课教师以任何形式进行收费性补课",⑤对个别学校教师课上故意少讲,课下有偿补课,⑥即所谓"课堂内容课外补"⑦要坚决纠正和整治。

---

① 教育部《关于新学期开展中小学安全大检查的紧急通知》(教电〔2007〕365 号):要规范学校办学行为,杜绝义务教育阶段中小学利用晚上、周末和节假日进行补课所带来的安全问题。教育部《关于切实落实中小学安全工作的通知》要防止学校补课和大班额带来的拥挤踩踏事故。教育部办公厅《关于认真做好 2007 年中小学幼儿园安全工作的意见》(教基厅〔2007〕3 号):严禁义务教育阶段公办学校在节假日和晚上补课,杜绝因大班额带来的拥挤踩踏等安全事故。

② 国家发展改革委《关于开展全国涉农价格和收费专项检查的通知》(发改价监〔2012〕310 号):农村中小学收费。重点检查对寄宿生收取住宿费、借读费,违规收取服务性收费、代收费,违规征订教辅资料并从中牟利,违规补课并收费等行为。

③ 教育部办公厅、共青团中央办公厅、全国妇联办公厅《关于做好中小学校暑期安排确保学生过一个有意义暑假的通知》(教基一厅〔2009〕6 号):各地教育行政部门和中小学校、团队组织要引导学生合理安排暑假学习生活。各地教育行政部门和中小学校要严格落实教育部《关于当前加强中小学管理规范办学行为的指导意见》(教基一〔2009〕7 号)中关于"不占用学生法定休息时间加班加点或集体补课"的规定,禁止组织集体补课、有偿补课的行为;要加强督导检查,对违规补课的行为要及时查处。

④ 国务院《关于加强教师队伍建设的意见》(国发〔2012〕41 号):加强教师管理,严禁公办、在职中小学教师从事有偿补课,规范高等学校教师兼职兼薪。

⑤ 国务院《关于实施〈国家中长期教育改革和发展规划纲要(2010 ~ 2020 年)〉工作情况的报告——2011 年 12 月 28 日在第十一届全国人民代表大会常务委员会第二十四次会议上》:采取切实措施禁止各种形式的乱办班,明确要求取消义务教育阶段各类重点校、重点班、实验班,严格禁止任课教师以任何形式进行收费性补课,对中小学违规办补习班等问题,实行监测点动态管理。

⑥ 如教育部《关于做好 2012 年秋季开学工作的通知》:严禁违规补课行为。不得利用节假日、双休日或午间休息时间组织集体补课。不得对学生实行有偿补课,不得组织学生参加社会举办的文化课补习班。坚决纠正和整治个别学校教师课上故意少讲,课下有偿补课的恶劣做法。

⑦ 教育部、国家发展改革委、财政部、审计署、国家新闻出版广电总局等五部门《关于 2014 年规范教育收费治理教育乱收费工作的实施意见》(教办〔2014〕6 号):集中治理中小学补课乱收费。2014 年要把"课堂内容课外补"、学校组织参与有偿补课、教师在社会培训机构对学生有偿补课、学校通过社会培训机构变相开展有偿补课、以家长委员会等形式组织有偿补课等问题作为治理工作重点。

从规范学校办学秩序等目的出发，行政规范性文件规定了严禁中小学及其教师收费办班、补课的行为。这些规范列举的情形包括学校不得举办或参与举办向学生收费的各种提高班、补习班、特长班、竞赛班等，所有规定的教学内容必须纳入正常课堂教学之中；公办中小学举办或与校外机构合作举办有偿补习班；公办中小学教职工组织或参与有偿补课；占用假期或者学生法定休息时间加班加点或集体补课；[①]在正常教育教学计划之外组织有偿补课活动；中小学校利用学校教育、教学场地、资源举办面向中小学生的各种收费培训、补课的行为；[②]学校、教师举办或与社会办学机构合作举办向学生收费的各种培训班、补习班、提高班等有偿培训的行为；[③]义务教育阶段学校利用双休日、节假日给学生补课收取费用，严禁公办中小学与民办学校或校外机构合作变相补课收费；[④]假期补课，占用节假日和休息时间组织学生上课和集体补课，要求和统一组织学生参加各种学科辅导班和学科竞赛。[⑤]

在规定禁止公办中小学及在职教师有偿补课的同时，中央行政规范性文件规定对从事有偿补课行为教师的处理，对组织或参与有偿补课的教师，一律取消当年评优、评奖、晋升、职称评选等资格，并严肃追究纪律责任；[⑥]坚决纠正一些教师把主要精力用于校外补课的错误做法，对严重违约者可予以解聘。[⑦] 同时，严肃追究相关教师、学校以及教育行政部门领导的责任，并一律进行公开实名曝光。[⑧] 对违规组织学生开展集体补课而引发安全问题的，要严肃追究相关责任人责任。[⑨] 在治理

---

① 教育部《关于当前加强中小学管理规范办学行为的指导意见》(教基一〔2009〕7号)；教育部《关于当前加强中小学管理规范办学行为的指导意见》(教基一〔2009〕7号)。

② 国家发展和改革委员会、教育部、国务院纠正行业不正之风办公室、监察部、财政部、审计署、新闻出版总署《关于开展全国教育收费专项检查的通知》(发改价检〔2008〕2391号)。

③ 国家发展和改革委员会、教育部、国务院纠正行业不正之风办公室、监察部、财政部、审计署、新闻出版总署《关于开展全国教育收费专项检查的通知》(发改价检〔2008〕2391号)。

④ 《坚决治理城市义务教育乱收费努力实现义务教育均衡发展——教育部部长周济在全国规范城市义务教育收费工作交流会暨全国治理教育乱收费工作汇报会上的讲话》(2007年6月9日)。

⑤ 教育部办公厅《关于中小学幼儿园安全工作2008年第3号预警通知》(教基厅〔2008〕7号)。

⑥ 教育部等七部门《关于2012年治理教育乱收费规范教育收费工作的实施意见》(教办〔2012〕4号)。

⑦ 教育部《关于贯彻〈义务教育法〉进一步规范义务教育办学行为的若干意见》(教基〔2006〕19号)。

⑧ 教育部、国家发展改革委、财政部、审计署、国家新闻出版广电总局等五部门《关丁2014年规范教育收费治理教育乱收费上作的实施意见》(教办〔2014〕6号)。

⑨ 教育部办公厅《关于中小学幼儿园安全工作2008年第3号预警通知》(教基厅〔2008〕7号)。

补课的过程中，我国关于全面禁止有偿补课的立场基本是一以贯之的。同时明确，教师为学生补课不得收费，但可计入教师的工作量中，作为工作考核的一项内容。①

（二）我国31个省（区、市）关于有偿补课法规统计情况

在国家法律法规及规范性文件的基础上，地方治理有偿补课行为也有自己的做法。根据2015年3月全国31个省（区、市）关于义务教育的法律法规，教育部教师工作司梳理了各地关于有偿补课的相关规定，各地法规名称除广东省为《广东省普及九年制义务教育实施办法》外，均为《××省（区、市）实施〈中华人民共和国义务教育法〉办法》《××省（区、市）义务教育条例》。其中有16个省（区、市）的法规中明确规定无条件禁止有偿补课，有8个省（区、市）的法规中规定有条件禁止有偿补课，有7个省（区）的法规中对有偿补课未做限制。在对有偿补课做出有关法规规定的24个省（区、市）中，限制的主体包括教师和学校两大类，同时对教师或学校违反有偿补课相关规定的法律责任进行了界定。

各地对禁止有偿补课的条件不完全相同。其中北京、重庆、新疆、河北、山西规定为"在工作日期间，不得到校外社会办学机构兼职兼课"；青海省为"未经教育行政部门同意，教师不得擅自在社会办学机构兼职兼课"；浙江省为"教师要自觉抵制有偿家教"；上海市为"教师不得利用课余时间强制或者变相强制学生参加有偿补课"。

各地也都规定了对有偿补课行为的处理。对有偿补课进行处理的部门，包括县级以上教育行政部门或者所在学校，县级教育行政部门或者所在学校，县级教育行政部门，所在学校，任免机关或者监察机关等。有偿补课的处理方式包括责令改正，给予处分，撤销教师资格，解聘等。对有偿补课的违法所得，包括由县级教育行政部门没收和退还有偿家教所收费用两种处理方式。

（三）小结

目前我国中央层面和地方层面对有偿补课的治理不完全相同。有的地方规定了较中央更为严格的规定，有的则更为宽松。这一方面是由于中央行政规范性文件的效力所决定，另一方面也是考虑到各地不同情况及尊重地方主动性和积极性

① 教育部、国务院纠风办、监察部、国家发展和改革委员会、财政部《关于在农村义务教育经费保障机制改革中坚决制止学校乱收费的通知》（教财〔2006〕6号）。

的需要。本次出台规定,建议在明确全面禁止有偿补课的基础上,进一步明确有偿补课的具体情形,同时尊重地方立法的主动性,由地方立法或其他规范做进一步的具体规定。当然,这还需要考虑不同层次法律规范的效力。目前,在我国中央法律法规还没有明确规定禁止有偿补课的具体情形,教育部可以通过规章或规范性文件的方式对有偿补课的情形做进一步的明确规定。如果教育部以规范性文件的方式禁止有偿补课,需要考虑地方立法规范(地方性法规和地方政府规章)的效力高于教育部一般规范性文件,有权对禁止有偿补课做更为严格或宽松的规定。

三、域外治理公立中小学教师有偿补课行为的借鉴

禁止教师从事有偿补课涉及教师职业的行为禁止,有必要对域外国家和地区的相关情况进行比较。课题组接受委托后,对北美洲的美国和加拿大、欧洲的德国、法国和芬兰、亚洲地区的日本、韩国公办中小学教师地位、有偿补课行为禁止依据以及处理等情况进行了考察,通过对以上与外国家和地区治理公立中小学教师有偿补课行为的法律法规及相关措施梳理,得出如下结论:

第一,绝大多数国家都规定了公立中小学教师的公务员或公务人员身份。世界主要发达国家对公立中小学教师的法律定位,主要有公务员、雇员、公务员兼雇员三种类型。德、日两国明确规定,教师的身份是国家(或地方)公务员,适用于公务员法进行管理。

第二,依法治理是治理公立中小学教师有偿补课行为的普遍经验,包括法律、教师职业规范和聘任合同。作为公务员的公立中小学教师,主要由公务员法来调整兼职问题。大多数国家都基于利益冲突等原因将禁止兼职作为公务员法定义务之一。教育法律以及教师伦理或职业道德也会成为治理教师有偿补课行为的依据,如德国大多数州的《学校法》中都严厉禁止中小学在职教师在校外兼职。还有的则借助于教师与教育行政部门签订的聘任合同来许可或限制教师兼职,如为使教师能全力投入工作,美国部分地方学区在与公立中小学教师所签订的合同中言明教师不得在外工作或兼职。

第三,严格限制公立中小学教师有偿补课行为。有些国家基于各自国情虽然也规定,在满足某些法律法规规定的条件下允许教师兼职从事有偿补课,但对此有严格的程序和范围限制。如法国法律将有偿补课视为教师"职业属性带来的额外

活动”,规定较为宽容,并未加以禁止,但通过职业道德要求规范教师有偿补课行为,要求教师:(1)公开有偿补课的信息,征得自己行政主管的同意;(2)不得因为补课影响主要职业的进行;(3)从事有偿补课收入不超过职业主要收入;(4)不接受自己的学生补课的要求。芬兰虽然允许补课,但针对的是无偿补课。

第四,对公立中小学教师有偿补课行为进行处理。美国部分地方在合同中约定教师不得在外工作或兼职,否则即面临解聘或不续聘之处分。德国认为教师兼职是从事第二职业是玩忽职守行为,须承担公务员法和学校法中规定的后果,轻则纪律处分,重则被开除,并写入该教师的个人档案。有违规记录的教师,若再想重新回到教师岗位几乎没有可能。

因此,针对我国公办中小学及在职教师补课愈演愈烈、屡禁不止的问题,我国有必要明确全面禁止有偿补课,要在已有法律规定及相关规范的基础上,进一步规定禁止中小学校及其在职教师禁止有偿补课的情形以及相应的处理方式。同时要注意依法限制有偿补课行为,控制限制有偿补课的范围和情形,对从事有偿补课教师行为的处理要注意对教师合法权益的保护。

四、《规定》调整的主体及范围

《规定》数易其稿,围绕规范出台合法性、规范体例、行为界定及处理等多方论证。面对社会关注的补课行为,《规定》采取了区别对待、分类治理、突出重点的态度,集中治理社会关注度高且影响恶劣的收取费用的补课行为,在依据现行法律法规和相关规范并充分考察借鉴国外经验的基础上,在教师特定身份行为限制与公民基本权利之间寻找到了“严禁有偿补课”这一分界点,将学校组织集体补课且不收取费用的情形排除在外,在通知中肯定并鼓励教师“为学习有困难学生答疑辅导,开展课前课后或假期义务值守等志愿服务”行为,有效解决了我国多年来补课治理的困境。

《规定》共八条,前六条是对有偿补课行为的界定,后两条规定对有偿补课行为的处理。《规定》将有偿补课的实施主体限定为中小学校和在职中小学教师。中小学校是指公办中小学校;教师限于在职中小学教师,不包括退休的中小学教师。这是基于合法性考虑,对在职中小学教师有偿补课行为的禁止是出于教师的特定职业要求,但不能侵害教师作为一般公民所享有的自由。退休教师已经不在学校继续履行教育教学职责,其行为不在《规定》调整范围。

《规定》明确中小学校及其在职教师的六种行为构成有偿补课。中小学构成有偿补课情形的情形有三种:第一,组织、要求学生参加有偿补课。学校组织集体补课但不收取费用的情形不属于有偿补课。但只要是学校以自己名义组织、要求学生补课并收取费用,无论补课是由学校还是校外培训机构进行,在校内还是校外进行,都构成学校组织、要求有偿补课。第二,与校外培训机构联合进行有偿补课。学校不组织或要求学生有偿补课,但只要学校利用自己的优势地位——学生对学校的信任,不单独使用学校名义,而是变相以学校名义与校外培训机构联合,无论是以学校名义收取费用,或者是由校外培训机构收取费用补偿给学校,或者是学校并不以任何形式收取参与补课的学生或者校外培训机构的费用,但校外培训机构对学校学生参与其补课收取费用,且校外培训机构采取与学校联合方式,就属于学校有偿补课。第三,为校外培训机构有偿补课提供教育教学设施或学生信息。只要公办中小学将教育教学设施或者学生信息提供给校外培训机构,即使并不收取任何费用,也会加重学生负担,不利于推进素质教育,且校外培训机构总是收取费用的,为从根本上杜绝有偿补课,将该行为纳入有偿补课行为加以治理是非常必要的。

依据《规定》在职中小学教师构成有偿补课情形的情形也有三种:第一,组织、推荐和诱导学生参加校内外有偿补课。本条旨在规范教师与学生关系。鉴于教师对学生的影响力,无论补课地点是在校内或者校外,补课主体是学校、教师或者校外培训机构,只要补课收取费用且教师主观上积极推动学生参加,无论教师采取组织、推荐还是诱导的方式,都涉及教师利用职务便利牟取私利,构成有偿补课情形。第二,参加校外培训机构或由其他教师、家长、家长委员会等组织的有偿补课。本条旨在规范教师的个人行为,严禁教师个人从事有偿补课,不论组织补课的主体是校外培训机构、其他教师、家长还是家长委员会等。这有利于从根本上治理有偿补课,保障教师全身心投入学校教育教学工作,推进素质教育。第三,为校外培训机构和他人介绍生源、提供相关信息。本条旨在防止教师利用教师职务便利,利用掌握的学生信息等资源为从事有偿补课的机构和个人提供便利,等于变相鼓励有偿补课,也构成教师有偿补课的情形,接受《规定》调整。

五、有偿补课行为的处理

《规定》明确了对构成有偿补课行为的中小学校和在职中小学教师视情节轻重给予相应的处理措施。对此要结合《规定》配发通知和《处理办法》从三个方面理解执行:第一,经认定构成有偿补课的,需要接受相应的处理,明确的法律责任有利于《规定》全面实施。第二,对情节严重的有偿补课行为要从重处理。根据《教师法》第 8 条,完成教育教学任务是教师的法定义务。教师在课堂上故意不完成教育教学任务、课上不讲课后讲并收取补课费的行为,可能构成《教师法》第 37 条"故意不完成教育教学任务给教育教学工作造成损失的"情形,所在学校或教育行政部门可以给予行政处分或者解聘。教师有打击报复不参与有偿补课学生行为的属于严重违纪行为,要从重处罚。第三,对有偿补课行为的处理要于法有据,宽严有度,轻重适中,循序渐进,尽量采取温和方式,尤其要注意根据《处理办法》遵循相应程序,保障教师合法权益。

总之,《规定》核心在于治理有偿补课行为,各地可以根据实际情况制定实施办法,但从保护教师合法权益的角度,不宜扩大有偿补课行为的认定,应当将《规定》有关有偿补课行为的界定作为最高标准。当然,如果地方性法规或规章对有偿补课行为认定更加严格,效力当然高于作为教育部行政规范性文件的《规定》,应当适用地方性法规或规章。同时,一定要注意处理有偿补课行为要有程序意识,不能忽视依法治理原则。

六、贯彻实施《规定》的对策建议

贯彻实施《规定》,要在《规定》的基础上因地制宜,制定省级实施细则,在对教师进行处理时尤其要注意保障其合法权益,从多方面着手全面设计杜绝有偿补课出现的机制:

第一,规范处理行为,保障教师权益。各地贯彻实施《规定》,要全面准确理解《处理办法》,对于涉及有偿补课的教师,应当首先进行批评教育,对多次劝诫不改的可以严厉处理,对情节不严重的教师在责令退换有偿家教所收费用之外,要少用慎用降级、取消评奖资格等处理方式,能不用的则不用。教育行政部门在进行有偿补课执法时同样要注意正当程序,规范自身执法行为的同时保障教师合法权益。

第二,落实并提高教师待遇,保障教师职业尊严。有偿补课的出现有诸多原因,教育行政部门在严格实施《规定》的同时,要从舆论上进行宣传引导,有关部门已经意识到教师待遇问题,已经着手解决问题。教师待遇一是保障落实,二是逐步提高。教师待遇不是单纯的涨工资问题,而是要让教师获取保持职业尊严必需的生活条件。在用传统道德方式鼓励教师专心安心从教的同时,更要注意制度保障。建议借鉴亚洲其他国家方式,规定公办中小学教师的教育公务员地位,这与我国公益一类改革方向也是一致的。

第三,改革评价机制,注重技术和制度创新解决问题。各地教育行政部门要继续深入改革以升学率等为主的应试考评机制,要在学业成绩之外增加或者加强其他方面权重,注重考核学生综合素质。建议借助互联网平台和信息技术,集聚和整合全国中小学校的优质教育教学资源,大力开发和推广 MOOC(大型开放式网络课程),积极倡导 4A 学习理念[任何人,任何时间,任何地点,任何设备(Anyone, Anytime, Anywhere, Anydevice)],促进教学方式与学习方式的根本变革,实现教与学、教与教以及学与学的有效、高效互动。

第四,加强家庭教育,尝试协同监管。教育从来都不仅仅是学校的事情,教育行政部门要积极进行家庭教育,引导家长树立科学的教育观,明确教育不仅仅是学知识,而是要全面提高人的素质。要引导家长学会从多重层面定义孩子的"成功",让孩子能够实现个性化发展。建议积极尝试建立有效的协同监管机制,将教育主管部门、学校、学生、家长、教育培训机构等利益相关者都纳入对有偿补课的监督管理辐射范围内,从而降低政府的制度成本,提高治理效能。

第四章　学校安全法律问题研究

第一节　学校安全立法模式研究[①]

学校安全尤其是中小学校安全是我国社会持续关注热点，有关学校安全立法的呼声不断。由于对学校安全问题存在的根源缺乏全面系统分析，学校安全立法的必要性论证不足。而且有关学校安全立法建议多停留在中央立法层面，较少关注地方立法；对综合立法和单行立法模式选择也缺乏深入讨论。从我国已有学校安全立法来看，学校安全问题的发生既有立法不足也有执法不力的原因，未来学校安全立法要充分考虑到现实性和可行性以及学校安全的特殊性和综合性，要解决现有学校安全立法不足和基于立法粗疏可操作性差的导致的执法不力问题，当前最优选择是制定一部省级地方性法规而非行政法规层面的学校安全条例。

引言

学校安全事故屡屡发生，学校安全尤其是学生安全问题受

---

① 本文发表于《青少年犯罪研究》2016 年第 2 期。

到各界的高度关注。作为公共安全的重要组成部分,学校安全意味着为学生提供良好学习环境,为教职工提供良好的工作环境。由于学校具有其特殊性,对象主要为未成年人,难以有效地维护自身利益,而未成年人安全涉及面广,涉及学校、政府、家庭和社会的关系,使学校安全的预防和管理更加困难;学校安全受到自然灾害、食品安全、公共卫生等各种因素的影响,利益涉及的广泛性使学校安全法律问题更为复杂。学校安全立法被作为解决学校安全的重要甚至唯一途径,制定“学校安全法”的呼声不断。但学校安全立法必要性讨论还不够充分,有关学校安全问题上究竟是立法不足还是执法不力原因仍然存在争议;而且,即使肯定学校安全立法的必要性,也并不等于制定“学校安全法”,这还涉及立法层次、立法模式等选择问题。

一、学校安全的界定

学校及学校安全的界定是研究学校安全立法的基础。学校是界定学校安全的前提,学校安全决定了学校安全立法研究的范畴。

法律上的学校有其自身定义,并非所有的教育机构都构成学校。[①] 从实施教育的层次来看,学校包括幼儿园、中小学和高等学校。不同层次学校受教育的学生情况不同,学校的安全义务也不尽相同。学校安全一般是广义上,学校通常包括各级各类学校。[②] 在法律没有明确界定的情况下,如果按照通常理解将学校作为有组织进行教育教学活动固定场所的话,学校安全范畴下还会涉及学校的物理范围,即学校教育教学活动的延伸以及学校周边的问题。从空间维度来看,学校安全不仅涉及学校内部安全,还包括学校周边环境安全、校车安全;从时间维度来看,教育教学活动期间,应当包括在校内活动期间和寄宿制学生住宿期间,以及学校组织安排的校外活动期间。这样,学校周边、校车和学校组织的校外活动在安全意义上被视为

---

① 当前我国义务教育立法规定了依法实施义务教育的学校,但并未明确构成学校的标准,参见《义务教育法》第5条第3款;高等教育立法层面区别了高等学校与其他教育机构、科研机构,参见《高等教育法》第68条;民办教育立法的民办学校包括其他民办教育机构,如《民办教育促进法》第65条;职业教育立法则区别了职业学校、职业培训机构,参见《职业教育法》第14条。

② 我国现有立法中有的学校指各级各类学校,包括幼儿园在内,如《教师法》;有的则包括职业学校和特殊学校在内的小学到高等学校,但不包括幼儿园,如《学校卫生工作条例》;将学校限定为中小学校,不包括幼儿园和高等学校。

学校的延伸。

学校安全范围广泛。从对象看,学校安全包括学生、教职工和学校安全。从义务主体看,除教育行政机关、学校外,还涉及其他行政机关、社会和家长,甚至司法机关。从内容看,不仅涉及教育领域专门事项如体育活动伤害事故,还涉及其他领域的安全事项如食品安全、消防安全等,而且学校安全不限于人身安全,还包括财产安全。从发展趋势看,学校安全已经从传统人身安全发展到情感安全,①由物理实体空间安全延伸至网络虚拟空间。

学校及学校安全的范围直接决定了学校安全立法研究的范围,尤其是学校安全立法现状的分析。为此,文章研究以"学校""中小学""学校安全""校园""未成年人""学生伤害"等多个关键词以北大法宝数据库为基础对现行有效的学校安全立法进行梳理。

二、学校安全立法现状

学校安全立法现状是指我国目前已经制定的学校安全法律法规规章等的制定情况。在梳理分析学校安全立法的基础上分析学校安全问题频发的原因,进而提出学校安全立法的必要性,以便为提出学校安全立法建议提供基础。

(一)已有学校安全立法

已有学校安全立法是分析学校安全立法必要性和选择的前提。目前,我国已经形成了以教育专门法为核心、教育相关法为补充的学校安全法律体系。其中教育专门法体系是指主题为教育、直接与教育相关的法律法规和规章立法,教育相关法体系是指并不直接以教育为主题,但内容与学校安全相关的法律法规和规章立法。从我国立法体制现状来看,在法律之外还有大量行政法规、地方性法规、部门规章和地方规章甚至司法解释也规定了大量有关学校安全的事项。尽管效力和权限不同,从我国现实来看,法律、行政法规和部门规章作为中央立法范畴,实际上发挥着主导作用。地方立法多是在中央立法基础上进行的。

1. 中央立法

学校安全法律包括教育专门法律和教育相关法律。目前全国人大及其常委会

① 情感,英文原文为"emotional"。

已经制定了八部教育专门法律,[①]其中五部(《教育法》《教师法》《义务教育法》《高等教育法》《民办教育促进法》)都直接规定了有关学校安全事项。除教育专门法律外,还有相关法律以专门条款规定了学校安全的相关内容。这些教育相关法律包括《未成年人保护法》《预防未成年人犯罪法》《传染病防治法》《侵权责任法》《防震减灾法》《突发事件应对法》《道路交通安全法》《食品安全法》《消防法》等。教育专门法和教育相关法中都有大量有关学校安全的内容。如2006年《义务教育法》修正的重要内容之一就是保障学校安全,[②]规定了多项措施加强对义务教育学校的管理与规范,涉及学校建设安全、学校周边安全、学校安全制度建立和应急机制以及具有严重不良行为的未成年人安全[③]等多个方面。同年《未成年人保护》修改的主要内容之一也是"促进未成年人全面发展,强化学校保护"。[④]

学校安全行政法规包括专门行政法规和相关行政法规。前者如《校车安全管理条例》《幼儿园管理条例》《学校体育工作条例》《学校卫生工作条例》《禁止使用童工规定》《教育督导条例》;后者如《危险化学品安全管理条例》《娱乐场所管理条例》《艾滋病防治条例》《企业事业单位内部治安保卫条例》等。

部门规章包括部门单独制定的规章,如教育部《学生人身伤害事故处理办法》卫生部的《学生集体用餐卫生监督办法》,以及教育部与有关部门联合制定的规章,如《中小学幼儿园安全管理办法》。[⑤] 有关学校安全联合规章的数量充分说明了学校安全范畴的广泛性。

此外,还有国家行政机关颁发的行政规范性文件以及司法机关的司法解释和指导案例也涉及学校安全事项,如《国家贫困地区儿童发展规划(2014~2020年)》[⑥]《学

---

① 教育八法除了下文列举的五部法律外,还包括《学位条例》《职业教育法》和《国家通用语言文字法》。此外,《国家中长期教育改革和发展规划纲要》还指出,要修订《教育法》《职业教育法》《高等教育法》《学位条例》《教师法》《民办教育促进法》,制定有关考试、学校、终身学习、学前教育、家庭教育等法律。

② 原教育部部长周济2006年2月25日在第十届全国人民代表大会常务委员会第二十次会议上做关于《中华人民共和国义务教育法(修订草案)》的说明。

③ 《义务教育法》第16条、第20~21条、第23~24条。

④ 全国人民代表大会在2006年《关于〈未成年人保护法(修订草案)〉的说明》。

⑤ 《中小学幼儿园安全管理办法》由教育部、公安部、司法部、建设部、交通部、文化部、卫生部、国家工商行政管理总局、国家质量监督检验检疫总局、新闻出版总署10个部门制定。

⑥ 该规划中规定了保障学生饮水安全和学校环境卫生、加强体育和心理健康教育以及保障学生安全成长等内容。

校体育运动风险防控暂行办法》《关于依法惩治性侵害未成年人犯罪的意见》《惩治性侵害未成年人犯罪典型案例》等。

表 4-1 学校安全中央立法

	教育专门法	教育相关法
法律	教育法、教师法、义务教育法、高等教育法、民办教育促进法	未成年人保护法、预防未成年人犯罪法、侵权责任法、突发事件应对法、传染病防治法、防震减灾法、道路交通安全法、食品安全法、消防法、精神卫生法等
行政法规	校车安全管理条例、幼儿园管理条例、学校体育工作条例等	危险化学品安全管理条例、娱乐场所管理条例、艾滋病防治条例、企业事业单位内部治安保卫条例等
部门规章	学生人身伤害事故处理办法、幼儿园工作规程、学校食堂与学生集体用餐卫生管理规定、中小学幼儿园安全管理办法、中、小学校实验室工作的规定、全面消除和杜绝中小学危房的规定、学校食物中毒事故行政责任追究暂行规定、托儿所幼儿园卫生保健管理办法等	食物中毒事故处理办法(卫生部制定)
备注	此处列举的部门规章,学生人身伤害事故处理办法、幼儿园工作规程由教育部单独制定外,此处列举的部门规章,其他规章都由教育部与其他部门制定	

2. 地方立法

地方立法包括地方性法规、自治条例和单行条例法规和地方政府规章,既有执行性立法,也有创制性立法。① 学校安全的地方法规主要体现为大量教育专门法和相关法的实施办法之中,如《上海市实施〈义务教育法〉办法》和《北京市实施〈义务教育法〉办法》以及《北京市未成年人保护条例》《上海市未成年人保护条例》等。地方政府规章层面有关教育专门法和相关法的实施办法很少,有的地方就校园及周边环境制定规章,如《贵阳市校园及周边治安防控和其他安全管理办法》。

需要特别注意的是在地方立法开辟了学校安全立法的新方式。2005 年《深圳

① 关于创制性立法与执行性立法分类,可参见姜明安主编:《行政法与行政诉讼法学》,北京大学出版社、高等教育出版社 2015 年版,第 162 页。

市学校安全管理条例》①开辟了地方性法规专门规定学校安全管理的先例，截至2015年12月已经有10部专门以学校安全为主题的地方性法规，包括五部省级地方性法规，②四部设区市地方性法规，③一部单行条例，④五部地方政府规章。⑤

表4－2　学校安全地方立法

		教育专门法和教育相关法实施办法	专门学校安全立法
地方性法规	省级	《四川省〈中华人民共和国义务教育法〉实施办法》、河南省实施《中华人民共和国义务教育法》办法等； 《江西省义务教育条例》《甘肃省义务教育条例》《山东省义务教育条例》等； 《海南省未成年人保护条例》等	《天津市学校安全条例》《福建省学校安全管理条例》《黑龙江省学校安全条例》《云南省学校安全条例》《辽宁省学校安全条例辽》； 《大同市学校校园和周边环境保护条例》《吉林省校园校舍保护管理条例》
	设区市	《南京市未成年保护条例》《沈阳市义务教育条例》《包头市义务教育条例》等	《吉林市中小学校校园校舍管理条例》《宁波市学校安全条例》《深圳市学校安全管理条例》《武汉市中小学校安全条例》《邯郸市学校安全管理条例》
地方政府规章		《浙江省实施〈中华人民共和国义务教育法〉办法》等	《广州市学校安全管理规定》《河北省学校安全管理规定》《深圳市学校安全管理条例实施细则》《呼和浩特市中小学校安全管理办法》《邯郸市学校安全管理办法》； 《陕西省学校校园周边环境管理规定》《贵阳市校园及周边治安防控和其他安全管理办法》
自治条例和单行条例		《玉树藏族自治州义务教育条例》《大通回族土族自治县义务教育条例》《黄南藏族自治州义务教育条例》等	长阳土家族自治县学校安全条例

---

① 《深圳市学校安全管理条例》2005年制定后于2014年修改。

② 天津2015年、福建2012年、云南2007年、辽宁2006年制定。

③ 《立法法》2015年修改后规定了设区市的地方立法权，在此将地方性法规分为省级地方性法规和设区市地方性法规。其中宁波2003年、深圳2005年、邯郸2010年和武汉2011年制定相关规定。

④ 《长阳土家族自治县学校安全条例》（2013）。

⑤ 广州2012年、河北2010年、深圳2010年、呼和浩特和邯郸2006年制定。

(二)当前学校安全立法进展

1999 年全国人大代表联名提案首次提出制定《校园安全法》,[①]至今已经近 20 年,学校安全立法始终未能进入国家立法规划。[②] 2005 年教育部在“对全国人大十届三次会议第 5061 号建议的回复”中,明确提出校园安全问题已经成为困扰学校和教育行政部门的一件难题,将尽量争取能先行推动将校园安全问题纳入国务院的行政法规立法计划。[③] 2012 年国务院将《校园安全条例》作为“需要积极研究论证”的立法类列入《国务院 2012 年立法工作计划》,[④]可以说是距离国家立法最近的一次。2015 年教育部指出要加快《校园安全条例》立法进程,[⑤]但未列入《国务院 2015 年立法工作计划》。

在地方层面,《2010 年广州教育工作要点》提出加强教育立法,推进《广州市校园安全条例》立法工作,《2011 年广州教育工作要点》提出“推进《广州市校园安全条例》立法审议,促进校园安全管理法制化”。2012 年广州市政府通过《广州市学校安全管理规定(试行)》,未能完成地方性法规的制定。《重庆市人民政府 2006 年立法计划》提出市教委起草《重庆市中小学校校园安全条例》,吉林省人民政府 2012 年、2013 年度制定地方性法规草案和政府规章计划,提出起草《吉林省校园安全条例》,迄今尚未出台。

(三)小结

中央层面的学校安全立法分散于各个不同的法律规范之中,也散见于行政法规和部门规章之中,虽然没有统一的有关学校安全法律或者行政法规,但出现了如《校车安全管理条例》等专门学校安全的单行立法,以及如中小学幼儿园安全管理办法等有关全面学校安全的综合立法。制定学校安全法的呼声虽高,但并不现实,进入国务院立法计划也存在困难。

---

① 参见《校园安全法为何难出炉?》,载 http://njrb. newssc. org/html/2010 - 05/10/content_927901. htm,最后访问日期:2015 年 11 月 30 日;林鸿潮:《伦学校安全立法及其制度框架》,载《教育研究》2011 年第 8 期。

② 此处国家立法是指全国人大常委会的立法规划。

③ 载 http://finance. ifeng. com/roll/20100506/2151248. shtml,最后访问日期:2015 年 11 月 30 日。

④ 84 件需要积极研究论证的项目,有关保障和改善民生、维护社会和谐稳定的项目有 33 件。

⑤ 参见《教育部 2015 年工作要点》,载 http://www. moe. edu. cn/publicfiles/business/htmlfiles/moe/moe_164/201502/183971. html,最后访问日期:2015 年 12 月 6 日。

地方层面的学校安全立法,一方面通过制定义务教育法和未成年人保护法等法律实施办法对学校安全进行了具体规定,另一方面还在教育部规章如《中小学幼儿园安全管理办法》的基础上制定了有关学校安全的综合性法规和规章,并进行了创新。此外还有部分地方专门对校园周边安全和校舍安全等事项专门加以规定。在某种程度上地方立法在学校安全问题上发挥了日益重要的作用。

三、学校安全现状的法律分析

我国现有学校安全立法层次丰富,内容广泛,从现有立法动态来看也不乏立法呼声。在学校安全形势日益严峻、学校安全立法呼声不断的情况下,为什么学校安全立法未能纳入全国人大立法规划或者国务院立法计划?究竟是立法不足、立法位阶不够,抑或根本不是立法原因呢?对此有诸多讨论,大体可以分为立法问题说、执法问题说和综合说三种观点。

(一)学校安全立法问题说

立法问题说认为"从根本上解决校园的安全问题,必须通过校园安全立法,以法律特有的强制性、权威性,来规范校园安全管理行为",①加强学校安全立法是解决学校安全的根本途径。持该观点者的包括张维平、周洪宇等。如张维平等学者在2004年就从社会发展客观需要、填补立法空白、完善教育法规体系和便于司法实践中的实际操作角度指出"现有法律对在校学生人身伤害案件的归责原则、处理标准没有涉及,对学校应该履行哪些具体管理职能规定得不具体,学校是不是应有监护责任等问题社会各方面还有疑义","为了尽快减少在校中小学生的伤亡事件,规范学校的管理行为,合理划分学校、家长、学生及社会的责任","亟须制定一部详尽、具体、针对性强的《校园安全法》来解决这些问题"。② 周洪宇等学者认为,"法律中对在校学生合法权益的法律保护的规定既不具体,又存在着一定法律空白。现行法律只能解决校园内的犯罪与治安的界定、处理,起不到前期预防管理的作用。尤其是在校园安全管理的全局问题如安全管理的责任、管理机构的设置和权

---

① 参见《校园安全法10年难产　各地突击安保被批搞运动》,载http://news.xinmin.cn/rollnews/2010/05/06/4751506_2.html,最后访问日期:2015年12月6日。

② 张维平、翁莹秀:《〈校园安全法〉立法基本理论问题研究》,载《沈阳师范大学学报》(社会科学版)2004年第4期。

力等方面,仍无明规",并以福建南平案保安缺位为例说明现行立法有关学校保安执法权的缺失。① 有的学者从学校应对突发事件、采取限制学生权利的手段角度提出要制定学校安全法。② 有的学者认为"目前有关学校安全的立法存在着基准规范缺位、规范体系层级断代的缺陷",且"校园安全法与教育法、民法和未成年人保护法等相关法律调整对象范围和手段有交叉,但调整社会关系内容有自身特色,不能取代",提出"以行政法规的形式统领学校安全规范体系,健全学校安全的规范体系"。③

(二)学校安全执法问题说

执法问题说认为现有立法未能得到有效贯彻执行,即执法不力是造成学校安全问题的主要原因。陈舒提出,我们的相关法规、制度并不缺乏,但在执法方面是非常欠缺的,"原则性的大法还是有的,关键是执行好相关的法律"。④ 熊丙奇和储朝晖认为"虽然我国尚未出台校园安全法,但涉及校园安全的规定可散见于治安、交通、消防等相关法律法规之中。教育部门和相关管理部门每年都发文强调,每年仍有类似的校园安全事件发生,主要是学校管理者没能将相关规定贯彻执行",⑤刘凯认为"防止校园安全事件发生,最重要的是将管理部门的规定落到实处,条件允许的学校应该在落实的基础上加大投入"。有的学者指出,"校园安全事件屡有发生的原因在于没有外部的监督,从而出现'快速处理事,简单处理人'的事故处理方式,缺乏对事件背后的成因专业、理性的追踪分析调查,没有研究具有针对性、可操作性的方案"。⑥

---

① 参见《校园安全法10年难产　各地突击安保被批搞运动》,载 http://news.xinmin.cn/rollnews/2010/05/06/4751506_2.html,最后访问日期:2015年12月6日。

② 林鸿潮:《伦学校安全立法及其制度框架》,载《教育研究》2011年第8期。

③ 李昕:《论校园安全立法的制度保障与立法完善》,载《首都师范大学学报》(社会科学版)2011年第3期。

④ 参见《校园安全法为何难出炉?》,载 http://njrb.newssc.org/html/2010-05/10/content_927901.htm,最后访问日期:2015年11月29日。

⑤ 《校园安全是要重新立法还是加强执法?》,2010年5月6日14:25,金羊网—羊城晚报,载 http://gd.news.sina.com.cn/news/2010/05/06/893119.html,最后访问日期:2015年12月6日。

⑥ 参见《校园安全为何陷"屡发文屡出事"怪圈》,载 http://epaper.legaldaily.com.cn/fzrb/content/20140929/Articel04002GN.htm,最后访问日期:2015年11月29日。

(三)学校安全综合问题说

综合问题说承认立法问题说和执法问题说中指出的学校安全问题成因,但认为并非所有学校安全问题都是立法或者执法问题,可能兼有两种因素,从而在解决问题的路径上是不限于学校安全立法。如解决“学闹”问题需要加强执法,[①]建构学校安全深层机制则需要完善立法与加强执法,加强已有学校安全立法的执行,同时通过立法明确相关职能部门学校安全职责权限,赋予学校有关执法权限等。[②]

(四)小结

立法问题说揭示了我国已有学校安全立法的特点和缺陷,学校安全范围广,现有立法层次多,部门立法现象严重,且立法较为笼统,缺乏具体可执行性规定,下位法很多是对上位法的照抄照搬,并不能对上位法予以补充,而且学校安全涉及校园暴力执法问题,需要通过立法授权解决,但该观点忽视了部分地方立法努力的成效,一味寄希望于国家立法,并不现实。执法问题说揭示了我国当前已有学校安全立法执行不力的现象,但未能思考执法背后深层次的立法原因,尤其是执法规范模糊、执法手段缺失等问题,而有时将教育部等部门的行政规范性文件未能贯彻实施也认为是执法问题,忽视了大量行政性规范文件年年发、事故年年有现象后的深层次立法问题,并不能解决我国当前的学校安全问题。

综合问题说较之于立法问题和执法问题说,更全面地反映了我国当前学校问题的原因,但对学校安全背后的教育因素考虑不足,如面对学校体育伤害事故,个别学校甚至为了不出事不再组织相关活动,弱化甚至取消具有对抗性的体育课程,这其实不仅涉及立法和执法问题,还与家长、社会等的教育观念相关,使学校安全问题甚至成为压倒学校教育的最后一根稻草。而且整个学校安全立法和执法问题也与我国目前的立法体制和执法体制直接相关,学校安全立法研究要在我国现有立法体制和执法体制的基础上充分考虑可行性和现实性,既要考虑立法技术问题,也要考虑立法政策问题,为解决我国学校安全问题提出切实可行的立法建议。

---

① 张晓冰:《“学闹”不是教育立法问题》,载《中国县域经济报》2015 年 4 月 19 日,第 3 版。

② 参见石连海:《学校安全问题分析与对策》,载《当代教育科学》2011 年第 16 期。

四、未来学校安全立法的模式选择

学校安全立法既需要考虑立法层次、立法主体、立法模式等技术层面问题,也需要考虑立法时机、理论准备等问题。从立法层次来看,立法不限于中央立法(法律、行政法规、部门规章),还包括地方立法(地方性法规、自治条例和单行条例、地方政府规章)。从立法主体来说,既有权力机关立法,也有行政机关立法。从立法方式来看,既可制定新法,也可以运用法律解释的方法,也可以进行法律编纂。因此,讨论学校安全立法模式,要在细致梳理现有立法、全面分析引发学校安全问题的因素的基础上,对学校安全立法背后的理论问题进行深入探讨,对国外相关经验进行历史分析,才可能得出稳妥可行的学校安全立法建议。

(一)概述

从学校安全立法现状来看我国已有大量学校安全立法。现有学校安全立法建议主要体现为制定学校安全法以及制定学校安全条例两种。从现实来看,地方层面已经有学校安全地方法规以及规章。有学者和实务部门①均表示,制定学校安全行政法规是最优选择。姑且不论该意见是否是最优选择,该意见本身体现了学校安全立法需要面对的模式选择:一是中央立法与地方立法选择,具体体现为中央立法(法律、行政法规和部委规章选择)与地方立法(地方性法规和地方政府规章选择);二是综合立法模式与单一立法模式选择,具体体现为综合性的学校安全立法模式还是针对学校安全的某一方面采取单行立法方式。综合立法模式是针对学校安全整体全面加以立法,如《学校安全条例》;单行立法模式是针对学校安全的某一方面单独加以立法,如《校车安全管理条例》。中央立法与地方立法、综合立法与单行立法的选择往往交织在一起,需要单独分析。

---

① 李昕:《论校园安全保障的制度现状与立法完善》,载《首都师范大学学报》(社会科学版)2011年第3期。

表 4-3　学校安全立法模式

	综合立法	单行立法
中央立法	学校安全法(法律)	校车安全法
	学校安全条例(行政法规)	校车安全管理条例
	学校安全规定(部门规章)	校车安全管理办法
地方立法	学校安全条例(地方性法规)	学校周边安全条例
	学校安全办法(地方政府规章)	学校周边安全办法

(二)中央立法 vs. 地方立法

学校安全立法的中央立法选择为全国人大及常委会制定法律、国务院制定行政法规和国务院组成部门制定规章。地方立法选择为地方制定地方性法规和地方政府规章。需要明确的是,中央立法与地方立法模式选择问题的提出是在我国已有学校安全立法的基础上提出的。

1. 国家制定学校安全法的可行性分析

学校安全的中央立法呼声最高的是制定学校(校园)安全法,如张维平、林鸿潮等,但这种意见目前并不可行。具体来看,张维平提出制定学校安全法的建议是在2004 年,彼时《侵权责任法》尚未出台,而当前大量学校安全立法散见于不同的法律之中,这表明目前学校安全立法不是缺失,而是缺乏统一的学校安全立法。这涉及的其实更多是单行立法还是综合立法问题,而非中央立法还是地方立法问题。在目前立法资源有限、且已有相关立法的情况下要求国家立法是不可能的。林鸿潮提出从学校应对突发事件、采取限制学生权利的手段角度提出要制定学校安全法,虽然有其道理,尤其是从应对校园暴力欺凌事件的角度有必要增强学校保安执法机构的执法权限,但《企业事业单位内部治安保卫条例》对此已有规定,且学校安全不限于突发事件应对,在《突发事件应对法》已经出台的情况下,学校突发事件应对问题只需要在该法框架下进行具体规定即可,确有必要"在制度层面上完善各种学校突发事件应对机制",但由此认为"制定一部专门的法律是解决这一问题的根本出路"①这一说法不能成立。

① 参见《校园安全法为何难出炉?》,载 http://njrb.newssc.org/html/2010-05/10/content_927901.htm,最后访问日期:2015 年 11 月 29 日。

当然,从现实来看,根据《十二届全国人大常委会立法规划》,[①]在立法资源有限并且立法任务如此繁重的情况下,《学校安全法》是不可能列入国家立法规划的。

有人从比较经验的角度提出国外有学校安全相关法律,我国也应该制定。诚然,美国在联邦层面有《校园禁枪法》《校园、社会禁毒及安全法》等相关立法,在处理校园暴力方面通过对各州立法权进行一定程度的控制。如《校园禁枪法》(GFSA)要求所有接受联邦教育基金的州通过《改善校园环境法案》(IASA),否则将被取消领取联邦教育基金的资格,到 1995 年 10 月全美 50 个州都颁布了相关立法。[②] 此外,还有学者从校园警察探讨校园安全立法的必要性。[③] 但单纯从这些域外立法经验并不能得出我国制定学校安全法的必然结论。溯本追源,美国联邦立法很多是在各州立法层面开始的,如美国各州立法建立的校警制度最终得到了联邦立法的肯定。[④] 因此,在借鉴国外立法经验问题上,仅仅考察立法是否存在是不够的,还要进行立法史的考察,究其源流,完整发现国外立法的流变,才能为我国制度经验提出有效借鉴,否则就会南橘北枳。

当然,否认国家制定学校安全法现阶段的可行性并不意味着否认长期来看该法制定的必要性。长期来看起草一部学校安全法当然是最好的,但在现阶段还不可得的情况下学校安全面临的现实形势需要立法做出及时有效回应,毕竟,呼唤国家立法是一个长期过程,而现实需要立刻抉择。

2. 制定行政法规与地方性法规的可行性分析

法规包括行政法规和地方性法规。目前已经出现了制定行政法规层面"学校安全条例"的呼声,如王大泉和李昕。前者指出,"法治实践表明,立法的效果并不完全由其效力层级决定,只要制度设计合理、符合实践需要,低位阶的法律规范同样可以发挥作用",而且"目前,国家立法资源非常有限,制定法律的难度大、周期

---

① 《十二届全国人大常委会立法规划》日前经调整后再次公布。调整后的立法规划一、二类项目从原有的 68 件增至 102 件,实际增加了制定能源法、房地产税法,编纂民法典等 34 件项目。

② [美]米切尔·L. 耶尔、安东尼斯·凯茨雅尼斯:《美国保障校园安全的法律措施》,王石磊编译,载《世界教育信息》2005 年第 9 期。

③ 宋远升、陈熙:《解构与比较:校园警察制度及安全立法探究》,载《青少年犯罪问题》2007 年第 1 期。

④ 宋远升、陈熙:《解构与比较:校园警察制度及安全立法探究》,载《青少年犯罪问题》2007 年第 1 期。

长,且学校安全问题的全局性、紧迫性与其他立法项目相比并无优势。鉴于现行的部门规章的确在法律效力方面存在缺陷,因此,比较可行的选择是考虑起草行政法规,即《学校安全条例》,这可以在法律制度的原则性和可操作性方面实现较好的统一”。[①] 李昕也提出,与制定学校安全法律和规章相比,制定行政法规并“将《学校安全条例》这一行政法规定位为基准法,即规范学校安全事项的一般法”[②]无疑是一种良好选择。尽管在法律不可得的情况下行政法规不失为一种选择,行政法规能够对已有立法起到很好的执行作用,但从现实可能性不大,而且也并不是唯一的或者最优选择。

在法规层面制定地方性法规不失为一个良好选择。尽管在地方立法层面有大量的学校安全立法,但学界很少考虑将地方立法作为解决学校安全立法问题的路径,甚至认为“地方立法有其从属性、区域性限制,各地规定在立法体例、规范内容、法律责任等方面呈现出诸多不统一”,且“地方性规章大多为执行性立法,内容较为零散,立法质量参差不齐,[③]”这虽然是目前部门地方立法确实存在的问题,但并不足以否认地方立法作为学校安全立法的可行性选择。地方立法的优势就在于从属性、具体性和区域性。根据《立法法》,[④]地方立法可以对上位法做出执行性具体规定,这在很大程度上就能解决已有立法不具体、缺乏可操作性问题。而且,地方立法所具有的一定自主权,往往能够针对本地区实际做出有针对性的规定,毕竟影响学校安全的因素在各地表现并不相同。从有关学校安全已有规定来看,维护学校安全也主要是地方政府的责任。如《义务教育法》规定“各级政府及其有关部门依法维护学校周边秩序、保护学生、教师、学校的合法权益,为学校提供安全保障”[⑤]的义务,地方尤其是县级人民政府是中小学校园安全主要责任主体。[⑥] 在此意义上,

---

① 王大泉:《学校安全立法的现状与需求》,载《北京教育》(高教版)2013 年第 10 期。

② 李昕:《论校园安全保障的制度现状与立法完善》,载《首都师范大学学报》(社会科学版)2011 年第 3 期。

③ 李昕:《论校园安全保障的制度现状与立法完善》,载《首都师范大学学报》(社会科学版)2011 年第 3 期。

④ 《立法法》第 73 条、第 82 条。

⑤ 《义务教育法》第 23 条。

⑥ 教育部政策研究与法制建设司、国务院法制办公室教科文卫司编写:《中华人民共和国义务教育法释义》,高等教育出版社 2006 年版,第 113 页。

地方立法不仅是在中央立法不足且短时期内难以出台的情况下的后备选择,如果充分考虑到中央与地方立法关系的变迁,[①]以及地方性法规的效力,地方立法(地方性法规)是目前学校安全立法的一个优先选择。

地方立法解决学校安全问题已经为我国实践所认可。2015 年江苏省制定新的《江苏省企业事业单位治安保卫条例》在必要性时指出,"国务院《内保条例》已经颁布实施十年,一些条款也存在着与形势发展要求和基层执法实际不相适应的状况,因此,需要结合我省内保工作实际,对省《内保工作条例》的内容进行重新梳理、调整和规范,以便更好地发挥法律制度在加强社会管理、维护单位内部安全稳定方面的重要作用"。[②] 这充分表明了地方立法的优势。

3. 制定部门规章与地方政府规章的可行性分析

通常认为规章立法已经不足以解决学校安全问题,因为已有大量规章并没有很好地解决学校安全问题。鉴于学校安全涉及不同职能部门,单一部门规章往往无法解决问题,需要制定联合部门规章。这些部门规章往往成为地方立法的重要基础,如诸多地方立法从内容上看都是以《中小学幼儿园安全管理办法》为基础的。总体来看,部门规章的效力有限,制定新的部门规章无助于解决现存学校安全立法位阶较低、且体系不清等诸多问题。相比而言,地方政府规章可以直接规定相关职能部门的学校安全管理职责,具有比部门规章更大的立法权限,较之于部门规章更具有综合性。但同时地方规章与部门规章在各自范围内有效,在法律适用上都存在缺陷。

4. 小结

从现实来看,学校安全立法适宜采取地方立法模式。地方立法模式具有以下优点:第一,一般来说地方立法相对于中央立法更为具体。这就与现有的学校安全立法体系相一致了。有关学校安全的立法从内容上还是比较丰富的,与立法相比更需要的是执法的落实。而学校安全的法律责任最终需要落实到地方政府和教育行政部门。从学校安全执法这一角度来说,地方立法模式更值得考虑。第二,我国目前立法惯例采取的都是中央规定、地方落实的方式,这种方式固然保证了立法的

---

① 崔卓兰、赵静波:《中央与地方立法权力关系的变迁》,载《吉林大学社会科学学报》2007 年第 2 期。

② 陈逸中:《关于〈江苏省企业事业单位内部治安保卫条例(草案)〉的说明》,载 http://www.jsrd.gov.cn/zyfb/hygb/1213/201501/t20150115_155212.html,最后访问日期:2015 年 12 月 13 日。

统一性,但往往容易忽视地方的特性,在一定程度上也不利于调动地方的主动性和积极性。如在有关学校安全事故的赔偿上,有些地方提供地方立法的模式规定了学校安全事故风险基金;有些地方性法规还在政府的法定义务外,规定了政府优先安排并足额拨付资金,及时维修、改造危房校舍的义务。[①] 各地发展程度不一,地方立法模式有利于充分考虑地方情况、发挥地方智慧,集中地方优势做好学校安全工作。第三,从当前我国立法趋势来看,逐渐出现了地方包围中央的现象,如《湖南省行政程序条例》,这种地方先行立法的模式为中央立法积累了很好的经验,有利于提高未来中央立法的科学性,是非常有益的尝试。在这一意义上,学校安全采取地方立法模式较之于中央立法模式具有更大的优势。

(三)综合立法 vs. 单行立法

2010 年全国人大内部司法委员会对校园安全情况专题调研的结论是制定学校安全法并不现实,原因在于学校安全涉及食品安全、质量安全和社会治安等诸多事项,“这么多内容,一部《校园安全法》怎么写得过来”?[②] 与其说这一调研结论涉及的是立法层次选择问题,毋宁说由于学校安全内容的综合性和广泛性使立法几乎无从着手。

在学校安全立法问题上学者几乎一致建议选择综合立法模式,实践中则单行立法模式较为普遍。所谓单行立法模式主要是“一事一法”,即针对每一类具体学校安全事项制定针对性与专门性的一部学校安全法律规范,如针对校车安全、校园暴力与欺凌等单独立法。所谓综合立法模式是指将构成或影响学校安全的不同事项统一于一部学校安全法典之中,如制定学校安全法、学校安全条例,将学校安全涉及的校舍安全、校车安全、周边安全、消防安全乃至精神卫生等事项都体现在学校安全立法之中。单行立法是我国目前学校安全立法的现状,而综合立法是我国学校安全立法的未来。

从目前来看,有关学校安全的单行立法并不少,但恰恰因为散见于不同的法律规范之中,涉及多个部门而使学校安全立法难以很好得以实施。尽管现有学校安

---

① 参见《汕头市基础教育投入保障条例》。

② 参见《校园安全法为何难出炉?》,载 http://njrb.newssc.org/html/2010-05/10/content_927901.htm,最后访问日期:2015 年 11 月 29 日。

全立法并未对学校安全做整体界定,但从有关规定中不难看出学校安全内容的各个方面,如教育立法中已有校车安全、食品、卫生、人身伤害事故等方面的专门立法,而在教育执法层面也有对消防安全、交通安全、食品安全及卫生防疫、精神卫生、自然灾害防范、危险化学品安全、校园治安、集体活动安全以及事故查处情况的相关规定。① 此外还有规范提出了中小学网络安全和信息安全问题。② 正是鉴于学校安全内容的广泛性,2006 年教育部等十部委以联合规章的方式出台了《中小学幼儿园安全管理办法》,成为我国目前有关地方学校安全立法的基础。③ 采取综合立法模式将有关学校安全内容加以集中规定,避免分散,便于执法,有利于解决我国现有学校安全立法分散的问题。

(四)小结

如前所述,学校安全问题有立法和执法等多方面原因。针对现实的需求,现有的法律制度难于有效回应,特别是学校安全从法律角度是一个"跨界"的问题,既涉及民事侵权行为,又涉及政府职责、学校管理义务等教育法、行政法问题。从目前法律制度实施的状况,现有法律制度存在覆盖范围不周延、规范不具体的问题。因此,地方综合立法模式是我国当前学校安全立法的最佳选择,有利于系统回应有关问题。但这并不等同于要制定一部法律或者行政法规。既然"法治实践表明,立法的效果并不完全由其效力层级决定,只要制度设计合理、符合实践需要,低位阶的法律规范同样可以发挥作用",且承认在"国家立法资源非常有限""且学校安全问题的全局性、紧迫性与其他立法项目相比并无优势"的情况下,"制定法律的难度大、周期长","比较可行的选择"以及能够实现"在法律制度的原则性和可操作性方面实现较好的统一"的不限于"行政法规",地方性法规同样符合上述原则,甚至由于其自主性能够有更大的立法空间。一味将目光局限于中央立法、忽视地方立法的

① 如教育部《关于教育系统集中开展安全生产大检查的通知》。

② 如《中小学公共安全教育指导纲要》模块三"预防和应对网络、信息安全事故"。

③ 该联合规章规定了加强安全管理、保障学校及其学生和教职工的人身财产安全以及维护正常的教育教学秩序三个立法目的。诸多地方立法都以此为蓝本进行增减,规定了立法的二目的、三目的和四目的,如云南学校安全条例采取二目的说"保障学生、教职工和学校的安全"和"维护学校正常的教育教学秩序",武汉、天津和辽宁采取三目的说,武汉以"预防和处理学校安全事故"代替了"维护秩序或安全"的说法。宁波、深圳、福建和黑龙江都采取了四目的说在联合规章的基础上增加了"预防和处理学校安全事故"。

意义以及地方立法逐步兴起的现实，尤其是学校安全本身属于地方政府职责无法解决学校安全问题。

从现有情况来看，采用地方立法的综合学校安全立法模式更为合适，而且采取地方性法规的方式优先。第一，综合性立法模式有利于将分散于不同法律规范中的规定集中起来，有利于明确地方各行政机关的职责，便于促进行政执法。单行立法无助于负有学校安全维护职责的各行政机关互相配合、联合执法。第二，地方综合立法模式通过地方性法规确定行政机关相应的学校安全职责，能够减轻甚至避免地方规章因为法律效力问题可能带来的弊端。当然，为避免差异过大，建议在各省层面统一制定学校安全条例是最好的选择，而这已经有了一些地方实践。毕竟，目前针对学校安全问题核心在于明确学校以及政府部门的教育管理职责，[①]而在现有法律、行政法规、部门规章的基础上，省级层面的地方性法规能够制定出更有针对性和可操作性的具体规定。因而，在地方立法基础上，再逐渐总结共性，制定行政法规进而推动国家立法无疑是一种更为稳妥和现实的选择。因此，制定一部有关学校安全的综合性省级地方性法规是当前解决问题的最优途径。

五、余论

学校安全立法建议与学校安全立法研究并不完全相同。立法建议当然要以研究为基础，但在某种程度上可能要脱去理想化的色彩充分考虑现实性和可行性以及立法成本等问题。而且立法并不意味着制定新法，制定新法也并不意味着都是国家立法。当前以制定省级地方性法规的学校安全条例是最优选择是充分考虑了立法现实性和学校安全问题的紧迫性。事实上，学校安全面临的问题是全方位的也是长期的，且是个性化的。如“9·11”事件后美国学校加强了学校防恐，而一系列恐怖事件和极短事件的发生，防暴恐也已经成为我国学校安全面临的现实威胁，这些都需要立法和执法予以回应。学校安全作为公共安全的重要组成部分，由于主要涉及未成年人，更是社会持续关注热点。

研究学校安全立法，要考虑教育领域的特殊性和公共安全领域的一般性，树立

① 李昕：《论校园安全保障的制度现状与立法完善》，载《首都师范大学学报》（社会科学版）2011年第3期。

科学的整体的学校安全观。这要求牢固树立安全意识，强化立法底线思维，也要注意不能以安全代替一切，而是要为学校履行教育核心职能提供安全环境，以保护未成年人权益为核心，预防学校安全事故的发生，依法妥善学校安全事故。同时，学校安全涉及多个部门的多种事项，涉及食品安全、质量安全和社会治安等诸多事项，要树立学校安全的综合观。① 从长远来看，有必要制定一部科学完备体系化的学校安全法典。但是，学校安全法典并不完全是制定一部新法的过程，更应该是一个法律编纂过程，需要将相关法律法规予以系统化编纂，同时也不应排斥通过法律修改或解释以及地方综合立法等方式完善现有学校安全法律。

综观国外学校安全的立法，普遍都经历了漫长的过程。如日本曾经经历过两次大的与“学校安全”相关的立法运动，从解决学校事故的救济问题到强调防范学校安全事故的发生，尽管学校事故研在 2002 年设置了“学校安全标准”项目，并于 2004 年公布了“学校安全法”纲要案，但最终都未通过国会审议。② 我国学校安全立法也将是一个长期的过程，在国家层面的学校安全法典化之前，当前维护学校安全、保障未成年人合法权益的最优选择就是各省层面出台地方性法规，制定学校安全条例。

第二节 学校安全法律制度和机制比较研究③

保障校园安全长期以来成为世界各国教育和学校管理立法的重要任务之一。

---

① 综合学校安全观体现为“完善学校安全综合防控体系，坚决排除校园安全隐患，织密织牢学生安全网，努力为孩子们平安、健康、幸福成长创造良好环境”。参见《“筑牢校园安全网 全面维护学校安全”，全国学校安全工作电视电话会议召开》，载 http://www.moe.edu.cn/publicfiles/business/htmlfiles/moe/moe_1485/201503/185259.html，最后访问日期：2016 年 4 月 10 日。

② 樊秀丽：《日本学校安全立法运动》，载《首都师范大学学报》（社会科学版）2011 年第 3 期。

③ 本部分为姚金菊主持的教育部政策法规司 2012 年委托课题“学校安全法律制度和机制比较研究”成果。课题课题大纲、写作结构、整理及最终定稿由姚金菊完成。课题组具体分工如下：英国部分，主持人王展鹏，北京外国语大学英国研究中心教授；刘剑、王尚、穆婕，均为北京外国语大学英国研究中心硕士研究生。美国部分：主持人姚金菊，北京外国语大学中外教育法研究中心副教授。法国部分：王鲲，北京外国语大学法语系副教授。德国部分：张晓玲，北京外国语大学德语系讲师。日本部分：顾蕾，北京外国语大学日语系讲师。

为更好借鉴域外有关经验,为我国开展学校安全立法提供借鉴,北京外国语大学中外教育法研究中心接受教育部政策法规司委托,选取英国、美国、法国、德国、日本等五国的学校安全法律制度和机制进行了研究。研究主要采取网络调查的方式,对五国有关学校安全的主要法律法规、学校安全的管理体制、学校安全的具体制度和措施等内容进行梳理,并进行了初步的比较分析。

在网络调查的过程中课题组成员发现学校安全是一个庞大的课题,在短时间内无法能够窥其全貌,本着立足我国实践问题、为学校安全立法提供经验借鉴的立场,课题组成员选择了对象国中一些重点法律制度机制加以介绍。考虑到这种介绍可能不够全面和系统,课题组又在每一国家选择了具体案例附随其后,以便点面结合,使研究报告更具有立体性。

一、英国学校安全法律制度和机制

英国是世界现代学校教育制度的发源地之一,也是最早注意到并积极运用法律、行政、经济等手段解决校园安全问题的国家之一,已逐步建立起较为完备的校园安全保障体系,其校园安全状况也得到了英国社会和世界各国的认可。

英国学校安全保护的对象包括学生和在学校工作的职工。学生是学校安全保护最重要的对象。根据健康安全执行局网站公布的统计数据,在所有上报的学校安全事故中,70%左右都和学生有关。学校职工也是学校健康安全所保护的对象。学校职工和学校管理之间的安全责任问题,可以通过1977年《职业健康和安全法案》直接解决。健康管理执行局对于教师等职工的安全非常重视。他们要求所有教室里都必须配有符合安全标准的梯子,防止教师在布置教室或进行其他工作时因需要攀高而发生危险。在2006年3月13日,沃山德周年纪念小学(Wallsend Jubilee Primary School)的一名员工进入了之前因发现石棉碎片污染而被关闭的锅炉房。学校管理机构被处以1.75万英镑的罚款。在学校健康和安全问题中,责任划分的一条重要原则就是举证倒置原则。即当学校的学生或职工在学校遇到安全事故时,学生或职工不需要自行举证来证明是学校管理机构的责任。只要学校管理机构没有办法证明自己已经尽到义务,那么他们就必须承担相应责任。

(一)主要法律和法规

作为普通法国家,英国在学校健康和安全方面却有不少成文法条和规定,英国在职业健康和安全方面最看重的并非事后的责任划分,而在于安全和健康事故的预防。这种指导思想也一直贯彻于英国各项学校安全法律和规定之中。目前英国没有专门的学校安全法律。涉及校园安全的法律主要分散在各部门法之中,其中最为重要的是1974年《职业健康和安全法案》、1999年《职业健康安全管理条例》、1996年《教育法案》以及2002年《教育法案》。[①] 英国校园安全法律有三大特色:首先,设立学校管理机构;其次,学校管理机构对校园安全总体负责;最后,重视风险评估,强调基于风险的管理,而不是强调命令和顺从。

值得注意的是,为了方便主要责任人熟悉和理解相关法律条文,以及将法律条文应用于具体的领域之中,英国相关部门(主要是教育部和健康安全执行局)制定和颁布了许多实用很强的指导手册和文件,如《校长法律指南:健康,安全与福利》、《健康与安全建议》和《健康与安全:责任及权力》等。下文中,若未做说明,健康与安全相关规定均来自指导手册而非相关法律条文。

1.《职业健康与安全法案》

《职业健康和安全法案》规定英国在健康与安全领域的主要管理体系和机构,是英国职业健康与安全领域的主要法规,旨在确保工作人员以及受工作人员活动影响的人员(如学生)的健康与安全。

该法规定雇主应对健康与安全负总体责任,规定:雇主有责任在合理和可行范围确保所有雇员在工作中的健康、安全以及福利。这些责任具体包括:在合理和可行范围内确保工作环境安全,对健康无害;在合理和可行范围内确保使用,处理,储存以及移动相关物品或者货物的安全性,确保相关行为不会对健康造成损害。在合理和可行范围内向雇员提供与健康和安全相关的资讯,指导,培训和监督;雇主有责任制定书面工作健康安全政策,并实施对其进行修改;该政策应涉及雇员与组织的健康安全相关规定,并指明具体的政策实施时间;若对该政策进行修改,应及时告知雇员;在合理和可行范围内,雇主有责任确保可能受其工作影响的人员不会受到健康与安全威胁。

具体到学校,学校管理机构的责任主要包括确保教师和其他工作人员的健康、安全与福利,确保学生在校内以及校外活动时的健康和安全,确保来学校活动者以

---

① 为方便资料查询,有关法律法规的英文名称均采取附录形式放在本节后。

及参加学校活动的志愿者的健康和安全，制定健康与安全政策和实施方案。学校管理机构可以将具体的健康安全任务指派给学校所设机构或个人。但无论谁执行的任务，学校管理机构均负有最终责任。因此学校管理机构应进行追踪、核查，清楚谁正在做什么，并确保这些任务正在被有效且安全地执行。同时，学校管理机构必须确保校舍和校舍设备的安全，确保学生在校园内不受到安全威胁。

2.《职业健康安全管理条例》

《职业健康安全管理条例》主要涉及安全风险评估和管理，是与《职业健康与安全法案》配套的重要条例，旨在确定潜在风险并对其进行管理。该条例要求雇主应对风险进行适当和充足评估；应定期检查风险评估，若有合理理由认为相关评估失效或者其针对的问题发生重大变动，雇主应对评估及时进行修改；应为雇员提供评估所发现的健康与安全风险以及预防和保护措施等方面的相关与详尽信息；应为雇员提供足够的健康与安全培训。具体到学校，雇主的主要责任则包括评估学校活动对雇员和其他受活动影响人员的风险，以确定必要的健康和安全的措施。雇主在某些情况下，记录评估的重大发现；采取措施管理风险；告知雇员有关风险以及管理风险的措施；确保雇员接受必要的健康和安全训练。

3.《校车(安全)法》

英国政府于2009年颁布了《校车(安全)法》，试图通过在车辆设计、驾驶员要求、学校责任等方面的立法来保证校车的安全性，从而提高乘坐校车的吸引力。在车辆设计方面，该法案规定校车必须使用单层车辆；每个座椅上须配有安全带；校车须安装“停”字大标牌，当校车靠边或进站时，必须将该标牌弹出车窗外，以提示其他车辆；校车外观颜色须明亮、显眼；在校车内外部均须贴有供驾驶员、乘客及路人阅读的安全指南。此外，该法案还规定，校车驾驶员须在上岗之前接受关于驾驶校车的特殊培训。学校须对使用校车的学生进行安全指导，包括上下车以及在车内的行为规范。法案要求内阁大臣每年向议会汇报该法案的实施情况，报告内容需包括当年与校车有关的交通事故数据、事故发生原因、受伤及遇难(包括学生)人数等。内阁大臣还需指定5人组成“校车委员会”，监控并上报该法案的执行效果，委员会定期向内阁大臣汇报，并提出对该法案具体条款的修改建议。内阁大臣向委员会支付后者在履行职责时产生的费用，这些费用及执行该法案产生的所有费用最终均由议会提供。

1996年和2002年的《教育法案》以及2007年《(英格兰)学校管理组织条例》则对学校管理机构的形成和责任做出了详细的规定。根据上述法规而建立的学校管理机构是校园安全的主要责任人。此外,1981年《健康安全(急救)条例》、1990年《环境保护法》和《校园药品管理》等法律法规,对校园可能的突发安全事件如食物中毒、大面积环境污染等相关主体的责任也做了具体规定。

(二)英国学校安全的管理体制

英国政府专门成立了独立的监管机构——健康安全执行局负责职业健康和安全问题,该机构也是学校安全的主要监管部门,负责执行行政罚款、警告等和在司法方面的刑事诉讼,与教育行政部门和学校管理机构共同承担学校安全责任。

1. 专门的监管机构——健康安全执行局

英国学校安全问题最主要的监管部门是健康安全执行局。这个部门的前身来自1833年成立的工厂安全监察局,后来又经过了设立矿业安全监察、妇女工作监察和核工业安全监察等几个发展时期。在1974年《职业健康与安全法案》颁布《职业健康和安全法案》,英国健康安全执行局(Health and Safety Executive)于1975年正式成立,负责执行与健康和安全相关的法律。该机构是独立的工作场所安全监管部门,可以对工作场所进行安全检查,可以对事故的原因进行调查,对于存在隐患的工作场所提出警告、谴责,责令未尽到安全义务的工作场所停业整顿或取消营业资格,对安全事故的责任人或单位进行起诉。

根据《职业健康和安全法案》,在因疏忽造成严重后果时,健康安全执行局有权对雇主提起诉讼。但在个别情况下,例如由于雇员违反或者不遵守雇主的健康和安全政策造成伤亡,健康安全执行局有权同时起诉雇主和雇员或仅起诉雇员。健康安全执行局颁布了相关政策说明,指出其起诉的对象主要是由于违法而导致的危险,例如领队老师带领学生划独木舟却没有为所有学生都穿上救生衣。健康安全执行局鼓励各个地方教育局关注实在的风险而不是只注重表面文章,并申明只有在综合考虑伤亡、是否按章办事、违法的程度以及公共利益后才会决定是否起诉。如雇主或雇员严格遵循已有规章制度行事,违法的可能性很小,这种情况下健康安全执行局一般不会起诉。由校园安全引起的刑事诉讼鲜有发生,但是雇主或雇员可能因渎职而受到民事起诉。只有在满足以下情况时,民事诉讼才有可能胜诉:雇主未尽到谨慎家长的责任;学生因此而受伤;事故本可避免。

大部分渎职诉讼只针对雇主而不是雇员。健康安全执行局只负责刑事案件，不负责民事案件。

该部门在学校安全问题方面有多种措施：监察（Inspection），即对于学校的安全措施和设备进行定期和不定期的检查；调查（Investigation），对于发生的学校安全事故进行调查，查清原因，确定责任；投诉（Complaints），对于已经发生的学校安全事件或安全隐患，向学校管理机构提出健康安全执行局的担忧和不满；强制措施（Enforcement），强制措施包括警告、通告、取消从业资格、变更从业资格、起诉等。

健康安全执行局十分重视安全隐患的预防和风险管理，工作核心就是监督各雇主在安全预防和风险评估方面是否尽到义务。对于那些未及时消除隐患的学校，健康安全执行局一向采取严厉措施。2011 年 2 月 28 日，健康安全执行局对吉尔伯德学校（Gilberd School）的检查中发现，校园内存放的木板材对学生构成安全隐患，且学校也未派人在存放处监察，学校的管理机构因此被罚款 9000 英镑。

需要注意的是，健康安全执行局监管的是雇主（有时候也是雇员）在健康和安全保护方面的失职行为或不作为，而不是解决所有纠纷的责任划分。例如，若一个孩子在校园里被校外人员打伤，对于健康安全执行局来说，他们所关心的是学校管理上的疏忽是否导致校外危险人员进入校园，而打人者和被打者之间的民事或刑事纠纷则不属其监管范畴。也正因如此，健康安全执行局提出刑事诉讼的情况非常罕见，在司法实践方面主要还是以民事侵权诉讼和行政诉讼为主。

根据健康安全执行局网站所提供的统计数据，从 2005 年 5 月到 2009 年 6 月的五年时间里，共收到了 50,058 份中小学校园安全事故报告（虽然规定有安全事故就必须报告，但很多轻伤都未报告）。健康安全执行局估计，只有一半的轻伤事件按照程序上报到了该局。而他们提出民事诉讼的案件一共是 18 起。

通常来说，健康安全执行局不会随意对学校执行机构提出起诉，但一旦起诉的话，他们通常都能在法庭上获胜。根据健康安全执行局网站上的统计，他们去年起诉的成功率高达 94%。

2. 教育行政部门

英国教育行政部门通过发布指引守则、进行风险评估、开展员工培训等方式对学校安全的具体活动进行指导：

第一，风险评估。健康安全执行局以及教育部门对学校活动的安全性有非常细致的规定。对于风险的评估和应急方案的制定都有明确的指导手册。例如,为确保教室设置的安全,健康安全执行局还专门制作了《教室安全检查表》,要求学校管理机构逐条检查落实。根据1999年《职业健康安全管理条例》,学校管理机构必须评估所有活动的风险,介绍管理这些风险的措施,并把这些措施告诉员工。学校和地方教育行政部门通过对校园环境及学校活动中潜在的风险进行评估,能够大大减少出现意外事故的概率,将风险降到最低。

第二,制定详细应急预案。英国教育部《学校应急管理方案》地方行政部门必须有介入学校安全危机(如洪水、火灾、出游、交通、环境、药品、校舍、人员失踪,医疗状况等)的应急计划,提供各种应急服务。该方案规定:在制定计划时,要意识到员工之间的支持和信任会增强学校在危机时的反应能力;要在员工大会上专门讨论该计划;计划还要考虑员工接受心理辅导的需求。

第三,重视对员工的健康安全培训。教育行政部门非常重视对员工的健康安全培训。地方教育行政部门必须向学校提供健康安全指导及服务,必须确保员工在健康安全责任方面接受培训,确保那些被指派健康安全任务(如风险评估)的人员如学校管理者、教师等,有能力完成其职责。通过培训,不仅减少了学校管理机构在安全方面的亲力亲为的工作量,也提高了学校员工的健康安全意识和工作能力。

第四,发布指引守则。为保证校外活动安全,避免或减少校外活动中的意外伤害,教育部要求校外活动进行风险评估以及制定详细的计划和准备。为此,英国教育行政部门发布了很多实用性强的手册,如《小学生教育参观健康与安全》(Health and Safety of Pupils on Educational Visits)为校外活动的安全进行提供了具体的实施要求和建议。该手册还附带许多补充手册,其中《地方教育行政管理部门教育参观监管标准》(Standards for LEAs in Overseeing Educational Visits)对学校的风险管理进行了级别划分;《探险标准》(Standards for Adventure)针对年轻人探险活动的带队教师和青年教育工作者提出了建议;《组长手册》(A Handbook for Group Leaders)针对教育参观活动的领队,列出了监督、风险评估和应急程序的具体做法;《水边群体安全》(Group Safety at Water Margins)为在水边开展教育活动的组织者提供了指导。这样既能满足孩子参观游览的需求,也可以大大提高活动的安全程度。

3. 学校安全管理机构

依据2002年《教育法案》的规定,英国的学校应按规定成立学校管理机构。这个机构将负责学校从预算、招生、教学和安全管理等各方面的事务。因此,该机构是学校安全预防管理的主要实施者,也是学校安全责任的主要承担人。根据学校不同性质,学校管理机构的构成也不尽相同。表4-4给出了不同学校管理机构的构成比例。

表4-4 英国学校管理机构构成比例

学校的种类	家长	学校职工	当地教育行政部门	社区人员	基金会/合作伙伴
社区学校(Community schools)、社区特殊学校(Special schools、schools)、公立幼儿园(maintained nursery schools)	至少1/3	最少2人,但包括校长在内不超过1/3	1/5	至少1/5	
基金学校(Foundation schools)、基金特殊学校(Foundation special schools)(无基金)	至少1/3	最少2人,但包括校长在内不超过1/3	最少1人,但不超过1/5	至少1/10	最少2人,不超过1/4
基金学校(foundation schools)、基金特殊学校(foundation special schools)(有基金但却未通过审核)	至少1/3	最少2人,但包括校长在内不超过1/3	最少1人,但不超过1/5	至少1/10	最少2人,不超过45%
基金学校(foundation schools)、基金特殊学校(foundation special schools)(有通过审核的基金)	最少一人,且加上身兼基金会董事的学生家长,要达到1/3	最少2人,但包括校长在内不超过1/3	最少1人,但不超过1/5	至少1/10	必须比其他成员的总数多2人
受津贴民办学校(voluntary aided schools)	最少一人,而且加上身兼基金会董事的家长,要达到1/3	最少2人,但包括校长在内不超过1/3	最少1人,但不超过1/10		必须比其他成员的总数多2人
受监管津贴学校(voluntary controlled schools)	至少1/3	最少2人,但包括校长在内不超过1/3	最少1人,但不超过1/5	至少1/10	最少2人,不超过1/4

与中国学校的行政化管理不同,英国每个学校都有自己的管理机构。这样的管理机构通常由家长、老师、当地教育行政部门(有时候还有基金会等)共同组成。按照学校的不同性质,各方面人员按照不同的比例,形成一个管理委员会。英国2002年《教育法》(Education Act 2002)、1996年《教育法》(Education Act 1996)和《学校管理规定》(School Governance Regulations 2007)等法律详细规定了这个委员会的形成程序、职能划分和预算等方面的内容。

学校管理委员会对学校各方面事务负责,包括学校安全。研究健康安全执行局这几年的案例,可以发现其处理的案件大部分涉及安全隐患或建筑物污染事件等,而真正的恶性安全事件则很少见。例如2006年11月14日,克罗克希尔小学的25名学生、1名教师和1名助教在课堂上感到头疼、恶心,疑似一氧化碳中毒,随后在校长的领导下,他们被及时送到医院。事后经调查发现,教学楼的供暖系统不符合要求。为此健康安全执行局对该校管理机构处以1万英镑的罚款。

学校职工和家长也负有相关学校安全责任。根据相关指南的解读《职业健康和安全法案》以及《职业健康和安全管理条例》要求雇员:合理地照顾自己以及受自己工作影响的人员(如学生)的健康和安全;在健康与安全事项上与雇主合作;按照培训和指导开展自己的工作;告知雇主任何严重危险。此外,普通法要求学校教师和其他工作人员要扮演谨慎家长角色,在活动时采取谨慎父母在同样情况下会采取的措施。雇员应当遵照雇主颁布的健康和安全政策行事。如若雇员认为该政策不合适,雇员应该与雇主进行讨论并要求对其进行修改。

1996年《教育法》认定任何对校园进行滋扰和干扰的个人(包括家长)其行为构成犯罪。在这种情况下,可以让警方介入。同时,地方教育局或校董会在有合理理由认定某个个人的行为构成了滋扰或干扰的情况下,可以授权个人或机构进行干预。英国校园属于共有财产,一般情况下家长都被允许进入校园。但如个别家长行为恶劣或者有暴力倾向,其行为可能威胁到雇员以及学生的健康与安全,在这些情况下,学校有权禁止家长进入校园。学校应制定书面文件,列明家长在校园的行为规范以及限制家长进入校园的程序和步骤。家长在被禁止入校的情况下强行入校按非法入侵罪处理。

4. 家长

英国教育部门明确要求未成年人家长肩负起相关责任。学校明文规定,3岁到

5 岁的孩子上幼儿园期间以及小学阶段的孩子,必须每天有家长接送。学校规定,家长必须把孩子送进校门。放学后,老师和孩子在学校操场的固定区域等候家长来接。英国政府还引进了一套评估方案,阻止那些被认定为不适合同孩子近距离接触的人进入校园或幼儿园工作。

5. 其他机构

尽管学校管理机构是校园健康和安全的主要责任部门,但有些时候当地政府也要担负一些责任。这种情况一般是辖区内的学校同时出现了安全问题,而这些问题当地政府有义务进行监管却未监管到位,健康安全执行局有时会对当地政府进行处罚。例如 2007 年 7 月 8 日,健康安全执行局在普利茅斯的多所学校中检查发现,这些学校不具备有效的燃气安全检查系统和程序。为此,健康安全执行局对普利茅斯市政府处以 5000 英镑的罚款。

根据 1974 年《职业健康与安全法案》的原则,学校应对学生在学校内以及学校组织的外出活动中的所有安全问题负总责。不过家长也必须向学校如实告知学生身体健康情况,是否有过敏反应等问题,更好地配合学校的安全管理工作。在这个问题上,有指导意义的案例是 2002 年的麦克斯・帕尔默(Max Palmer)溺亡事件。2002 年 5 月,10 岁的小学生麦克斯・帕尔默随家长和老师去户外参加活动。这次活动是从一个 4 米高石壁顶跳进下面的水池中。老师先跳之后,认为没有问题。于是帕尔默就跳了下去,但他跳入水中却无法游到岸上了。老师跳下去试图救他,但因水温太低,使他不得不放弃。帕尔默的母亲也跳入水中,但因体温下降过快也失去了行动能力。另外一名小学生将她救了出来。随后她和这一小学生因体温过低被直升机送到了医院。救援队在水池出口的岸边找到了帕尔默,但他已经死亡。健康安全执行局经过调查后发现,本次活动的组织者并没有尽到安全的管理义务,活动之前没有进行详细的风险分析和管理,缺乏应急预案。尽管孩子的母亲也有监护义务,但她有信任活动组织者(学校)的理由,所以事故的主要责任应该由活动的组织方承担。

(三)学校安全的具体制度和措施

除在法律制度和司法方面的保护,英国还实施了一系列措施,保证这些法律法规能够顺利实施,保证学校的健康和安全问题防于未然,如推行校车制度,设置驻校警察和对学校的建筑物与设施进行安全设计和管理等。对于校外活动,健康安全执行局也制作了详尽的安全手册。

1. 循序渐进推广“黄色校车”制度

英国由于公交系统发达、私家车普及程度高，目前乘坐校车上下学的中小学生较少。为减少私家车使用，降低碳排放，英国政府已通过立法、试点项目等方式鼓励更多学生使用校车，效仿美国的“黄色校车”项目也受到热烈欢迎。但据报道，由于部分地区缺乏有效监管机制，一些校车质量仍低于规定标准，存在一定安全隐患。

英国中小学生上下学交通方式较为多样化，主要包括走路、骑车、公共交通、校车和私家车，其中使用校车的中小学生不到10%。英国政府鼓励家长使孩子选择前四种方式上下学，而尽量少用私家车接送孩子，以减少马路拥堵，降低二氧化碳排放，从而保护环境。英国公共交通体系发达，安全系数较高，且15岁及15岁以下儿童可在任何时段免费乘坐公交车，16岁至18岁学生可享受半价优惠。尽管如此，仍有41%的英国小学生和21%的中学生上下学由家长开车接送，在早高峰时间，送孩子上学的私家车占总车流量的20%左右。

近年来，英国政府采取了一系列措施，旨在通过提供“更有吸引力”的校车服务，使更多家长愿意让孩子乘坐校车上下学，从而减少私家车对道路和环境造成的压力。英国的校车服务由公交、巴士公司提供。各中小学在每年夏季开学前夕对学生进行调查，统计需乘坐校车的人数及住址，然后提供给公交、巴士公司，由这些公司确定校车数量、种类和路线。在校车费用方面，私立学校由家长承担，公立学校的租车费用由各地方政府承担。学生乘车费用由家长支付时，通常使用较优惠的学期卡。此外，符合条件的低收入家庭儿童可免费乘坐校车。

开展“黄色校车”项目试点。目前，英国大部分地区学校使用的校车缺乏统一外观及规格。为推动校车提供更优质的服务，使管理更加规范，增加家长对校车的信心，由英国多个党派的官员、专家等组成的“黄色校车委员会”已在部分地区开展了“黄色校车”试点项目，该项目因效仿美国校车使用黄色外观而得名。2003年，英国新校车正式投入运营。英国以高造价获得了高质量的校车，车身颜色也由该国传统的红色改为国际上广泛使用的深黄色。按照规定，所有儿童不论是否有保险，一登上校车，其安全全部由校车运营方负责。

例如，英国政府于2004年为西约克夏郡投入1870万英镑开展“黄色校车”项目,一家名为"Metroline"的公交公司为 78 所小学和 52 所中学提供了 206 辆高质量校车。车身均为显眼的黄色,车内装有监控设备,车座上配有安全带,座位上装有 CD 播放机、广播等娱乐设备,每个学生被分配了固定座位,驾驶员也接受过严格训练。学校还定期收集学生与家长的反馈以不断改进服务。由于这种校车收费低廉,政府对公交公司给予了巨额补贴。最终评估报告显示,自试点开始以来,该地区使用"黄色校车"的学生人数大幅增加,温室气体排放大量减少。历时 4 年的试点后,又经过 1 年左右的再评估,"黄色校车"项目获得评审团认可,一些组织或社团正游说政府将这一项目在全国范围推广。如果这一计划能够实现,预计将使每年私家车出行次数减少数百万次。不过,尽管英国的校车相关法律较为完善、试点项目成果显著,但目前从全国范围看,英国尚没有建立统一标准的校车服务体系,各类校车服务水平参差不齐。据报道,位于肯特郡的一家公立学校租用的 10 辆校车均较为破旧,甚至没有完备的安全带,校车司机也没有经过任何特殊训练,存在较大安全隐患。尽管《校车(安全)法》规定设立"校车委员会"来监督该法案的执行情况,但这一机构实际上有名无实。由此可见,有了相关法规后,设立有效的执法监督机构也十分关键。

2. 学校保险制度

根据英国《1996 年教育法》,所有的学校管理机构都必须购买保险。这样可以保证当管理机构因失误和疏忽造成风险时,可以利用保险作为缓冲。当地政府会向学校管理机构提供保险方案,但学校管理委员会也可以选择自己的保险方案。不过这个方案必须经过当地政府的审核。

学校管理机构可以为学校的雇员和管理机构中的个人购买保险。当因个人失职而造成风险时,也可以保证赔偿。不过在实践中,对于委员会个人的起诉和追偿十分罕见。根据健康安全执行局的资料,近年来可以查到的对于学校雇员个人的追偿案件只有一起。2008 年 8 月 14 日,在利物浦圣心天主教中学(Sacred Heart Catholic College)一名学生从房顶摔下,身受重伤。而将学生带到房顶的老师约翰·阿兰·萨默菲尔德(John Allan Summerfield)没有尽到基本的看管义务,所以被健康安全执行局罚款 2 万英镑。

英国没有要求学生个人购买人身保险的规定。是否购买保险完全取决于个人的选择。因为在教学中发生的安全问题都应该由学校的管理机构负责。而根据校车管理的相关规定，不论学生是否购买了保险，校车上发生的问题全部都由校车运营方负责。

3. 英国安全手册《儿童十大宣言》

英国在维护校园安全方面有十分悠久的历史，十分重视对孩子进行全方位的安全教育。家长和学校共同努力从小抓起，让孩子们树立起自我保护的意识，就是从根本上去除了儿童安全的隐患，英国的安全手册《儿童十大宣言》是目前世界公认的最为全面的儿童安全指南，其内容包括十个方面：(1)平安成长比成功更重要；(2)背心、内裤覆盖的地方不许别人摸，有拒绝被亲吻与触摸的权利；(3)生命第一，财产第二；(4)小秘密要告诉妈妈；(5)不吃陌生人的东西；(6)有权不与陌生人说话；(7)遇到危险可以打破玻璃、破坏家具；(8)遇到危险可以自己先跑；(9)不保守坏人的秘密；(10)坏人可以骗。①

《儿童十大宣言》语言简单易懂，适合低龄儿童的理解能力，能让孩子及时察觉身边的危险，进行自我保护。虽然，这些观念从表面上看是颠覆了教育孩子"懂礼貌"等传统观念做法，但却教会了孩子发现危险、积极应对的本领，最大限度地保护了孩子的生命安全。

4. 英国学校设施制度

英国学校在校园安全问题上十分严谨细致。这一点既体现在宏观法律的制定上，也体现为对学校设施的设计方面。

进入校园，人车分离。英国学校的大门只有两堵矮墙，没有门房，也没有保安。但细心的人会发现学校人行道的那扇门一般会锁上，而车行道的大门则敞开着(入校道路人、车分离，非常安全)。门口无值日老师，学生非常自觉、有序地在人行道的大门口等候，没有一个从车行道敞开着的大门溜进去。学校有严格的进校时间，学生已养成了很好的入校规矩。每天早上八点三十分，由学校教师开门，学生陆续从人行道走入校园。进入校园后人车分离的做法有效地降低了学校内出现安全事故的隐患，同时需要特别指出的是，学生与教师遵守规则的表现是确保这项措施有效执行的有力保障。

---

① 参见《英国〈儿童十大宣言〉孩子都有获得安全的权利》，载 http://baby. enorth. com. cn/system/2012/07/27/009718395. shtml，最后访问日期：2014 年 12 月 10 日。

停车区域与教育区域分离。进入校门，里面有一个足以停二三十辆车的停车场，供教师停车。停车区域在校园外层，学生活动区域在校园里层，两个区域分离，非常安全。进了校园后，所有学生不进教室，而是很自觉地来到水泥操场上，有的看书，有的做运动，有两名值日老师站在操场上，很负责地巡视，所有学生都在值日教师的视野之中。一名老师吹哨后，学生们都自觉地停止活动，然后，根据教师的指令迅速地、自觉地按班级排好队，并在老师的带领下有序地进教室。这就是所说的停车区域与教育区域相分离，这样的分离可以隔离开学生与车辆，使学生在学校活动能更加安心，并使出现事故的概率在力所能及的范围内减小到最低。

通过两道门，才能进入校舍。学校的设施非常科学，访客要通过两道门才能进入校舍。以斯塔福德初级中学（Stafford Junior School）为例，一般情况下，进入校舍的那扇门紧闭着，见不到一个人，也没有一点声响，完全是由高科技设备把关。在进入第一扇门后，访客可以看到一个窗口，里面是接待处。这里的接待室起到单位前台的作用，但又有不同。里面只有女性接待，还有很多资料陈列，与校务办的陈设差不多。在这里，到校舍访问的人员，无论是谁都要填写访客单，然后再做详细登记，接着工作人员会给访客三张小卡片，贴在胸前，此时校门才自动打开，访客们才能进入教学活动区。这一过程，使人们强烈地感受到该校安全管理的严密性：人行道与车行道分离，停车区域与教学区域分开，未经同意任何人都不能进入校园。

使用电子钥匙进入重要区域。在英国的很多中小学校，都可以发现老师的手腕上有一把电子钥匙，在入门、食堂等重要区域，电子钥匙与电子锁接触，门才能打开。有了这套电子系统，外人就无法进入校园和涉及人身安全的重要区域了。这样，借助现代高科技的电子设备，促进学校的安全建设，是十分有效的一项措施。英国学校科学地利用高科技带来的便利，为学生们提供一个安全宁静的教学和生活环境，将各类安全隐患减少到最低，使学生们能够在这里健康快乐地成长。

校舍内以铺地毯为主，除了厕所见不到地砖。在英国很多学校，例如斯塔福德初中（Stafford Junior School）、圣比德学校（St Bede's School）、伊顿公学（Eton College）、蓝星学院（Lancing College）、伊斯特本学院（Eastbourne College）等，学校的走廊、过道、楼梯等都是用地毯铺设的。除厕所、餐厅外，几乎见不到地砖。地毯质地柔软，地砖坚硬且光滑，大量铺设瓷砖会增加学生滑倒、摔伤的几率，改地砖为地毯，可以减少学生在学校内出现安全隐患的可能性。这为学生参加教育教学活动、进行课余休息提供了安全保证。

5. 防范校园暴力和欺凌制度

近年来,英国学校中校园暴力与校园欺凌发生率呈上升趋势,有愈演愈烈的迹象。2004 年,《世界新闻报》就学生带刀情况做过一项调查,结果显示:在英国的普通中学里,28% 的学生说去年曾带刀来过学校。25% 的学生有小刀,9% 的学生承认带有弹簧刀,5% 的人带有厨房用刀。那些被学校开除并在特殊学校里上学的学生情况更糟,他们中有 57% 的人去年在校园里带刀。面对日益猖獗的持刀行凶风,英国教育学会敦促政府加强学校安全。英国议会议员也支持一项在学校周边地区对武器零容忍的措施,而家长教师协会更是呼吁在课堂推广金属探测器。除去校园暴力,校园欺凌事件的频发也不容小觑,英国《卫报》称,英国政府公布的数据表明,英国有 1/3 的初中学生曾经被人欺凌,1/4 的小学生有过在游戏中被人欺凌的经验。一半以上的受访孩子认为,校园欺凌事件是“一个大问题”。数据表明,大部分的欺凌案件都是在午休时或课间休息时发生的。在英国,这些校园暴力事件平均每年约导致 20 名孩子自杀。因此,校园暴力与校园欺凌引起了英国政府的高度重视。

英国政府出台新措施保护残疾儿童免受校园暴力。据英国《卫报》2008 年 5 月 15 日报道,为了遏制校园暴力的发展,政府日前发表了一份新的指导方针,要求学校配备一名专职教员,特别关注残疾儿童或其他拥有特殊教育需求的儿童。据悉,英国目前共有 57 万残疾青少年,其中严重残疾者高达 10 万,而在这些孩子身上发生的校园暴力现象十分普遍。有慈善机构曾做过一项调查,结果发现具有学习障碍的孩子中,4/5 受到过侵害,还有 3/5 受到过直接身体伤害。也就是说,这些拥有特殊教育需求或身体残疾的孩子时常会受到其他孩子的孤立或排挤。在“关注残疾儿童”(Aiming High for Disabled Children)主题大会上,政府出台了新的指导方针,建议学校教职员工耐心开展沟通工作,掌握残疾儿童的最新情况,以便了解学生的切身感受,弄清其最近是否受到过恐吓或暴力侵犯。

制定反校园欺凌政策。为减少校园欺凌及其他校园暴力事件发生,保护校园安全,英国政府采取了多种措施。教育部门明确支持各个学校设计制定自己的反校园欺凌政策,并为学校提供专业人员帮助。2007 年 9 月,教育部门发布了反校园欺凌现象指导方针。有关方面还开发“打击校园欺凌”软件并设立专门网站,让学生上网举报校园欺凌现象。

英国校园警察制度也能够有效防范校园暴力。为了有效保护校园安全,从幼儿园到高中,英国的每所学校里都设有一名荷枪实弹的警察。他们会待在一个单独的房间里,保持警觉,随时行动。此举除能有效应对那些携带刀具等武器进校园的"暴力学生",对社会人员企图伤害学生的行为,也能造成震慑。

搜查和武力控制学生。1996年《教育法》和2006年《减少犯罪法》允许教职人员在有合理理由怀疑学生携带武器的情况下不经学生同意对其搜身。2006年《教育和检查法》给予教职人员合理利用武力控制和限制学生的权力。

6. 校园安全风险管理制度

英国政府十分重视危机发生前的风险评估和其他准备工作。风险管理是从私人企业引入公共安全管理领域的。其内容包括风险识别、风险评估、风险控制等。具体内容可以参见学校安全管理体制中教育行政部门的风险评估、应急预案等。

7. 校外活动安全制度

英国要求校外活动也要制定详细的计划和准备。为避免或减少校外活动中的意外伤害,英国教育行政部门发布了很多实用性手册,如《小学生教育参观健康与安全》,为校外活动的安全进行提供了具体的实施要求和建议。《地方教育行政部门监管教育参观标准》对学校的风险管理进行了级别划分;《探险标准》针对年轻人探险活动的带队教师和青年教育工作者提出了建议;《组长手册》针对教育参观活动的领队,列出了监督、风险评估和应急程序的具体做法;《水边群体安全》为在水边教育活动的组织者提供了指导。对于探险活动,如筹划洞穴探险、登山、徒步、滑雪或水上运动时,校方必须确保服务供应商有符合2004年《探险活动许可条例》的营业执照。这样既能满足孩子参观游览的需求,也可以大大提高活动的安全程度。

一般而言,大部分学校组织的校外活动无须家长提交书面同意函,因为大部分活动都在上课时间进行,而且这些活动多为学校教学的一部分。但校方应及时告知家长其子女的所在地点以及所需的额外安全措施。只有校外活动的风险管理级别较高或者校外活动在非上课时间进行时才需要家长签署书面同意函。教育部在其官方网站发布了一份"一次性"同意函,校方可以要求家长在其子女注册入学时签署。该同意函对学生在校期间参加的所有校外活动有效。活动前,校方应告知家长活动内容。家长在了解活动内容后可以选择不参加该活动。针对境外活动,雇员或者学生伤亡情况将按照事发国法律处理。校方或工作人员可能因渎职而受到民事起诉。

8. 事故和伤亡报告制度

根据 1995 年《伤害、疾病和危险事故报告条例》,雇主必向健康安全执行局汇报与雇员和学生相关的由工作引起的严重伤害。报告由雇主负责,但可交由雇员准备。必须报告事项包括:死亡;重大伤害;受伤 3 天以上,也就是说雇员未上班或者无法正常工作连续 3 天以上;由工作活动引起的事故导致学生和公众等受伤并送往医院;特殊危险,即危险发生但未导致伤亡。此外,该条例规定,出于安全目的,雇用 10 人或以上雇员的雇主必须将雇员的事故记录保留 3 年以上。

(四)小结

总体来讲,英国在学校安全的法律制度和机制方面对我国的相关立法工作有很多可资借鉴之处:

第一,英国虽没有专门的学校安全法律,但注重运用法律、行政、经济等多种手段解决校园安全问题,形成合力。在分散在各部门法之中的涉及校园安全的法律安排中,其核心是工作场所和员工安全方面的法律制度和规定。

第二,设立专门的监管机构。健康安全执行局专门进行职业安全和健康的监管和指导工作。其工作专业而细致,有很好的行政效率。而且作为独立的政府机构,也在一定程度上保证了其公信力。

第三,注重预防和风险控制。英国学校安全工作的各个方面都是从预防的角度入手。法律和行政规定给出的标准极为详细,使学校的管理机构可以按部就班,一点点地排查隐患和预防危机。这种"防患于未然"的思路尤为可取。

第四,建立了事故和伤亡报告制度。这个制度好处很多,可以让监管部门及时获得关于安全问题的基本情况,还可以通过研究案例发现事故多发的原因并对那些易于发生事故的学校进行重点监督和整改。

第五,对于学校内部设施安全的极度重视和对于校外暴力的重点打击。

二、美国学校安全法律制度和机制

美国学校主要指幼儿园和中小学,一般不包括大学。为与我国学校范围一致,本研究报告中的学校包括幼儿园、中小学和大学在内。在美国,学校安全属于公共安全的内容。学校安全意味着为学生提供良好学习环境,为教职工提供良好的工作环境。没有学校安全,其他无从谈起。美国各州都非常注重学校安全,如纽约州强调"学校安全,纽约州的精神之一"("School Safety,A New York State of Mind")强调身为学校官员最重要的目标之一就是保证学校的学生和教师是安全的并为其提供积极和支持性的教育环境。①

学校安全是指学校环境及学校活动的利益相关者(包括家庭、护理人员学生、学校职员以及社区)所感知并体验的安保。从内容上看,学校安全包括情感②和人身安全;③从对象上看,学校安全包括学生、教职工和学校安全。影响学校安全的因素不同,学校安全的管理和防范也不相同。

(一)美国学校安全立法

美国把建设安全学校作为国家教育战略的目标之一,非常注重学校安全方面立法,尽管教育属于各州事务,但从20世纪90年代以来为了解决学校安全尤其是校园暴力问题,美国联邦政府颁布了一系列的学校安全法案。这样美国从联邦到州、地方、学区和学校都有相应的法律法规规章制度,规定了学校安全管理的标准要求和程序。美国联邦法典中在教育部分有专门针对学校安全的法律,此外由于学校安全属于公共安全事务,有关公共安全领域的应急管理等法律法规也当然适用于学校安全。本报告以介绍联邦立法中教育法律为主,仅介绍部分州的教育法律规定。

1. 克莱里法案

1990年美国国会制定了《犯罪意识和校园安全法》,是1965年高等教育法修正的一部分。该法案要求所有接受高等教育法规定的学生资助项目支持的高等教育机构公开校园犯罪统计和安全信息并出版年度报告,以便其现在和未来的学生以及员工能够知悉校园出现的具体犯罪。除了报告中提及的具体犯罪外,高等教育机构必须报告因醉酒违法行为、服用或滥用药品以及武器行为被逮捕的数目。该法分别于1992年、1998年和2000年修订。为纪念1986年一位在宿舍被杀的学生

---

① 载 http://www. p12. nysed. gov/sss/ssae/schoolsafety/vadir/SchoolSafetyVADIRScript. html,最后访问日期:2014年3月12日。

② 情感,英文原文为"emotion"。

③ 载 http://safesupportiveschools. ed. gov/index. php?id=37,最后访问日期:2014年3月10日。

珍妮·克莱里,1998年该法修改为“校园安全政策和校园犯罪统计珍妮·克莱里公开法”,通常被称为克莱里法。该法要求高等教育机构公开与校园安全有关的政策和程序,提供与刑事犯罪行为有关数据。报告还必须包括有关学校法律执行政策的声明、校园安全教育和预防项目、酒精和药品政策,性侵犯教育以及报告性侵犯报告的方式以及处理性侵犯的程序。该报告应主动提供给每个学生和教职员工,并通过互联网等途径公开,以方便预备入学的学生提前获知相关情况。而如果学校违反了此项法案,将面临美国教育部至少27,500美元的“罚款”以及其他相应处罚措施。

2. 美国2000年教育目标

1994年《美国2000年教育目标》将国家教育目标增加为8项,其中第7项目标是“安全的学校”,禁止在学校范围内出现毒品以及未经授权的枪支和酒精,规定“到2000年,美国的每一所学校将不再受暴力的干扰,而是一个有纪律并适合学习的环境”。这充分体现了美国政府对学校安全问题关注的迫切程度。1999年,克林顿政府敦促国会颁布《少年儿童持枪暴力犯罪防治法》,禁止青少年拥枪,以遏制青少年持枪犯罪。法案规定成年人如果非法让未成年人拿到枪支构成重罪。禁止向18岁以下少年出售、分发、转让半自动攻击性武器,对于那些向18岁以下少年转让手枪或半自动攻击性武器,并唆使其实施暴力犯罪的人,处以相当于暴力犯罪两倍的刑罚。青少年轻易在家中获得枪支并犯罪,其父母和监护人将被追究刑事责任等,如此加强了枪支储存的安全。

3. 安全、无毒品学校和社区法和学校禁枪法

1994年《安全、无毒品的学校和社区法案》为各州、地方教育机构以及高等教育组织和非营利性组织提供联邦基金支持和技术支持,为保障校园安全提供专项资金。该法确定了联邦对学校暴力事件的报告和采用的要求,规定了学校安全和暴力预防的措施,包括对学校教职工(包括管理人员和校车司机)的培训,包括识别潜在威胁、危机准备和干涉程序、识别青少年暴力的早期预警标志并做出反应;对学校安全定期进行全面评估;购买学校安全设备,如金属检测仪、电子锁、检测仪等;建立校服政策等。通过该法,学校能够获得相关资源;每一学区都会依据其学生数目获得相应资源分配。有关资金如何使用的审查表明31%的学区利用资金设立有关安全预防的课程、指导项目或者培训项目,21%运用资金购买辅导服务或其他方

式改变学校的文化。

《学校禁枪法案》规定对携带枪支上学的学生给予停学一年的处分，还制定对武器的“零忍受”政策。为保证相关规定落实，法案要求所有接受联邦教育基金的州要制定《改善校园环境法》，否则将失去领取联邦教育基金的资格。以此联邦政府得以学校安全方面对各州立法权施以一定程度的控制。①

4. 不让一个孩子掉队法

2002 年《不让一个孩子掉队法案》要求每个中小学必须建立一套政策体系，对携带武器进校的学生和青少年不良行为进行矫正；要求学校发展和实施品质教育和培训计划，包括诚实、公民职责、公正、个人责任、信用等；开设学校暴力热线；培训教师的早期预警和干预技术以及教给学生们在暴力危急时刻的应付手段。另外还制定了“不安全的学校转学选择”规则，规定任何就读于公立小学或中学的学生，若在学校内或学校范围内成为暴力犯罪的受害者，有权在当地教育机关的范围之内转学到安全的公立小学或中学，包括公立的特许学校；每个州必须对“长期处于危险境地的学校”作出认定与说明，以保障学生信息的知情权；学区须详细统计校园暴力等学校安全事件，并将结果告之于众。此外该法还明确规定政府拨款资金不得用于基础建设，治疗受害学生以外的医疗服务、毒品治疗或复原等。

5. 反暴力学校安全法律制度

2000 年反暴力学校安全法的目的是支持系列防止校园及其周边暴力、酒精、烟草和毒品的非法使用的项目，同家长、社区和联邦、州、学校和社区的相关机构一道为学生创建安全无毒品学习环境，规定了一系列安全考虑因素诸如安全计划、行为规则、教师指纹和举报人保护；同时要求开发统一的暴力破坏事故报告系统和统一信息管理制度，强调州教育行政机关需要开发一套系统来识别那些一贯处于危险中的学校。

为了更好地预防暴力犯罪，美国还制定了《校园性暴力犯罪防治法》。该法修改了 1965 年《高等教育法》，要求大学对大学社区提出建议，获得州提供的有关性侵犯的登记信息，如大学执法办公室、地方执法机构；还修改了家庭教育权利和隐私法，明确该法不禁止教育机构公开与性侵犯有关的信息。为保证大学社区易于

---

① 杨益琴：《美国中小学校园暴力预防研究》，西南大学教育学院 2010 年硕士学位论文，第 26 页。

获得性侵犯登记信息，校园性犯罪防治法要求大学为大学社区提供清晰的指引，社区能自何处获得信息，澄清调整教育记录隐私的联邦法律并不禁止大学安保机构公开新侵犯信息。因此，该法要求教育部长“采取适当方式通知教育机构”这一变化，教育部根据该法制定指引修改了 1974 年教育家庭权利和隐私法中有关禁止公开的规定，允许教育机构公开自州性侵犯登记处和社区通知项目得知的与性侵犯有关的信息。

6. 高等教育法

2008 年《高等教育机会法》(Higher Education Opportunity Act，HEOA)重新授权并延长了 1965 年《高等教育法》。《高等教育机会法》修正了克莱里法，为高等教育机构确立了与安全安保相关的要求。包括增加所有高等教育机构必须公开的仇恨犯罪的新种类(克莱里法修正案)；增加公开有关校园安全人员同州和地方执法机构关系的信息(克莱里法修正案)；所有高等教育机构紧急通知和疏散程序的执行和公开(克莱里法修正案)；校园带有学生住宿设施高等教育机构失踪学生通知程序的执行和公开(《高等教育机会法》)；增加了明确界定关于校园学生住宿设施的条文(克莱里法和《高等教育机会法》)；与被指称为任何暴力犯罪事件或者非强迫型性侵犯事件的受害人纪律处分程序结果公开有关的项目参与协议(Program Participation Agreement，PPA)要求。尽管高等教育法是调整所有联邦高等教育项目管理的法律，在此仅指克莱里法和高等教育机会法中与安全和安保有关的要求。所有《高等教育法》第四章规定的公立私立高等教育机构都必须遵守《高等教育法》。美国高等教育机构的国外分校也要遵守该法规定。

7. 州法

在遵守联邦法律的基础上，各州针对学校安全还有专门立法，但一方面由于学校安全问题的相通性，另一方面由于联邦法律对学校安全已经有了比较系统全面的规定，各州有关学校安全立法也基本相同，如制定反校园暴力法案等。鉴于联邦有关学校安全法律散见于多部立法之中，有的州制定了专门的学校安全规定，如密苏里州教育法典有专门的学校安全守则、特拉华州有综合学校安全法。

密苏里州教育法典学校安全守则规定，2001 年 7 月 1 日以前州教育委员会应该增加州学校提升项目的设施和安全标准，要求在本州内：第一，每一学区指定安全协调员(coordinator),该协调员要充分了解所有学生学区内学生、教师和行政人员可获得的联邦、州和地方学校暴力预防的相关项目和资源。第二,每一学区要充分利用地方学校理事会或其指定人员认为对学区必要和经济上有效的项目和资源。

有州法还规定了学校安全的恐怖主义威胁及惩戒。如某人表示可能会引发生命危险事故的威胁,散发事故的明显虚假报告或虚假信任等,并具有下列目的的,即构成恐怖威胁犯罪:企图吓唬十名以上人员;企图造成任何部分建筑或危旧房结构、集会地点或运输设备的疏散、隔离或者关闭;罔顾可能造成任何部分建筑或危旧房结构、集会地点或运输设备的疏散、隔离或者关闭的风险;具有刑法上的重大过失,可能引发可能造成任何部分建筑或危旧房结构、集会地点或运输设备的疏散、隔离或者关闭的风险。制造恐怖主义威胁属于 C 类重罪,除非根据规定属于 D 类重罪或 A 类重大过失。

鉴于现有法律规章虽然规定学区要制定应急准备预案,但对具体学校或同地方合作的地方责任人等并未规定;有些预案是综合性的,很多应急准备预案并不详细或实时更新,特拉华州 2012 年制定了《综合学校安全法》。

8. 最新立法动态

针对日益增多的仇恨犯罪,2009 年至 2010 年国会拟制定"安全学校促进法"(Safe Schools Improvement Act),目的在于保证所有学校和学区实施全面有效的反欺凌和反骚扰政策,尤其是有关性别身份和性取向的政策。要求州收集并报告有关欺凌和骚扰的信息,评估学区和学校需求并为其提供技术帮助;要求学区在其纪律政策中明确禁止欺凌和骚扰;每年都要告知家长、学生和教育者有关政策和救济程序。目前经过国会两读程序,已经提交健康、教育、劳动和薪金委员会。

2012 年美国还拟制定"心理健康第一援助高等教育法"。[1] 该法案关注心理健康,拟授权健康和人力服务部长与教育部长合作实施一个五年期的项目,资助 10 个高等教育机构的心理健康第一资助培训项目以提高学生心理健康,但最终未获通过。

---

① "Mental Health First Aid Higher Education Act of 2012",载 http://www.govtrack.us/congress/bills/112/s3325,最后访问日期:2014 年 6 月 10 日。

(二)美国学校安全体制

美国学校安全是由联邦到州和地方教育行政机关和其他行政机关、学区和学校共同负责的,是一个综合协调体制,尤其强调合作,指出学校安全并不是教育行政部门的单独责任,也并非其能单独完成。

1. 教育行政部门

美国教育行政机关的主要职责之一就是致力于促进安全学习环境,学生和教师能够通力合作追求学术卓越和社会情感成长。如《美国大学2011年度安全报告》指出,公共安全部门的职责是保护生命与财产、维持秩序与和平以创造并维系安全环境。联邦教育部会对学校应急管理进行拨款,旨在促进多地区的应急准备,提高危机情形下学生和教职工的安全。

联邦教育部设有学生安全和健康办公室(Office of Safe and Healthy Students, OSHS)。该机构对涉及下列事项的项目和活动旨在提高其质量及优异性的政策进行管理、协调并提出建议:(1)提供财政支持,包括药物及暴力预防活动;旨在促进中小学和大学生健康和福祉的活动等。这些活动也可能由其他联邦机构、州和地方教育机关以及其他公立和私立的非营利组织进行。(2)参与教育部所有与暴力和药物预防有关的立法建议、政策建议等。(3)参加机关之间委员会、组织等有关药物暴力预防、学校应急准备、家园安全、失踪青少年、被贩卖儿童等活动。(4)与其他联邦机构一起开发药品和暴力预防以及准备方面的研究和收集数据等工作。(5)管理与公民和公民教育有关的项目。

学生安全和健康办公室下属三个处。其中之一是安全和支持性学校群,实施无毒品安全学校和社区法以及其他与发展和保持安全、纪律性和无毒品学校的项目,特别是管理安全和支持学校的拨款项目以及与一系列行政机构间的协议,集中但不限于欺凌、学校恢复研究等,该机构具体负责以下项目:(1)安全和支持性学校补助(裁量补助),该项目旨在对州教育行政机关提供资助支持全州范围内措施和有针对性的干预方案,旨在改善学习条件以帮助学校提高安全性和减少毒品使用。(2)州长补助(羁束补助),该项目主要为州长提供有关学校青少年毒品和暴力预防活动方面的支持。州长借助该项目资金对地方教育行政机关、社区组织以及其他帮助州和地方教育行政机关完成安全和无毒品学校和社区项目的公立私立非营利组织提供支持。

州、地方教育行政机关以及学区都有专门机构负责学校安全。

2. 其他政府机构

在联邦层面学校安全机构除教育部外，还有国土安全部、司法部、应急管理机构等。

司法统计局（Bureau of Justice Statistics，BJS）与国家教育统计中心（National Center for Education Statistics，NCES）联合发布有关学校犯罪和安全的统计信息，对学校暴力犯罪进行统计和公布。暴力犯罪包括强奸及强奸之外的性殴打、持有或不持有武器进行人身攻击或威胁或者抢劫。

美国国土安全部为提升学校安全，提供资金、培训和资源，如应急准备资金、培训校车司机和加强学校建筑安全。国土安全部有专门的学校安全拨款，①联邦应急管理机构国土安全项目可以用于计划、购买设备、培训以及其他支持学校安全的努力。

联邦应急管理机构（Federal Emergency Management Agency，FEMA）为学校安全提供的支持包括资金、培训和训练、设备测试等。

3. 学校管理机构

不管是校园警察还是学校保安，美国学校都有专门的安全部门。美国学校都有专门安全部门负责学校及其周边安全和健康以及所有与人身安全和财产安全相关的事项。学校安全部门制定相关政策和程序，开展教育培训，同地方执法机构进行合作，支持公安部门提升学生、职员和访客的安全。

学校一般在相关规范如学校安全指引中规定学校相关机构的职责，如有关学校安全范本做出如下规定：学校安全责任由董事会和校长共同负担。董事会负责制定安全政策和监督其执行，包括董事会提交家长的报告要包含学校安全的内容。校长负责制性董事会批准的安全政策，保证员工意识到安全问题的重要性，了解学校的政策及各自的责任；要审查员工培训需求并进行必要的培训；应当告知家长安全政策并鼓励家长提供帮助；由外部机构进行正式的风险评估，并应定期更新。最近的风险评估按月/年进行并按月/年予以更新；由校长和项目经理进行年度风险评估。此外，日常风险检查由“保安”持续进行；及时向董事会“房产、健康、安全分

① 有关学校安全拨款项目可以参见 www. grants. gov。

会”提供报告;所有有关犯罪情况要向警察报告。

4. 其他机构

除了政府机构和学校外,还有很多非营利组织等共同参与学校安全,如教育设施国家信息中心、红十字会等都会参与学校应对灾害和其他紧急状况。在各州层面也有其他机构与教育行政部门合作应对学校安全问题,如纽约州学校安全中心代表纽约州教育部,由州和联邦层面资金支持,制定安全计划指引,为“课后活动”提供技术支持和培训。

(三)学校安全具体制度和措施

影响学校安全的因素包括自然灾害、日常事故、火灾和危险行为。对于影响学校安全的自然灾害和事故危险美国已经有了较为成熟的制度。易于发生飓风、龙卷风、洪水和地震的地区已有界定,各州规章、建筑和火灾法典规范以及应急防护程序也已制定多年,基本上能够消除或减轻火灾和事故危险。美国学校安全最大的问题是人为灾害,尤其是极端形式的暴力。学校发生枪击的可能性和风险虽低,但枪击还是存在。虽然基本没有对学校的恐怖主义袭击,但在其他国家已经发生过,且纽约市世贸中心附近的学校受到“9·11”事件影响,因此,对学校安全,美国态度坚定,强调没有什么能免于风险,不要因为不可能发生恐怖主义袭击就疏于防范日常事故、火灾、自然灾害和危险行为。尽管对过去事故及其发生模式的检视并不能完全预测未来,但可以使计划更为可行。总体来看,美国学校安全的具体制度和措施主要包括应急管理制度、校园警察制度等。

1. 学校应急管理

美国学校安全应急管理同美国公共应急管理一样要求制定应急预案。随着各种风险的增加,学校安全管理的风险意识也在增加,对学校安全的风险管理要求也在增长。美国全国学校和大学管理者和应急管理官员意识到学校应急预案必须加以修正,尽可能将包括自然灾害、恐怖主义袭击、校园暴力事件以及公共健康紧急状况以及流感等诸多威胁都涵盖在内。美国强调学校同执法机关、社区和专业人士的合作,包括执法官员、消防、公共安全、公众健康、心理健康以及应急管理领域在内的社区合作者共同应对学校安全事务,制定危机预案,采取措施提升应对所有潜在危险的水平,即应急管理方案应该有处理所有危险的方法。

如根据特拉华州综合学校安全法,州安全和国土安保部门、学区和第一责任人合作为每一个公立学校和学区制定“综合学校安全预案”(comprehensive school safety plan,CSSP)。每一个“综合学校安全预案”都将:(1)同执法机关、消防部门和其他第一责任人协作;(2)遵守国家事故管理制度(National Incident Management System,NIMS),该制度确定了政府及行政机关协力合作对突发事故进行预防、应对和恢复的架构体制;(3)对每一学区和学校的具体需要和要求作出回应。[①] 特拉华州综合学校安全法规定的全州学校安全预案中,州国土安全部门在制定全州综合学校安全预案中起主导作用。国土安全部的职责包括同学校官员和第一责任人一起工作帮助学校制定安全预案;支持学校和学区进行培训训练;审查和批准预案;制定实施项目所需的规章。

2. 校园警察制度

美国学校安全的特色之一就是校园警察制度。校园警察源于 20 世纪 70 年代经常发生的大学学生运动。最早认为警察不能进入大学校园,大学是学生逃离警察监管的地方。随着最早在耶鲁大学建立起校园警察制度,警察进入大学校园负责学校安全,通过巡逻车和步行在校园内巡逻。虽然并非所有的学校都设立校园警察,但都有专门机构负责学校安全。目前大学有校园警察制度,中小学有的实行校警制度,有的实行保安制度。但随着校园枪击案的增多,美国正在研究加强学校保安系统的武器配备。

需要注意的是,在美国学校保安制度也很有特色,甚至可以与警察序列互通。如纽约市规定了学校安全代理制度。学校安全代理提供安全并保证纽约市公立学校建筑及周边附属物内学生、教职工和访客的安全,方式是巡逻、操作监控系统、验证身份、护送访客,应对无权人员、将其驱逐出建筑物。纽约市对学校安全代理还规定了相应的资质要求:高中文凭或同等学力;候选人在任命前必须符合既定的身体和医疗要求,包括毒品/酒精筛选、心理评估;在任命时必须符合获得特殊巡警资格,在任命后三个月内获得该证书;21 岁以上;美国公民和纽约市居民;薪水信息。如符合教育要求,学校安全代理可以在学校安全代理系列内部和警察序列获得晋升机会。

---

① 载 http://news.delaware.gov/2012/09/10/governor-signs-sb-233-omnibus-school-safety-act/, 最后访问日期:2014 年 5 月 10 日。

3. 学校设施安全

学校如何建筑和维修是学校安全和危机计划整体的一部分。如进入控制不好的学校易受到入侵者入侵。有重复接送站点的学校学生受到车辆碰撞的几率更高。在楼梯处堆放杂物的学校一旦发生火灾或紧急情况就会有出口问题。因此，美国学校安全强调提高学校设施的安全性。学校及其住户受到最好的保护莫过于采用并保持系统、仔细和良好记录的减灾规划过程。这也履行了学校保持适当注意义务标准的法律义务。

为了保证学校设施的安全性，美国发展了相应制度，包括学校设施的评估、计划的制定和实施。学校设施评估程序完善，包括评估工具选择、评估团队组织、检查相关记录、实施评估和作出结论五个环节。美国发展了专门的学校设施安全评估工具，最好的学校设施安全评估工具是由佛罗里达、南卡罗来纳州、肯塔基州、得克萨斯州和弗吉尼亚州的教育部或教育中心开发的。教育设施国家信息中心整合了相关评估措施作为检查学校设施所有安全安保方面的指引即教育设施国家信息中心评估指引。该评估工具充分体现了通过环境设计预防犯罪①的三原则：自然监控，即易于识别具体情形下正在发生事情的能力；属地维护，即展示财产所有权和尊重财产的能力；自然访问控制，即限制人员出入学校的能力。

环境设计预防犯罪自从 20 世纪 70 年代用于促进环境和社区的安全性以来，被一致认为是非常好的犯罪预防方法。组织评估团队强调要找到最好的学校安全专家，包括学校或学区设施经理，校长或副校长，学校资源官员，管理人领导，地方消防、警察和救援人员以及适当的建筑、工程和安保专家。选择部分教师和学生加以询问帮助学校检查其所熟悉的环境如专业教室、剧场和后台等。要确保团队中有人掌握摄影技能。当组织评估团队不现实时，可以会见学校核心职员识别具体的安全和安保问题以及可能会忽视的潜在风险源。要确保安全顾问有充足的学校经验且独立于任何出售或促进安保系统或装置的组织。2006 年亚利桑那州学校设施委员会研究的首要发现就是亚利桑那州已经围绕着对学校管理者建议和出售安保装置发展工业。最了解学校建筑情况的学校行政官员主要依据硬盘数据和自己对于学校安全的意见；通过暴力破坏事故报告以及其他与学校纪律相关数据的定期

① 环境设计预防犯罪（CPTED），即 crime prevention through environmental design。

正式审查制度用以确定学生对学校建筑结构的反响如何。

除了校园设施设计等方面的安全外,美国也非常注意校园设施管理安全,制定了规章制度。校园建筑由学校监护人员早晨上课之前打开,晚上下课之后锁上。在有权机构要求时学校监护人员可以基于特殊事件在正常上课时间之外打开建筑。在任何情况下都不允许学生或者校园任何成员要求打开外门让外人进入。避免给未经授权或者不受欢迎的人在非工作时间进入建筑提供机会。应联系监护人员以便其知晓某人正在建筑中,一旦发生紧急情况能够对其予以通知。公布校园报警电话。为校园中每个人的安全,一旦发现有人在校园携带武器,应当立即予以报告,并公布联系电话。为了更好地提升校园安全,在校园内部分地区安装安全摄像监控等。

4. 防范校园暴力

为了减少校园暴力,联邦和州都制定有法律,要求学校制定规章制度。美国非常重视性犯罪的预防,2000 年《校园性犯罪预防法》(Campus Sex Crimes Prevention Act,CSCPA)修正了《反儿童性暴力罪犯登记法》(Jacob Wetterling Crimes Against Children and Sexually Violent Offender Registration Act),规定对在高等教育机构登记或聘任的性罪犯进行跟踪,要求州规定相关程序保证执法机关能够及时获悉管辖范围内高等教育机构的登记信息,并将其录入州数据记录系统。

针对校园暴力主要是校园犯罪报告和统计制度。① 在美国,任何发生在校园的暴力犯罪和重罪,警察署都会报告并予以调查。校园或其周边的暴力犯罪如可能再次发生,当地新闻媒体将会要求通知地方及校园社区的情况。对性犯罪学生应立即报告,警察和学校将会马上开展调查。如果性侵犯发生在校园,必须通过各种方式和途径告知学校人员,包括学生报纸、学生教职工和地方媒体的传单以及住宿处学生的邮箱中发放传单。院长和主管也可以告知教职员工,如果其周边可能受性侵犯的影响。尽可能保护受害人并尊重其是否提起刑事诉讼的决定。鼓励受害人在调查前不洗澡、不丢弃相关物品以保存犯罪证据。如果攻击人也是学校学生,受害人有权根据学生行为守则提出申诉。该类申诉按照独立于刑事司法程序解决。学生可能希望接受社区心理健康中心的秘密服务,不向警方报告。即使不启

---

① 有关内容可以参见下文信息公开制度。

动刑事调查,不通知执法机关,送交心理健康辅导员的秘密报告也会包括在事故年度报告之中,但会注意相关信息的保密,只是表明该事件发生过,不会泄露其个人信息。

5. 信息公开制度

联邦立法肯定学生和公众的知情权,学校也接受有关信息公开制度的约束,其学校安全报告制度和犯罪统计报告是美国防范校园暴力的重要制度之一。

克莱里法案要求高等教育机构进行校园犯罪统计和安全政策报告。接受联邦资助的高等教育机构对犯罪报告和统计要收集、分类和计数,要公布必要的信息,及时提出现存的威胁学生或教职工安全的犯罪;每年在固定时间(10 月 1 日)提交年度安全报告。犯罪统计的内容包括主管学生事务副院长的报告、警察署有关校园周边犯罪记录以及校园居住生活主管的数据。如果对这些可获得的数据加以充分利用,人们就能为自己提供最好的安全。"未报告的犯罪是罪犯的最佳盟友"。有关学校安全的刑事投诉和相关信息可以在学生事务办公室负责人处获得。违反地方、州或联邦有关酒精、毒品和武器法律的人可能被逮捕并受到纪律处分。① 从 1998 年起犯罪统计报告包括两种附加犯罪报告种类,故意杀人罪和防火以及被逮捕人数和酒精、毒品以及因违法持有武器等校园违纪行为而受到处分的人。

根据联邦法律,各州要对性侵犯犯罪情况进行登记。《反儿童性暴力罪犯登记法》为州性侵犯登记处和社区通知项目规定了最低国家标准:各州必须对本州已经定罪为性暴力侵犯或涉及未成年人性虐待或剥削的居民地址进行登记,此外还要求州接受在本州学校工作或进入学校的非本州居民的登记信息。法案规定州必须公布要求这些人登记的相关信息。有过性犯罪记录的人进入高等教育机构学习或者工作都有记录。而且这些信息应该让大学警方或者其他当地有执法权的机构及时获得。

鉴于《校园性暴力犯罪防治法修正案》仅影响高等教育机构,但包括高等教育机构在内的所有教育机构都包括在《校园性暴力犯罪防治法》对《家庭教育权利和隐私法修正案》中,教育部负责实施《家庭教育权利和隐私法》的机构——教育部家

① 大学年度安全报告的具体内容,可参见 American University Department of Public Safety Annual Security Report 2011。

庭政策合规办公室对修正案中的教育机构作了广义解释，明确该法广泛适用于任何教育机构登记注册的学生，明确《家庭教育权利和隐私法》的任何条款都不应被理解为禁止教育机构公开与性侵犯有关的登记信息，①教育部也不会因地方教育机构的政策或实际做法取消联邦资助。即为了公共利益，允许对有关学生性侵犯的个人信息予以公开。

数据收集和报告系统只是建设更安全学校工程的一部分。有关数据的仔细检查和分析以决定能够获得什么样的信息是非常必要的。如 2006～2007 年暴力破坏事故报告数据帮助人们了解报告事故中 90% 的事故都属于不是很严重的种类，几乎 40% 的事故属于 IHMB 和未成年人发生口角类别，这为分析学校环境提供了很有意义的视角。良好的数据收集、报告和分析有利于帮助学校确定努力方向、管理资源和促进学习安全。

6. 学校安全措施

学校是学校安全最直接最主要的责任主体，法律规定的措施最终都要在学校层面加以落实。学校意识到为了社区福祉要共担责任，注意采取客观和主观并用措施确定学校安全情况。除了专门机构外，学校还邀请学生参与学校安全工作，与安全部门一道巡逻。

制定安全方案和学校安全指引。根据法律规定，学校需要制定安全方案、应急预案，方案预案需要每年更新并要进行演练和实践。学校安全指引明确学校相关机构的职责，针对不同对象和内容规定注意事项。如某学校安全指引范本包括如下内容：

(1)学生、员工和访问者的安全。

员工：仅有学校员工才能知晓学校门锁情况。紧急情况发生员工应联系办公室或高级员工。员工同家长会面在会议室或办公室外进行。所有员工都必须对未佩戴访客标志的访客人员进行质疑。

访客：所有进入主办公区的访客，包括承包商，要向安全部门报告，在来访人员

---

① 以上资料来源于 http://www2.ed.gov/policy/gen/guid/fpco/hottopics/2010－24－02.html，最后访问日期：2015 年 5 月 10 日。有关该指引的详细信息可以查阅教育部家庭政策合规办公室网站 www.ed.gov/offices/OM/fpco。

等级上签名并佩戴访客标志。家长同员工会面应进行预约。程序同上。进入托儿所的承包商必须向办公室报告,签名并佩戴访客标志。校长要就“房产、健康、安全”向家长发信,提醒家长有关学校安全策略。所有员工必须保障试图进入学校大门的人应通过办公室进入。不应该通过车库大门进入学校。

(2)硬件安全:学校大门处应安装按钮组合门锁装置。所有大门对外应保持关闭(门禁可以对内打开,对外不能开放)。所有放置可能引起危险的物品的房间应该锁起,如保安房间,I. T. 服务器房间,家长室,科学橱柜,电话室,IT 室,学校厨房和放置清洁用具的房间。所有楼上的窗口应保证安全。不能全部打开。

(3)学校装备安全装置。对学校建筑内部和外部都作了相应规定。对学校建筑内部,所有贵重的可移动的装置都应标明归学校所有。所有有价值的可识别的装置都应拍照。在学校关闭期间,红色入侵警报系统应当保持运转。员工应负责将装置放回安全区域。员工应“退出”装置,当其将装置如手提电脑、录音机携带回家时。

(4)学校外部:学校大门在非上学时间应当关闭。学校大门在上学时间应当关闭并上螺栓。孩子们不能在标志区域范围内玩耍。学校范围以学校大门和学校棚屋为限。在孩子玩耍时间所有员工都可以询问操场上的访客。学校网球和足球比赛,学校内部大门必须锁起以便女孩子能够使用卫生间而不必进入主楼,等等。

学校还会通过入学教育、住宿培训项目、信息等开展安全教育。警察署和学校会为新生介绍有关克莱里法案的信息;学生在校园内外(如学校公共安全部门或学生生活部门处)可以获得的服务以及犯罪预防信息和火灾/生活安全信息;学校提醒学生及其职员个人有责任采取审慎措施,有义务告知他人尤其是公安部门所知的危险。警察署和住宿管理人员也对克莱里法案的相关信息进行培训。有关校园内外人身安全的信息在学生服务办公室可以获得。诸如性侵犯、跟踪和骚扰等备受关注问题的项目可以根据校内外学生的请求开展。学校可以邀请社区各种犯罪预防和犯罪意识方面的犯罪专家联合对任何学生团体开展项目。鼓励职员利用这些信息安排大型或小型团体会议强调学生安全首要关心的问题,也可以在某些课上安排学校安全项目。

7. 学校保险制度

美国保险体系整体上比较发达,涉及学校学生的保险种类丰富,投保范围广,覆盖面广,保险制度较为完善。有关学校学生安全方面的保险主要指学生意外伤害险和学校责任保险。学校责任保险一般是指由学校向保险公司投保的一种商业保险,用于理赔在学校的教学活动中以及学校组织的校外学习活动中,由于校方及教职工的过失,使学生遭遇人身伤害,学校依法应承担对学生全部或一部分的经济损失赔偿。而学生意外保险则主要用于赔偿学校民事侵权责任之外的学生人身伤害事故,其理赔程序简单,无须考虑责任认定,多由学校建议或要求学生家长进行投保。学校责任保险针对学校的民事侵权责任,而学生意外保险则更多地针对学校的教育教学活动之外所发生的意外事故。学校责任保险和学生意外伤害保险在运行中互为补充,相辅相成,二者共同构成了学校学生安全的风险防范体系。本部分主要对学校责任保险进行介绍。

美国学校责任保险是伴随着政府的主权豁免权的弱化而产生的。历史上,作为政府组成部分的美国的学校及教职员工即使发生民事侵权行为,基于主权豁免权,其无须承担侵权责任,不能被提起诉讼,也无须进行赔偿。① 但自从加利福尼亚州 1923 年在法律上规定强制学校购买学校责任保险以来,②美国已经有约 30 个州陆续用有限责任原则取代了政府主权豁免原则,或是在法律上明确规定学校对于民事侵权事件,尤其是教学活动中所发生的意外及校车所发生的意外所导致的人身伤害和财产损失必须承担民事赔偿责任。1959 年,伊利诺伊州甚至对于学校投保的数额也有了法律上的规定,即规定学校由于疏忽导致的损害最高赔偿额为 1 万美元。③ 但在政府主权豁免原则和学校责任保险的具体关系上,一些州规定,学校购买学校责任保险的行为就意味着学校对于其政府主权豁免权的主动放弃,一些州则规定,学校购买责任保险的同时仍在有限范围内享有主权豁免权,但只有学校校方行为享有此权,并不包括教职工的个人行为。然而还有一些州出现了扩大学校主权豁免权的做法,例如佐治亚州,在 1980 年海纳斯诉韦伯一案(Hennessy v.

① Kern Alexander, M. David Alexander, *American Public School Law*, Wadsworth Publishing; 8 edition,722 – 723.

② David N. Anthony, Beth V. McMahon, " Sovereign Immunity: Can The King Still Do No Wrong?", Accessed October 12, 2012. http://www.vsb.org/docs/valawyermagazine/apr00anthony_mcmahon.

③ Clifford H. Allen, *School Insurance Administration*, New York: the Macmillan Company,1965,pp. 48 – 52.

Webb)和1981年的特路洛夫诉威尔森一案(Truelove v. Wilson)中,虽然该地区的学校投保了学校责任险,但学校享有的主权豁免权甚至被扩大到了对校长和教师的保护上。① 总之,到目前为止,并不是美国所有的州都在法律上规定学校必须投保学校责任险,但投保学校责任险是美国幼儿园及中小学在实践中普遍的做法。

美国学校责任保险至今已有约九十年的发展历史,随着政府主权豁免权的不断弱化,学校责任保险逐渐兴起,并在学校学生的安全风险防范及安全事故处理方面起到了不可或缺的作用。在实践中,学校责任险从最初的个别州的法律规定极个别学校的投保行为,发展到现在在实践中无论州法律的规定如何,学校均会自觉投保学校责任保险来应对民事侵权风险。并且,美国学校责任险的险种自其产生以来不断丰富,从一般责任险发展到专业责任险,1995年,密苏里州教育委员会为了防范学校橱柜和地下储水库等可能潜藏的污染风险,还开创了污染责任保险。随着社会的发展,学校责任保险的适用范围也不断扩大,包括人身伤害、财产损失、机动车事故等风险都被纳入到了保险范围之内,不仅有助于对学校和学生利益的保护,还有助于学校进行风险预测和管理。并且,学校责任保险专业化程度不断增加,越来越趋于完善,从投保材料、保费计算、除外责任到事故报告程序等都有明确且详细的规定,这样不仅有利于减少纠纷,还有利于学校清楚知道风险来自什么方面,并根据保险公司的安全性建议对自己的工作加以改进。长期准确的信息统计和记录也有助于当地政府从宏观上把握当地学校的安全状况,并及时做好各项调控。②

在美国,公立学校是以学区为单位运行的,学区隶属于政府,受国家或当地政府控制。③ 对于公立学校而言,学校责任保险一般是由学区进行投保的,学区对保险公司和保险项目进行选择,并支付保险费。保险期限通常以一年为单位,一般以学年的起始时间为起始时间。相应地,私立的幼儿园和中小学一般自行购买学校

① Michael W. La Morte, *School Law: Cases and Concepts. Massachusetts: Allyn &Bacon*, 1999, 385.

② 有关美国学校责任保险内容广泛,具体可以参见 http://www.wjalexander.com/2015/11/pollution-liability-coverage-for-schools/; https://www.aaeteachers.org/index.php/member-benefits/liability-insurance; https://www2.chubb.com/ca-en/business-insurance/public-education-entity-pollution-liability.aspx 等相关网站。最后访问日期:2016年5月10日。

③ School district. Wikipedia, Accessed October 17, 2012. http://en.wikipedia.org/wiki/School_district.

责任保险。美国的特许学校有较大的自由，既可选择进入学区的责任保险系统购买保险，也可以自行购买学校责任保险，还可与其他的教育机构联合购买学校责任保险。①

学校责任保险的责任范围主要包括：所有权责任、雇员责任、管理者责任、机动车辆责任、学生组织责任等。所有权责任指因学校对于设施、建筑物等管理不善造成的民事赔偿责任。雇员责任指教职工，包括学区的医生等专业人士，在职务行为中因玩忽职守，或因疏忽、诽谤等侵权行为而承担的责任。此类责任的投保方式多种多样，既可用公共资金购买，也可由学区组织购买小组责任保险，或者由雇员自行购买保险。管理者责任，主要指的是学校管理者或员工的诽谤、侮辱、攻击、体罚等造成的侵权赔偿责任。无论是否保留主权豁免权，机动车辆事故造成的伤害，一般均认定为民事侵权行为，故而即使是保留政府豁免的学区，仍需购买这类责任保险。学生组织隶属于学区管理委员会，故而学区购买学校责任保险时，其下属的学生组织也需要纳入保险范围。这些保险责任的赔偿款项可以是如医疗费用等的补偿性的，也可以是罚金等惩罚性的。②

美国学校责任保险种类大体上可分为一般性责任保险和专业责任保险两大类。其中，一般性责任保险范围很广，主要承保学校及其教职工在其所组织的校内外的教育教学活动中所发生的一般性的侵权行为，包括学校须承担的所有权责任。③ 专业责任保险所承保的基本上是一般性责任保险范围之外的保险责任，其种类较多，包括教师专业责任保险、教育官员专业责任保险、个人专业责任保险等。教师专业责任保险主要针对日常的教学中教师因其管理下的学生人身伤害、侮辱和诽谤，对于学生排座位的安排不当，提高学生成绩上的失误，咨询指导中运用方法不当，侵犯学生的公民权利等行为引起的侵权责任。在密苏里州，每位教师一年的保费是 15 美元，赔偿额最高为 100 万美元。下列情况下 90% 的律师费也由保险

---

① Jeannine L. English, *The Charter Movement: Education Reform*, by School, DIANE Publishing, 1999.

② Clifford H. Allen, *School Insurance Administration.* New York, the Macmillan Company, 1965, pp. 48 – 52.

③ 杨慰萱：《学生伤害事故学校责任赔偿第三方支付制度研究》，华东师范大学教育学院 2012 年硕士学位论文。

公司承担:最高诉讼费用不超过3.5万美元的请求非经济赔偿的诉讼,每次诉讼或合计不超过3.5万美元的宣告无罪或撤诉的性侵犯案件;每年不超过1万美元的宣告无罪或撤诉的体罚指控案件。教育官员专业责任保险主要针对的是学校管理者及教委成员在职务行为中发生的侵权赔偿责任。① 密苏里州该保险为教育官员提供高达200万美元保额的责任保障。个人专业责任保险主要针对以上两类专业责任保险之外的保险责任,比如错误、虚假、冗长或者误导性的陈述,因疏忽导致的案件的诉讼费用,学校事务代理机构以学校的名义进行的工作中导致学校需要承担的责任等。② 在密苏里州,该保险一年的保险费用及对应的保险金额有三个等级,每年累计赔偿限额最高为200万美元。学校可以根据自身的实际情况来选择保险等级。③

学校责任保险的申保材料,如自行投保,需要向保险公司提供的一般性情况主要有:其教职员工的工作分工(管理人员、老师、医生等)及数量清单,年度薪水册,学龄前学生总数,4岁至学龄前学生数,幼儿园至6年级学生数,7~9年级学生数,10~12年级学生数,幼儿园至12年级学生总数,参加体育项目者人数等,以及需要前5年所有学校责任保险项目的损失记录用于确定保险费用。学校如果以学区为单位向保险公司投保,除单个学校自行投保所提供的一般性材料外,还需提供对3岁及以下学生人数的统计,学校是否拥有宿舍等情况,并且列举并说明学校所提供的日常护理、幼儿园、额外课程中所可能存在的风险情况。此外,学区还需要说明其资产情况,比如其所有的建筑物的地址、面积、设备、年限等,还有其所有的机动车的车况、型号、承载人数,等等。另外,还需提供负责财务及安全工作的职工数量及退休的教职工人数等。

如果学校有宿舍的话,还需要专门对宿舍提供一系列的资料,比如宿舍楼数量、楼层数、房间数、消防通道的设计、房间门的安全性、宿舍的管理方式、是否有学

---

① Professional Liability Insurance, 载 http://www.aaeteachers.org/index.php/member-benefits/liability-insurance,2012-10-17。

② Personal Liability of School Employees, 载 http://www.education.vic.gov.au/management/governance/spag/governance/legalpos/personalliability.htm,2012-10-17。

③ 龙玫、尹力:《美国学校责任保险的基本运行模式及其特点》,载《比较教育研究》2008年第3期。

生联谊会、是否有紧急照明设备等。①

美国学校责任保险的除外责任根据各州实际情况的不同而有所不同，一般来说，被判处有罪的刑事诉讼、故意的人身伤害、战争责任等是被除外的。② 而例如雇员利益责任保险，针对性骚扰及体罚的诉讼等则根据所缴保费的不同及各州的规定不同，有时可被涵盖在保险合同之内，有时则被排除在外。③

每个学区或学校的学校责任保险的保险金额及费率等，都是与保险公司商定保险单的时候决定的，保险公司根据该学区前5年的记录制定当年的保险费率，各个学区和学校有所不同。美国学校责任保险的费率从历史上看一直比较稳定，然而本世纪初却突然提高。很多保险公司设置更高的免赔额，提高费率，或减少保险种类，还有的公司索性停止此种保险业务。2000年开始，小学区费用比往年增加250～2000美元，大学区可能增长超过万元。某些学区由于诉讼案件增多，律师费用增高等原因，费率增加幅度更为惊人。

学校安全保险的事故报告程序。一般情况下，诸如学生受到伤害或者第三方财产遭受损失等事故发生后，都应该立即报告给保险公司，无论伤害或损失程度如何，也无论责任是否在己方。但是，在司法程序介入进行责任判定之前，不能承认或默认己方的侵权责任，也不能擅自和对方或其法定代理人进行协商。在报告事故时，需要提交整个事件的来龙去脉的详细报告，在可能与合法的情况下，拍照记录所有相关事实，保护证人和现场，直到专业人员前来处理，必要时还需遵从学区或者学校的急救程序。另外，在报告事故时，收到索赔或民事法律程序通知也应提交。④

（四）美国学校侵权责任

1. 赔偿原则

在美国，对于学校侵权赔偿的归责原则，主要采取的是过错责任原则，法院主

① 龙玫、尹力：《美国学校责任保险的基本运行模式及其特点》，载《比较教育研究》2008年，第65～69页。

② Professional Liability Insurance, Accessed October 17, 2012. http://www.aaeteachers.org/index.php/member-benefits/liability-insurance.

③ Liability Coverage., Accessed October 17, 2012. http://www.education.vic.gov.au/management/governance/spag/finmanagement/insurance/publicliability.htm.

④ Public Liability Insurance, Accessed October 17, 2012. http://www.education.vic.gov.au/management/governance/spag/finmanagement/insurance/publicliability.htm.

要依据过错责任原则来审理学校侵权赔偿案件。对于学生伤害事故中学校的侵权赔偿问题，只有当学校存在故意或者过失时，法院才会根据相关的法律追究学校的侵权赔偿责任，学校并不对所有的学生伤害事故负侵权赔偿责任。正如一位法官所说的那样，"学区并非是学生绝对安全的保险人，不对发生在学生身上的所有伤害都负有绝对的责任"。①

美国除纽约等一些州外，根据传统不成文法中"政府免责的原则"，学区作为公立学校举办者不承担学校教育活动中产生的损害赔偿责任（只承担财产管理上的民事不法行为责任）。因此，这些州根据不成文法的规定，就学校教育活动中的事故责任问题，建立了追究教师的过失责任的原则。学校教师是"代替学生家长照顾管理学生"的人。他们通常是很谨慎、对危险有预知的人。这将成为非专业陪审员在进行过失认定时的根据。通常，只把人们没有防止可能预见到的危险，即管理上的不善认定为过失。事实上，美国案例资料中的主要判例（20 世纪 60 年代最多），最终大部分案例还是否认了教师的过失。教师在对校内学生的行为没有完全监视到时，要看在事故发生之前是否对学生进行了充分的安全教育，是否履行了注意义务。对教师不在场时发生的事故，要追究"如果教师在场的话也许就可以避免"这样相应的因果关系责任。

第二次世界大战之后，美国学校事故呈大规模、急剧增加的态势。为此，1961 年包括纽约州在内的五个州制定了《教职员赔偿责任免除法》。根据这部法律的规定，被判定为有责任的教职员的赔偿金等将由学区教育委员会代之负担。这一立法受到了教职员团体及教育委员会联合会等组织的欢迎，并逐步得到普及。学区在没有法律依据时可利用责任保险。因此，大多数学生家长都加入了具有伤害保险性质的学校事故保险。

2. 大学生自杀的学校责任

美国学校侵权责任主要体现为高中体育运动的侵权责任和自杀问题。最早的法院案件涉及学校内部活动的教练责任问题。近年来探讨较多的大学侵权责任主要涉及大学生自杀学校的法律责任问题。自杀是导致 15～24 岁人群死亡的第三大因素，是导致大学生死亡的第二大因素。专家预测更多法院将会考虑大学对学生

① 蔡海龙：《美国公立学校体罚的判例与法理》，载《比较教育研究》2006 年第 2 期。

自杀是否承担责任。一般来说,某人自杀外人无须承担责任,理由明显:自杀是其死亡或受伤的主要原因。然而,如果存在特殊关系,保护个人不受自我伤害的责任就可能存在,尤其是自杀风险是可预见的。这种例外传统上发生于监护关系中,如监狱或医院,其中个人受过专门训练能观察自杀倾向,有预防自杀的必要控制条件,但未能采取适当措施。对学生在校园自杀大学承担责任,法院承认两种例外情形:一是大学的行为促成了自杀或增加了自杀的风险。二是存在特殊关系,大学知道可能自杀,但未能采取措施防止自杀的发生。第二种情形是现在讨论的重点。

3. 相关案例

案例 1:某大学有学生自大学宿舍楼跳楼自杀,该学生有心理健康问题历史,在进行过多次自杀威胁和试图自杀后(包括曾试图从其他处跳楼)曾经到心理健康医院就诊。在该学生跳楼前三天,她收到大学司法办公室的来信,建议她参加一个非病人项目,因为她拒绝在当地心理健康部门继续治疗。第二天,她被告知因其自杀倾向学校想要其退学。在知悉退学消息两天后,在父母正帮助她收拾东西时,她跳楼了,但未死亡,家属起诉大学要求 1000 万美元赔偿,理由是大学在处理其自杀问题时渎职和存在重大过失。①

案例 2:学生自杀学校是否承担责任。Jordan Nott 的一位好友当他面从学校宿舍楼跳楼自杀时,他还是乔治华盛顿大学的一名新生。当他第二年返校后,另一学生也自杀,他非常绝望,开始咨询并接受心理治疗。最后因为担心自己可能自杀,他到大学医院检查。大学反应如下:咨询和医疗人员通知了大学管理者,侵犯了他的秘密;大学管理者在他还在医院时以信件通知 Nott,他的行为是"危险"的;大学给他两个选择,退学或者被开除;如果他返回学校的话威胁要逮捕他。Nott 发现大学的这一反应让他很失望,他从该校退学了,在康复期同父母生活在一起。在情形改善之后他并未选择返校,而是永久性退学了。

对案例 2 中的情形,学者指出,从道德层面来看,大学对 Nott 寻求帮助的这种反应是非常不妥的,大学应该采取积极的方式介入,帮助他接受治疗或采取其他措施,而非批评。但不幸的是,大学中的这种反应正变得日益普遍。甚至更不幸的

① Valerie Kravets Cohen, Keeping Students Alive: Mandating On-Campus Counseling Saves Suicidal College Students' Lives and Limits Liability, 75 Fordham L. Rev. 3081 (2007).

是,这受到现存法律制度的鼓励,如果学生和大学之间存在着密切关系,大学就要承担学生死亡可能引起的风险。为防止法院发现学生与学校间的密切联系,大学试图割断这种联系。必须改变当前的法律制度。常识和基本道德表明我们不应该对学生的自杀倾向进行批评或将其驱逐出社区。寻求普通法救济的可能之一就是尝试通过诉讼扩张适用传统的侵权理论,但不太可能成功。①

案例 3:在 1998 年 Wallace 诉 Broyles 案中,阿肯色州最高法院判决阿肯色大学对怀特的死亡负有责任。怀特是学校足球队队员,在足球比赛中受伤,学校给其服用了一种强力止痛剂,但对该药与酒精或其他药品一起服用的副作用并未提出建议或警告。正确服用该药的方法应该提示与药物有关的死亡、心理困扰等副作用。校队对该药品的随意使用违反了联邦药品管理机构和 NCAA 标准。怀特死前服用了该药物而且明显大量饮酒,不久就死于自己受伤导致的伤口。法院认为大学不合法使用的药品可能促成或者导致了怀特的死亡,即增加学生自杀的风险。教育机构对学生负有照顾义务。法律认为某些情形的存在可能引起通常不存在的注意义务。法院将对每一案件进行个性考察,决定是否存在引起注意义务的具体情形。一旦法院发现存在义务,接下来的调查就是大学是否违反了对学生的义务。

(五)美国学校安全小结

尽管美国学校并不是没有安全事故,但仍有很多经验供我们借鉴,主要体现为:

1. 全方面认识学校安全

美国学校安全内涵丰富,不仅注重学校学生安全,还注重职工安全;不仅注重人身安全和财产安全,还注重心理安全。此外还对网络安全、环保安全加以规定。如美国教育法中对网络安全和学校石棉制品的危害与限制都作了规定。美国的学校安全实际上是一个大安全的概念。

2. 健全明确法律规则

除了联邦和州层面的法律法规外,教育部、有关行政部门以及其他机构还发布大量实施细则和指引以及诸如危机管理的示范方案、事故报告的示范方案,使得有关学校安全制度和措施具有极强的可操作性。

---

① Aaron Konopasky, Eliminating harmful suicide policies in higher education, Stanford Law & Policy Review, Spring, 2008, Vol. 19(2), p. 328(31).

3. 多部门协调合作

教育行政机关、政府部门、学区、学校、家长和社会力量等通力合作,共同防范。教育行政机关侧重评估、检查和发布指引,学校负责具体实施,大量政府设立的机构和非政府组织的专业机构共同参与。学校和政府一般都有专门的安全顾问。

4. 注重信息公开

美国建立数据收集、报告和分析系统,充分发挥信息公开制度的功能。学校事故要予以报告,要定期公布犯罪统计和犯罪相关信息等。除了学校主动公开外,学生还可以申请公开有关信息。通过学校事故的搜集和报告系统并对数据进行分析,指出目前学校最容易发生事故的地方,为有效防范学校安全事故提供依据。

5. 健全的学校保险制度

美国学校保险制度为学校安全事故发生减轻了很大压力。其有关险种尤其是教师责任保险值得借鉴。此外,美国的环境设计预防犯罪、学校保安制度与警察制度的衔接等都值得借鉴。

三、法国学校安全法律制度和机制

在法国没有一部以学校为核心与名称的专门立法,有关学校安全的事项基本上分布在教育法、民法、刑法以及社团法的各有关条款当中,同时还有大量的、庞杂的行业性行政法规来约束学校管理的各个方面。

(一)学校安全立法的特点

法国学校社会责任外化,特点比较明显,分工明确。大区、省、市政府分别代表高中、初中和小学的所有硬件设施服务方。法国学校中后勤方面相关行业法规比较健全。法国教育法典直接援引行业法律。此处以卫生与学校安全监管为例,从一个侧面介绍法国学校问题如何通过整合外部法规和机构功能实现学校安全。法国教育部网站提供了完备的参考咨询,以便所有的学校行政管理部门查询。关于中小学及幼儿园的卫生问题,法国教育主管部门每年还要更新学校卫生手册,发给学校教师、学生家长学习。与此同时,法国的卫生监察机构定期对校舍进行例行检查,对卫生状况作出评估,对不足督促整改。

1. 劳动法典

首先,对学校卫生和安全的要求隶属于两大法律来源,一是劳动法典。法国劳动法典中,对劳动场所的卫生、健康、安全的规定非常详细,而且法国的国民教育属于公务员系统,内部执行标准非常细致,①由多重卫生、劳动安全标准、规范以及法律条文进行规定,如《公务员系统内卫生与劳动安全协议》《社会对话(劳资谈判)规范更新》(2010 年 7 月 5 日法律第 10 条)、《公务员系统中的卫生、劳动安全与医疗预防》(2011 年 6 月 28 日法令)、法国劳动部《预防石棉危险》手册、法国劳动部《职业风险评估》手册、法国劳动部《安全要点》手册、法国劳动部《废弃物管理》手册、内政部《重大安全风险应急预案》公报。二是卫生与安全监察部门。学区与学校卫生与安全委员会(CHSA & CCHS)的任务是促进所有人员的健康与安全保障,改善劳动条件。委员会派出人员巡查学校落实情况,给校长提出改进意见。每个学区的督学和每个学校的校长身边都配备学校卫生与安全委员会成员,专门负责保证所有卫生安全条款的落实。这名成员的责任是解释相关法律条文和规定并提出建议,保证学校的所有员工都有相关知识,并且能够正确落实这些规定。

2. 综合法律汇编

从第二个法律来源看,法国学校卫生与安全综合了多个部委的规定和要求,以学校为主要实施场所,应该说学校卫生安全事务本身就需要一本卫生、安全、教育法律汇编。而法国教育部恰恰就在官网上提供了学校安全指导手册免费下载。该手册非常具体地规定了学校日常管理当中的卫生、安全(消防、防灾、传染病)的实施细则,具体到拖地板的水有两桶,一桶是清水,另一桶是稀释消毒水,蘸消毒水拖地的拖布必须在清水里清洗后甩干,才能再次放回消毒水的桶里。

日常卫生安全手册涵盖了学生个人卫生标准(虱子)、洗手的场合、在校接触动植物的规定、校舍、游戏场地、游泳池卫生消防标准、食堂卫生、营养标准、加餐操作方法和标准、节庆食物管理办法、学校食物加工规定、学生自带家庭食物管理规定、学校医疗急救服务(中暑、过敏、房颤)的组织、急救病重、常备急救包、急救药品、日常药品、慢性病和残疾学生接待标准、学校内部传染病管理办法、疫苗接种办法(强制、自愿)、儿童健康状况家长联络卡等。以上是综合了卫生部、内政部、教育部有关部门的法律和政令所编写的实用性很强的指导手册。所涉及的庞杂的法律条文

---

① 载 http://www.education.gouv.fr/cid4259/l-hygiene-et-la-securite.html,最后访问日期:2015 年 5 月 10 日。

在其附录中有详细的分类列表。

2012 年法国国民教育部网站上颁布了一本全国性的小册子——《学校中的危险游戏与暴力行为》,旨在让教师了解学生的一些危险游戏(憋气游戏、暴力侵害游戏和挑战游戏),并根据年龄阶段(儿童、青少年)的特点,从心理学角度分析了施害学生和受害学生的心理,学生群体相互影响的心理活动等,并介绍了出现问题苗头时候应当采取的措施,以及如何预防等。

可以看出,法国的教育行政主管部门在卫生安全方面所做的制度设计是比较完善的,它通过监察机构的日常规划设置,保证条文的顺利实施,同时,又为学校服务提供者和教师、管理人员提供了详尽的、可操作性极强的指导手册。可以看出,在法国,熟知并专业地运用法律规定来管理学校的卫生安全问题,是教育行政主管部门必不可少的职能。

(二)学校安全管理体制

法国的中小学教育和大学教育的管理分别隶属于两个不同的部,即国民教育部和高等教育与研究部;不同层级的教育主管部门也分别属于不同层级的政府。总体来看,法国教育体制中法律责任的分配十分清晰。国家,即中央政府,是学校的组织者(大中小学的校长和教育行政部门)和教学实施者(全国大中小学教师,都是国家公务员),中小学校长非学校法人代表,省长、市长代表、大学校长是学校法人代表,对教育部负责,大学拥有行政委员会、学术委员会和校务委员会(学校生活,由教师、学生代表参加决策)来决定学校主要事务。这些设置导致了国家和地方政府基本分担了学校安全事件当中的责任。

1. 法国政府与议会

每年法国议会通过对政府年度预算开支的报告的审议来调整有关教育的宏观政策。法国的教师队伍属于公务员体系,全国大中小学教师的工资待遇、补贴等,均由国家教育部制定。国家政府根据现实经济情况与实际需求,在每年的预算当中确定增加或者减少全国教师岗位。政府预算每年年底交付议会审议通过后执行。法国的议会也有权在议员的动议下,通过专门法案,来确定有关教育的宏观战略、目标、纲领。一般来讲,左派和右派在社会福利问题上,存在比较主要的争议,简单来说,左派倾向于增加教师岗位、增加研究经费,来实现教育机会均等,促进社会发展;右派倾向于刺激市场经济发展,大学私有化,通过自由竞争,来改善现状。

这些争议在法国代议制民主政治生活的各个层面体现出来，人民根据自身的利益和信仰，在从欧洲到国家，再到地方各个层次的选举中进行投票。

议会议案中，一般草案由政府提出，建议案由议员提出，二者具有同等效力，经过相同审议程序，在议会宣读和投票，各个党派根据自己党派的政策倾向和议员来自地区的人民呼声来投票。如果议案通过，则由政府总理颁布，总统附署。总统如果不同意可以驳回，议会重新审议。因此，代议制制度中，议会多数席位至关重要，执政党如果达不到绝对多数（50%），就有可能在执政中受到阻挠，需要求助于与少数政党的联合。法案通过后会形成相应的法律、修正案、法令、政令、通令，由各个相关部委按照执行。

法国行政区划分为四级：中央、大区、省和市镇，四级都有政府，有议会，议会都是全民直选。大区是1980年"去中央化改革"（Décentralisation）以来建立在省以上的一级行政单位，有政府任命的大区区长（préfet de région），还有全民普选的大区委员会/大区议会。法国本土有96个省（海外4省，总共100个），是从大革命时期的旧省演变而来的。省委员会/或译省议会（Conseil général）：省委员会为民选，任期6年，为省最高决策机构，代表全省人民决定本省经济发展和社会事务，同时审议财政拨款。国家另外任命、派驻省一级官员，称为省长（préfet），执行国家层面决策的政策，如公共安全、全国交通网规划等，对中央政府负责，不干预省委员会权限内的社会经济事务。

四级管理体制中，责任划分非常明确，比如教育体制中，大学归国家教育部统一指导，高中的管理在大区一级，初中（12～15岁4年义务制）在省，小学（7～11岁5年义务制）和幼儿园（4～6岁3年义务制）在市。家庭政策集中在15岁以前，所以省级行政单位必然成为其中一员。

省级财政来源于国家拨款、地方税收和其他收入，每年根据宏观政策，制定预算，由议会审批，划拨到主要五个方面：道路建设、公共交通（含校车）、卫生（医院建设、医疗网点分布）、初中（学校分布、校舍设备，教师工资为国家统一拨发，不在地方财政）、社会行动（家庭保障、再就业等项目），占到全部开支的90%。家庭保障属于社会行动项目部分，含儿童和家庭两部分，所占比例不大（约全省全年的10%），主要包括：（地方财政列支的）家庭补助、儿童补助、母婴保护[促进母婴保健、计划生育（部分从公共卫生项目划拨）、专门幼儿托管机构、职业保姆的资格准入制度、职业保姆培训制度等]。

市镇是法国最小的行政单位,总数将近36,000个,市镇议会负责本市镇相应级别的事务,由市长领导。市长同时代表国家,是市政府的最高行政长官,并对本市议会负责;市镇通过地方财政资助家庭服务,尤其是用于儿童的托管和娱乐设施建设的投资、家庭享有优惠的社会福利费率(公园博物馆、公共交通等的优惠、免费政策)。

2. 国民教育部和高等教育与研究部

就学校安全问题而言,法国国民教育部和高等教育与研究部的部长身边都安排有国防与安全教育高级官员(Le haut fonctionnaire de défense et de sécurité)。[①] 该名高级官员负责防卫、警戒、预防危机和紧急事件发生方面的工作,一般主管协调防卫、警戒、预防危机和紧急事件发生方面的政策,并且负责监督实施措施的落实情况。该名高级官员还负责防卫、危机预防与管理的应急预案,确定在威胁到来的时候,采取必要措施,以确保国民教育部能够继续提供公共教育服务。除了实际面对威胁,该名高级官员还负责教育体系内的信息安全,信息安全的威胁可以来自周边环境或者内部问题、人员问题。这些威胁的影响可以导致学校系统无法正常工作、完成主要任务。该名官员负责制定和监督实施必要的举措,来确保电子信息的传递和存储安全,保证正常教育活动的进行。

法国的公立大学只负责教学内容和研究与发展问题,学校管理人员基本职责是协调教师和学生的时间,管理学籍与成绩。从学校场所层面看,公立大学费用很低,提供基本授课、会议、研究活动的场所,其安全由保安公司、消防部门、公安部门联合负责;从生活角度看,大学生基本都是成年人,购买全民保险,自己解决住宿、学费等生活问题,其主要就学方式也是走读,上课来下课走,食堂也属于外部公立教育服务机构开设。即使是专业性工科大学,提供宿舍和餐饮服务,这些服务也是由外部公立教育服务机构开办和管理,学校只负责协调。因此,大学层面上的学校安全,基本上已经是一个社会化的问题,不专属于教育体系内部。

法国的学校安全问题重点集中在中小学层面。国民教育部对学校安全十分重

---

① 载 http://www.education.gouv.fr/cid22733/pourquoi-un-haut-fonctionnaire-de-defense-et-de-securite.html,最后访问日期:2015年5月10日。

视，在公安、消防、卫生、职业安全领域，出台或整合了许多相关规定。随后我们还将通过案例介绍中小学内部的一个法人主体关系分离所带来的有关学校内部发生的意外伤害事故的独特司法解决方案。

（三）学校安全的具体制度和措施

1. 校园暴力防范制度

在法国，移民问题已经成为主要社会问题之一。少数族群社会、经济地位的边缘化，导致少数族裔青少年的学业失败，成为失业受害者，卷入贩毒和暴力集团，致使整个郊区风气败坏，治安状况恶化。学校作为社会的成员之一，亦不能置身事外。校园暴力是法国也是欧洲所有发达资本主义国家教育体制，特别是基础教育阶段，最头疼的问题。总而言之，因为社会贫富分化严重，居住空间区隔明显，除了国家应当负担的教师工资标准统一以外，地方政府配置给本地学校的资源严重失衡，导致穷校愈穷，富校愈富，穷学生的教育环境在2001年以来明显恶化，校园暴力事件频发。校园暴力的主要形式有：故意毁坏学校设施、敲诈学生财物、校内贩卖毒品武器、恐吓教职员工等。令人担忧的是这种情形从个别"名校"逐渐波及周边，以初中情况最为糟糕。由于家庭离婚率、社会失业率和青春期自身的特点，学校的暴力事件发生率本身就在逐年上升。加之法国大城市郊区贫困化加剧，更是给该问题雪上加霜。面对学生，特别是学业失败学生的边缘化、暴力化，教育者的干预首先被诠释为压制，无法给他们的困境和焦虑提供解决办法。法国一份1996年公布的研究报告指出："当学生无法在教育体制中找到自己的位置时，他们就会选择摧毁教育体制。""以前睡在教室后排的学生，站在讲台上挥舞着复仇的拳头。"

2. 开展国防与安全意识教育

国防与安全意识不是与生俱来的，也不是只有职业军人才有的。在学生公民教育和思想品德教育中应当涉及这一部分内容。国防部与国民教育部联手在教学计划中安排了这些内容。比如在初中阶段，安排道路交通安全考试等。

3. 充分发挥专业协会作用

法国各种专业协会在学校安全中发挥了重要作用。根据《1901年协会法》，协会进入教育系统进行服务需要教育部审批，5年有效可续，在网上公布名单，公示其协会目标、协会地址、联系方式、网址等。① 协会分为:(1)兴趣类:体育、诗歌、戏剧、阅读、电影、音乐、文化古迹(教科文项目)、娱乐等。(2)社会类:家庭事务、医疗卫生(预防艾滋病、血液捐献)、贫困(饥饿贫穷资助)、家庭矛盾调处、帮助儿童度假等。(3)服务类:计划生育服务、道路交通安全教育、志愿者服务、促进公共服务(校车、卫生、保障房等)质量、促进公共教育投资。(4)教育类:学习辅导(自然科学、数学、天文、大学生给中小学生补课)、教育教学研究、青少年反盗版教育、儿童家庭护理、智商超常儿童早期教育等。(5)环保类:环境保护、反对污染、亲近自然、动物保护(昆虫、鸟类、宠物等)。(6)宗教类:国民教育世俗化、反对宗教影响公立学校、反思犹太大屠杀、邪教受害者保护、少年童子军(非宗教)。(7)权益类:弱势群体权益保护[偏远落后农村地区儿童、事故受害者、吸毒人员、疾病(癌症、艾滋病)患者、残疾人、同性恋、少数族群、自杀倾向]、女性反歧视、教育机会均等。(8)政策类:公民教育、民主教育、模拟联合国、模拟议会、欧洲、国际教育协会。

由于协会的专业性和全国性,已经可以为学校分担掉许多负担,特别是社会性的负担,在消除贫困、饥饿、(种族宗教)歧视的过程中,通过社会救助、补贴、法律援助、权益争取等手段,改善社会不平等现象,从源头减轻了学校的压力。就学校安全而言,如下协会获得法国教育部认可,参与学校管理:(1)公共卫生方面包括:法国红十字会,法国全国卫生教育委员会联盟,法国国民教育卫生行动与文献协会。(2)酒精、毒品、艾滋病、情感、性教育方面包括:巴黎大区艾滋病预防与信息提供中心;艾滋病团结组织在学校机构开展主题活动,进行艾滋病预防、教育活动,帮助艾滋病患者;法国全国反酒精、毒品、药物依赖协会;"自爱"协会:青少年性教育、反对性暴力;"芝麻开门":情感和性教育协会,志愿者入校做宣传。(3)交通安全教育方面包括:法国公立教育系统校车全国协会;道路事故预防协会,研究、落实一切有利于降低道路交通事故频率和严重性的建议;法国愤怒摩托车手联盟,进行摩托车安全教育。(4)反校园暴力方面包括:"生命之路":反对放学路上的暴力、勒索行为;预防社区暴力,帮助受害者寻找援助:媒体宣传、倾听受害者、冲突管理、矛盾调处、非暴力宣传;"启迪"协会:针对郊区问题青年的学业、课外、社会行为教育;"调解一

---

① 载 http://www.education.gouv.fr/cid21129/les-associations-agreees-dans-l-education-nationale.html,最后访问日期:2015 年 5 月 10 日。

代”,预防暴力、矛盾调解、和平教育、青年社会责任教育。(5)日常安全教育方面包括:法国重大风险与环境保护教育者培训中心(与公安、社保、急救、消防、环保机构合作);法国儿童窒息事故家长协会(警告不要玩弄丝巾塑料袋等容易导致儿童窒息的玩具);小淘气急救组织,警示、教育在校儿童游戏中的危险;反网络犯罪,学校层面开展教育,提高反网络犯罪意识,反思网络管理问题。(6)弱势权益保护方面包括:法国学生联盟,开展在押服刑人员教育志愿者项目;“医院里的孩子”,儿科住院就诊和“工读学校”(CLIS)儿童的学业、心理辅导协会;恐同急救组织:为受歧视的同性恋提供电话服务,在公众舆论和公权力领域进行权益保护宣传;种族歧视急救组织,发现、揭发种族歧视行为,提供相关教育信息、资料;倾听自杀者,7 天 24 小时,公开全国统一电话号码,提供心理辅导和援助。

4. 学校侵权责任

法国学校安全的整体特点就是“个体责任公权力承担”,以下是具体案例:

案例 1:法国某市一小学,学生课间游戏,跌入年久失修的井盖,造成伤害。家长认为,受害人没有主观过错,现场拍摄照片证明井盖确实存在明显事故隐患。家长在行政法院起诉学校。校长认为,1985 年 8 月 30 日法律规定,小学并非法人主体,不能应诉,只能追究教师监管疏忽的责任,而根据 1937 年 4 月 5 日的法律,教师监管责任属于国家责任,不属于学校服务组织内容,不在行政法院管辖权内,应当到司法法院提起诉讼。法院认为,井口年久失修,井盖明显脱离井沿,在小学校的课间休息场所体则有特别高的危险隐患,市政府(负责提供校舍和硬件维护)未能提供相应证据证明对该公共设施进行了规律性的检查和修缮,因此不能免除责任。无论市政府认为校方未能尽到及时汇报的义务,或者教师未能尽到课间安全监护的义务,都不能免除市政府对公共设施疏于维护的责任。然而校长未能及时将危险情况汇报给市政府,疏于自身警示责任。该责任属于学校服务组织方,不能与教师失职混为一谈。而受害儿童家长并未起诉当时监管教师失职。因此,控方受害儿童家长要求国家政府(学校组织服务提供方的法人代表)和市政府(公共设施提供方的法人代表)共同承担损失赔偿。法院支持了控方的要求,判决国家政府与地方政府共同赔偿受害人损失。

案例 2:法国某市小学,课间休息玩耍中,学生甲用捡拾到的塑料玩具枪造成学生乙眼睛受伤。受伤学生乙的家长将学生甲的家长(监护人失职)和国家政府(学校内部管理不善,致使学生在校园内拣拾到塑料玩具枪;教师课间监护失职)告上法庭。学生甲的家长认为,在学校内捡到塑料枪不可预见,他们的孩子并不处于他们监护范围,所犯的错误属于不可抗力,家长应当因此免于被起诉。与此同时,应当起诉国家政府(校方法人代表)承担监管不力的责任。省长(代表国家政府应诉)认为,学生甲家长应当承担完全责任,并且没有任何证据证明监管教师存在过错。法庭认为,两个孩子争执导致事故的事实无可争辩,学生甲在食堂拣拾到塑料枪,并将其投掷以击打学生乙,致使学生乙眼部严重受伤。学生甲家长认为学生不在其监管范围,致人伤残属于不可抗力以及教师监管不力。学生已处于具有明辨是非能力的年龄,无须证明,其行为不属于不可抗力。玩具枪是学生甲对学生乙实施伤害必不可少的要件,在学生活动的院子里出现本不属于学校的玩具枪,本应引起监管教师的注意,监管教师在此方面存在失职。国家政府应当与被告学生甲的家长共同赔偿学生乙及其父母的损失。

案例 3:2011 年,法国一所小学的三年级学生 A 长期受到同学的戏谑和骚扰,经过数月的沉默,家长发现学生学习成绩下降,行为突变,询问之下,学生 A 最终承认受到四名同学的言语侮辱和暴力侵害,他曾经报告教师求助未果。事实上,学校学生中存在着欺侮弱小学生的游戏,最弱者在游戏结束时会受到其他学生的侮辱和殴打。学生 A 的家长遂向宪兵队报警,调查后刑事立案未果,又提起民事诉讼,起诉数名教师不作为。法院判决中认为:“由于学校管理方监管与预防措施的缺失,学生 A 受到了精神和肉体上的暴力侵害。”经过三年的诉讼,该地方二审法院终审判决国家政府(省长代表国家应诉,也是学校法人代表)赔偿该学生损失 3000 欧元,家长诉讼费用 800 欧元。教师被免予追究责任。控方律师称这是首例国家赔偿学生骚扰案例。2003 年,一名学生不堪同学骚扰,在厕所上吊自杀,二审法院判决教师监管不力,国家代位赔偿受害家庭 45, 000 欧元。

案例 4:在法国一所中学,校外四人闯入学校,持刀伤害一名学生。事发第二日,18 名教师以学校安全措施不足,存在“显著”危险为由,单方面决定采取“保全”措施,停止上班 12 日。与此同时,他们起诉国家政府对其公务员(法国教师是公务员)未能尽到安全和保护义务。时隔两年,地方行政法院判决国家政府赔偿该 18 名教师每人 500 欧元的精神损失费。判决书中指出,学校校长报告称,该学校“越来越多地受到周边贫民区犯罪团伙的侵入,对孤立的学生和干预的校内人员实施暴力。并且一项审计调查指出,学校亟须全面围墙保护"。出现上述持刀伤害事件是校长提交报告后的第三年,当时仍然没有建立。法院认为:"国家行政机关没有采取适当措施来保护教师群体。"律师认为,虽然法院支持了对教师的精神赔偿,但是驳回了对停工12日应被视为罢工,应当返还被扣除的工资的诉讼请求。

(四)小结

1. 法国教育行政部门为学校管理提供到位的法律援助

从学校卫生安全督查,到法国的学校管理人员的指导手册,再到公职领域的各种行业标准,还有法国学校管理人员定期接受的安全培训,所有这些都体现出教育体系背后有着一支强大的法律—实践团队,为法国全国的教育体系提供法律角度出发的实践指导、培训和监督,使得法国的学校管理团队只需要遵照和服从学区行政管理的指令,按照具体操作的指导手册,做好各项工作,从宏观上大大减轻了管理团队在具体事务中的纠缠和困扰。

2. 形成危机调处机制和应急预案,做到有备无患,调解为主

法国学校安全处于全国性应急预案、公共安全法规、消防安全法规、劳动安全法规、教育法规、卫生法规等多重体系的交界点,长久以来形成了一套成熟的危机调处机制和应急预案,对于学校内部发生的公共卫生事件、学生安全事故等,有着丰富的处理经验。在司法层面上,国家和地方政府两个法人身份为学校分担了许多法律责任,在赔偿问题上,全民社会保险(医疗、民事责任)为解决经济纠纷奠定了良好的基础。因此,在一般事件中,法律责任明确,经济赔偿到位,会大大稳定社会情绪,将矛盾进行合理的调处,加上媒体的介入和社会团体的帮助,往往会在较大危机面前第一时间形成社会调解对话机制,避免矛盾激化,走向极端。

四、德国学校安全法律制度和机制

(一)概述

相对于校园安全事件频发的美国,德国校园给人的印象是相对安宁的,但即使在这样的环境中,校园安全事件仍然成为困扰着德国人的一个重要问题,近些年来,校园暴力袭击也是时有发生,对整个德国社会的震动也是巨大的。进入21世纪以来,德国发生的影响巨大的校园暴力事件主要有:

2002年4月27日,东部城镇爱尔福特的古滕贝格高中一名退学生冲入母校,

开枪打死包括12名教师、1名警官在内的16人,最后饮弹自尽。这是德国历史上死亡人数最多的校园枪击案。

2003年7月2日,南部一所中学的一名16岁少年在课堂上突然拔出手枪。

2006年11月20日,一名中学毕业不久的18岁男子持枪冲入西部城镇埃姆斯代滕的朔勒中学,造成包括警察在内的至少27人受伤,后饮弹自尽。

2009年3月11日,17岁的蒂姆·克雷齐默冲进母校——南部温嫩登镇的艾伯特维尔中学,打死12名师生,另外造成3名校外人员死亡,最后自杀。

这一系列校园暴力袭击事件引发了德国社会对校园安全的深入反思。德国前总统约翰内斯·劳2002年在哀悼爱尔福特校园枪击案件的受害者时说:“我们茫然无措。我们从来没想到在我们当中会发生这样的事情。”而2009年温嫩登镇枪击案件发生后,德国总统克勒夫妇表达了震惊与悲痛。总理默克尔则说,这是“全德国悲痛的一天”,并表示将为受害者祈祷,给予他们的家人支持。

学校的孩子都是社会中最弱势的人群,凶手竟然针对这样的人群下手。每次校园枪击案发生后,德国都会对自己的社会价值进行深刻反思,特别是2009年温嫩登校园血案后,德国前内政部长朔伊布勒接受媒体采访时质疑说:“我们的社会到底怎么了?我们是不是应当加强价值取向的宣传,是不是必须加强家庭纽带的作用,是不是应当限制媒体对暴力的过度渲染。在一个自由的社会中,所有有关人员最终都会提出这类更为深刻的问题。”

(二)学校安全具体制度和措施

1.要求禁止暴力游戏和电视节目

德国校园安全事件引发了禁止暴力游戏和电视节目的呼声。德国《每日镜报》2009年对10家电视台的调查显示,一个平常的星期二,从早上6点到夜里2点的20小时内,这10家电视台节目中每个小时都会出现暴力镜头。一位德国媒体人说,在各家电视台争抢收视率的时候,性加上暴力是吸引眼球的最有效途径,但他们没有考虑到孩子们的感受。

2.引入动态分析系统

与此同时,德国还采取有效措施,应对存在的一系列校园安全隐患。例如,在校园中引入一套“动态风险分析系统”,学校收集行为异常学生的相关信息,借助软件加以分析,计算出某名学生暴力倾向的严重程度,以便掌控。有些德国学校让学生们学拳击、太极,以此提高学生的自我防卫能力,也让他们在游戏中学会遵守规则和尊重他人。

3. 利用先进科技手段

德国还利用其先进的科技手段,从源头上对校园安全隐患进行有效防范。在具体的科技防范措施上,德国要求在指定期限内,所有学校都要安装警报装置,一旦发生险情,将发出警报信号。在德国波茨坦市,每位老师都可以在险情发生时通过手机启动特定号码,激活警报系统,警报声可响遍教室、走廊、运动场馆。

4. 加强危机处理机制

除了增添高科技安保设备之外,德国在保障校园安全上还注重加强危机处理机制的建设。在德国黑森州,许多学校都设立了危机处理小组、下发《危机情况下的处置》手册,指导学校在遭遇枪击等暴力事件时如何采取保护措施。应急预案中要求必须确保所有教室大门锁上并用障碍物堵住,学生们趴在地上或者躲藏在桌子底下,等待警察的指令。

5. 其他措施

此外,德国老师之间还会约定特定的暗语,在险情发生时彼此发出警报并采取关闭教室门窗等保护措施,而不会让学生知道,以免造成不必要的慌乱。暗语可以是"星期六没有课",一旦听到有老师说出这个暗语,其他老师便会口口传递,并组织学生采取保护措施,关闭教室门窗,以防歹徒冲进教室。

(三) 小结

校园暴力袭击的出现有着非常复杂的社会动因,应对它的措施在德国社会内部仍然存在激烈争议。比如"9·11"事件之后,针对德国境内大量来自伊斯兰世界的留学生,德国也提高了大学校园的反恐级别,这样的措施只是针对反恐而设,并非是针对校园安全的长远谋划,它的效果也受到了社会的广泛质疑,引发巨大争议。德国各高校学生团体便迅速行动起来,抵制国家以反恐名义限制个人自由和侵犯隐私。所以,校园安全实际上在德国仍然是个广受争议的议题,有人认为应予以重视,有人则否认这个问题的存在,认为那些校园暴力袭击只是偶然,不能因此推断德国面临这方面的巨大隐患,更不能把这个问题提升到威胁整个社会稳定的层面加以认识,更不能以这个问题为借口强化对私人行为的约束甚至妨碍。例如,在德国屡次发生校园袭击案件后,德国警察联合会就提出,在学校装配大门,只有用学校发放的个人卡才能打开。但德国教师联合会的主席认为,这只能造成学校安全的假象。如果凶手要针对学生,校车也很容易成为攻击目标。联盟党议会党团副主席博斯巴赫则表示,现在就下结论还为时尚早,因为案件的动机和背景都还没有查明。

也有人通过调查发现,同美国时有发生的暴力案件相比,德国校园的安全就同德国整体安全状况一样,波澜不惊,人身伤害之类的恶性案件极少发生。因此,德国校园安全其实并不成为特殊的话题。在一个开放的社会中,任何机构或个人的安全保障都具有同等的重要性。从这个意义上看来,在大学里发生犯罪事件也是对于正在走向开放的社会的一个警示。

五、日本学校安全制度和机制

日本学校意外伤害事故发生率一直居高不下。每年日本中小学生意外事故高达200万件,其中主要包括食物中毒、交通事故和诱拐事件,频繁发生的地震、水灾等自然灾害也考验着学校的校舍安全以及应急处理能力。再加上近年来恶性犯罪事件越来越严重地威胁到学生和教师的安全,成为社会关注的焦点,这些都促使日本政府对学校安全的维护加大了力度。

日本学校安全问题涉及学校的范围,按照《学校教育法》第1条的规定,指幼儿园、小学、中学、特殊教育学校、中等教育学校、专科学校、大学及其他各种学校。学校安全措施则是指应对以事故、灾害为首的学童安全问题的措施。学校安全如何界定其范围?我们可以参考日本体育振兴中心设定的赔偿范围。日本体育振兴中心的灾害共济给付制度将赔偿范围定在学校管理下发生的事故或灾害。"学校管理下"包括:(1)接受学校设立的教育课程的场合;(2)接受基于学校教育计划的课外指导的场合;(3)休息时间在学校以及因校长的指示或认可而停留于学校的场合;(4)经由正常途径和方法上下学的场合;(5)在校外授课时往返于该场地、集散场地和住所、宿舍之间的合理途径及方法;(6)在学校宿舍期间。[①] 关于"学校管理下"的具体定义,还可参照《关于独立行政法人日本体育振兴中心灾害共济赔付标

① 日本スポーツ振興センター《給付対象範囲》,载 http://naash.go.jp/anzen/saigai/seido//tabid/84/Default.aspx,最后访问日期:2014年2月10日。

准的规定》①。

(一)学校安全立法

早在20世纪50年代末,日本的学校安全问题就为社会所关注。日本经历过两次大规模的与学校安全相关的立法运动。第一次立法运动主要是针对学校安全事故的救济问题,1977年制定并公布了以无过错责任为主的《学校事故损害赔偿法》纲要案和以国家为赔偿主体、国家支付主要赔偿金的《学校灾害补偿法》纲要案。第二次立法运动是以防范为主,2004年制定公布了《学校安全法》纲要案。②

现今,日本有关学校教育(从托儿所到大学)的法律法规比较完善,有一系列的法律法规应对不同情况下发生的安全事故。其核心为《学校教育法》,除此之外还有《学校伙食法》《独立行政法人日本体育振兴中心法》《学校保健安全法》《日本学校安全会法》等。

各地方也制定了地方性法规来进行补充,比如东京都教育委员会2007年3月公布的《学校危机管理指南》,针对地震、传染病等危害学生健康的情况制定了相应的对策,这份指南后来又进行了修订。长崎县教育委员会则在2011年9月公布了《学校安全管理指南》,对地震、海啸等各种灾害时的应对方法及校内校外学生发生意外时的处理进行了十分详细的指导。各学校也制定了防范和处理学校安全事故的各种规章制度。例如,按照《学校保建安全法》第27条的规定,各校需要制定《综合性学校安全计划》,再在安全计划的基础上制定安全指南来应对学校活动时可能会发生的紧急事态以及进行安全指导。这个安全计划十分详细,涉及交通安全、校园安全以及灾害的防御。

涉及学校安全的法律法规共有30余部,其中很多是由于有人闯入学校造成学生死伤事件的频发,以及大地震等灾害的发生而使日本政府越来越重视学校安全问题,积极寻找更好的对策,从而不断增加和修订法律来保障学生的安全。2009年4月开始实施的《学校保健安全法》就是在这个背景下由前身《学校保健法》脱胎而成的。该法变更后增加了学校安全方面的规定,明确了原本模糊的安全事故责任

① 《独立行政法人日本スポーツ振興センター災害共済給付の基準に関する規程》(平成15年10月1日平成15年度規程第6号),载 http://www.naash.go.jp/Portals/0/naash-reiki/act/frame/frame110000190.htm,最后访问日期:2014年2月10日。

② 樊秀丽:《日本学校安全法立法运动》,载《首都师范大学学报》(社会科学版)2011年第3期。

归属问题,范围为从幼儿园到高中。《学校保健法》原来重在保持和促进学童的健康,而学校安全法则是指应对以事故、灾害为首的学童安全问题的措施。

(二)学校安全管理体制

1. 政府及教育行政部门

在学校安全的保障问题上,日本政府不断修改和增加相关法律,监督地方政府和学校将安全管理的责任落到实处。各地方政府也需要制定相关法律法规。

其中最具指导性的《学校保健安全法》中规定了关于安全管理的重要事项,也规定国家和地方公共团体的责任为相互提携,为各校保健和安全措施的有效执行提供财政及其他政策指引。换句话说,就是国家制定计划和采取必要措施促使各校有效地进行安全管理,而地方公共团体则按照国家制定的措施来进一步制定自己的措施。这样就构成了从中央到地方逐级细化,并根据实际情况不断完善的责任机制。①

例如,东京都教育委员会制定的《学校危机管理指南》非常细致地规定了自东京都政府到学校对学生可能会遭遇的各种危机的预防和应对机制,其中包括自然灾害和事故事件。具体来说,规定东京都、教育厅和各校都须在危机发生时迅速组建危机处理本部,要求建立起教职员工的联络系统,加固校舍应对地震危险,敦促各学校制定危机处理计划,针对危机发生前、危机发生时以及危机发生后的各种情况进行规定,并注意到维护学生的心理健康。② 该指南共计264页,对于东京都地区的学校安全做出了周到详尽的规划安排。其他各县也根据本地情况制定了各自的危机管理指南,明确了各级机构所应该肩负的职责。

2. 学校

从统计结果来看,从幼儿园到高中大部分教育机构都拥有自己制定的危机管理指南,也有部分机构直接使用文部科学省或本地教育委员会制定的危机管理指南,只有极少数机构没有使用任何危机管理指南。制定了自己的安全计划的学校占全体的绝大多数,特别是小学占了99.2%。

---

① 《学校保健安全法》,载 http://law.e-gov.go.jp/htmldata/S33/S33HO056.html,最后访问日期:2013年12月10日。

② 東京都教育庁:《学校危機管理マニュアル》,载 http://www.kyoiku.metro.tokyo.jp/buka/soumu/kikikanri.htm,最后访问日期:2013年12月20日。

在这样的管理监督体制下各学校都积极应对,绝大多数的学校,特别是初高中设置了自动体外心脏除颤器,92%的小学和79%的中学还有当地的志愿者在学校内外巡逻警戒。①

大学专门设立有负责环境安全的机构,负责大学校园内的防灾训练、安全卫生管理、废纸处理、校内交通、紧急情况处理和灾害预防等。东京大学的环境安全本部成员由各科系的教职工中选出,设有紧急联络体制,名古屋大学则设立了环境安全支援课。

(三)学校安全的具体制度和措施

1. 进行安全教育和培训

日本政府注意到安全教育的重要性,在《推进学校安全的计划(2012年4月27日)》(概要)里把安全教育和安全管理放在同等地位,将2012~2016年安全教育的课题设定为通过提高关于安全的知识和行动力以及指导时间的保证和教育方法、指导体系的梳理来充实学校安全教育,最后构筑起安全文化。关于增加安全教育的方法,该计划提出以下几点:(1)对安全教育积极主动的行动态度和政府帮助、各机构协力;(2)改进教育方法;(3)确保实施安全教育的时间;(4)改进避难训练的方式;(5)根据学生的情况调整安全教育的方式;(6)应对信息社会;(7)应对核危害。② 从这份计划可以看出,随着学校事故以及自然灾害的增加,日本政府对安全教育的内容进行了调整,以期适应时代的变化。

在体育课程中的安全保障上,文部省举办体育课指导老师以及校外教练的讲习班,发布指导手册等,强调从中央到学校的紧密联系。

各都道府县也都开展以培训安全指导教师为目的的关于交通安全、防范意识、防灾意识等的学习班。大学因为教学研究的需要,对教职工和学校以及相关人员会进行安全教育,特别是涉及试验的科系更是如此。例如东京大学的环境安全中心召开环境安全讲习会,对参加者颁发环境安全讲习修了证。

---

① スポーツ・青少年局学校健康教育課《学校安全の状況について」》,载 http://www.mext.go.jp/b_menu/shingi/chukyo/chukyo5/011/gijiroku/__icsFiles/afieldfile/2012/02/13/1315760_01.pdf,最后访问日期:2013年12月20日。

② 《学校安全の推進に関する計画》(平成24年4月27日),载 http://www.mext.go.jp/a_menu/kenko/anzen/__icsFiles/afieldfile/2012/04/27/1320286_1.pdf,最后访问日期:2013年12月24日。

2. 校园欺凌

对于学校里越来越严重的欺负同学问题，日本文部科学省也要求教职员工参加研修，加强教师的认识，重视对学生的道德教育和学生间的沟通，与各学生家庭紧密联系，合力打造儿童良好的品格。①

3. 事故灾害报告

为了防止事故的再次发生，必须把握事故的发生原因和经过。因此在申请灾害共济给付时各学校被要求提交灾害报告书，并从防止再次发生的角度进行认真的分析和思考。

4. 学校事故互助保险制度

在学校安全法律法规外，日本政府建立了事故补偿制度。1959 年，当时的日本首相签署了《日本学校安全法》，并依据此法成立了日本学校安全会。1960 年日本学校安全会根据本法为义务教育阶段的学校设立了学校事故互助保险制度，并使这一制度成为日本义务教育学校事故补偿的重要保险之一。日本的学校事故互助保险制度经历了 3 个阶段：1982 年日本政府制定《日本学校健康法》，并依据此法将日本学校安全会和日本学校饮食协会统合为日本学校健康会；1985 年制定《日本体育保健中心法》，依据此法在翌年设立日本体育学校保健中心，充实了事故补偿制度；2004 年日本体育学校保健中心改名为独立行政法人日本体育振兴中心，其为独立行政法人。日本体育振兴中心的灾害共济给付制度对在学校管理情况下发生的儿童、学生等伤害给予伤害补偿。2010 年除幼儿园和保育院儿童投保率分别为 81% 和 88.4% 外，其他阶段的投保率都高于 95%，该年度赔偿件数超过 200 万件②，赔偿额超过 188 亿日元。③

制度规定，对在学校管理下负伤、疾病、残疾和死亡的学生的监护人支付医疗费、残疾慰问金及死亡慰问金等。其运作方式是学校及家长共同出资加入保险，国

---

① 平野博文：《子供の『命』を守るために》，载 http://www.mext.go.jp/component/a_menu/education/detail/__icsFiles/afieldfile/2012/09/05/1325364_1_1.pdf，最后访问日期：2013 年 12 月 24 日。

② 日本スポーツ振興センター：《負傷・疾病、障害及び死亡の給付状況》（平成 22 年度），载 http://naash.go.jp/anzen/saigai/toukei/tabid/80/Default.aspx，最后访问日期：2014 年 1 月 20 日。

③ 日本スポーツ振興センター：《災害共済給付の加入状況》（平成 22 年度），载 http://naash.go.jp/anzen/Portals/0/anzen/kyosai/pdf/h22kanyuritu.pdf，最后访问日期：2013 年 10 月 23 日。

家支付事务运营资金作为援助资金,都道府县的教育委员会也参与监督和管理。该制度是具有极强的公共福利性质的补偿,所以与一般的伤害保险和健康保险不同,具有公益性、互济性和补偿性,无论责任在谁都会给予一定的补偿。

在具体操作上,由学校在征得学生监护人的意见后,代表学生向中心提出申请,并交纳一定金额的保险金,签订合同,并每年进行更新。在保险费的负担上,学校与学生的监护人之间因学生不同,保险费承担的比例也不尽相同,对于义务阶段的学生,其监护人需要负担保险费的40% ~60%,其他阶段的学生,其监护人需要负担60% ~90%,差额由学校负担。家长负担的金额虽然不高,但如果仍然因经济原因无法负担,经有关部门认定后可以免除,由国家和学校均摊。①

大学生往往会参加公益财团法人日本国际教育支援协会的学生教育研究灾害伤害保险,这份保险针对学生在教学研究活动的事故进行赔偿,诞生于1976年。另外还有大学生协会等保险机构提供的保险服务。

(四)学校侵权责任

1. 学校责任事故的认定

日本学校事故责任的认定要看是否存在以下两种情况:一是看事故是否因为学校设施设备出现问题;二是看事故是否因为学校教职员工在教育教学活动中的故意或过失。

日本学校事故责任的认定原则(归责原则)是根据行为人(学校教职员工等)履行安全注意义务过程中有无"故意或过失"来判断。故意是指行为人明知自己的行为带来的后果,却希望或放任这种结果的发生。在具体判例中日本特别注意学校或教职工是否尽到了安全注意义务。安全注意义务包括两个方面,一方面是校方对学校各种条件(设施、设备、人员、管理制度等)的安全保障义务,另一方面是教师在教育教学活动中的安全注意义务。如果发生了安全事故,需要明确:(1)事故是否可以预测,事前是否制定了周密的安全计划,在可预见的范围内是否对各种危险进行了全面的考虑并且进行了指导和说明;(2)实施过程中是否尽了监督指导义务;(3)事故发生后应对措施是否得当,包括对伤者及时的就诊、救治,以及是否及时准确地告知家长等。

---

① 王岚:《日本的学校意外伤害事故赔偿制度》,载《当代教育科学》2006年第13期。

对安全注意义务的追究主要采用假设推论的形式,即如果采取了某种措施是否能够避免事故的发生。

2. 学生伤害及死亡的赔偿

在学校安全事故中发生的学生伤害及死亡的赔偿问题上,依据的一般是《国家赔偿法》和《民法》,私立学校的赔偿主要依据《民法》。《国家赔偿法》是 1947 年制定的,掌握公权力的公务员在履行职务时因故意或过失给他人造成损失或因公共设施的建造和管理上的瑕疵造成对他人的损害时,规定国家与公共团体的赔偿责任的法律。日本的国立、公立中小学的教师身份为国家或地方公务员,所以在教育教学过程当中,如果由于教师的故意或过失使学生受到伤害,家长可以依照此法提起诉讼,向学校要求赔偿。依据《国家赔偿法》第 1 条进行赔偿的前提是:(1)教师等行使公权力实施加害行为;(2)学校事故的发生是由于教师的故意或过失行为;(3)此行为违法;(4)学校事故导致的损害和加害行为之间存在因果关系;(5)因教师的职务行为产生的学校事故。而《民法》第 709 条规定,私立学校教师直接向每个学生负责。对由于学校设施设备的缺陷和管理不善造成的损失,可以根据《国家赔偿法》第 2 条"道路、河流等其他公共设施的设置或管理上的瑕疵给他人带来伤害的,国家或者地方公共团体负有赔偿责任"要求赔偿。私立学校的类似事故可以根据《民法》第 717 条第 1 款,向其设施设备的所有者索赔。

3. 赔偿范围及金额

日本对于学生伤害事故中学校侵权赔偿范围以及赔偿标准都有具体的规定,对被确认的学校侵权的损害在计算赔偿金时必须考虑被害学生的年龄、性别、生活程度和态度、被害的程度、加害者的态度等事项。中小学生伤害事故中学校侵权赔偿范围主要包含以下几个方面:医疗费、看护费、交通费、葬礼费用等。①

计算赔偿金额时有两种方法,一是协商,二是法庭判决。赔偿费里包括医疗费、逸失利益、精神损失抚慰金、护理费和控除中间利息。

4. 相关判例

从以下判例可以看出,在学校侵权责任方面,法院十分关注被告对学生是否尽

① 刘佳佳:《中小学上海事故中学校侵权法律问题研究》,西南大学教育学院 2010 年硕士学位论文。

到了安全注意义务,即假设如果被告尽了力事故的发生是否有可能避免。

案例 1:2000 年 8 月,高知县南国市市立初中相扑部的某 3 年级男生在训练中倒地,因脑干梗塞而失去意识,留下运动障碍等后遗症。其与父母认为事故原因是作为顾问的男性教员的疏忽,因此将南国市作为被告,要求赔偿治疗费等约 4300 万日元。在法庭辩论中,虽然没能确认男性教员的指导与受伤的因果关系,但因诉讼的长期化对双方都不利,高知地方法院劝双方和解。南国市对男性教员用竹刀敲击等不适当的指导方法以及学生倒地后因该教员等不恰当的应对而造成送医延迟向原告表示遗憾,愿意支付 100 万日元的和解金。2004 年 9 月 27 日和解成立。①

案例 2:1995 年 8 月 4 日,静冈县西伊豆町町立仁科小学的 5 年级学生林田靖司在暑假期间开放的游泳池游泳时试图合上本该关闭的排水沟盖,被排水口将右脚吸住因而溺水死亡。1996 年 3 月 22 日其父母根据《国家赔偿法》第 2 条第 1 项以管理有缺陷为由起诉町和县,要求赔偿约 9140 万日元。静冈地方法庭沼津支部认为该排水沟的盖子本该固定住,因此町方面在游泳池的设置管理上有瑕疵,但因为关于学校游泳池的安全问题,县对町进行了必要的指导,因此县方面没有过错。1998 年 9 月 30 日静冈地方法院沼津支部判决町进行赔偿。

案例 3:1994 年 8 月 10 日,高知县高知市私立土佐高中的高一学生北村光寿在大阪府高槻市举办的足球比赛过程中遭到雷击,双目和下半身重度残疾。1999 年 3 月该学生及其家人控告土佐高校和提供会场的高槻市、财团法人高槻市体育协会、大会的组织委员会会长,要求赔偿治疗费等约 2 亿 9600 万日元。2008 年 9 月 17 日,原告胜诉,高松高等法院判决私立土佐高中和高槻市体育协会向原告支付约 3 亿日元。法官认为,肩负守护学生安全的带队教员应该具备避雷的常识,这是学校对学生活动的安全管理义务,协会也负有同样的责任。

案例 4:2001 年 6 月 8 日,原伊丹市公务员宅间守闯入大阪府池田市大阪教育大学附属小学,持刀砍伤学生教师共 23 人,其中 8 名学生死亡,13 名学生和 2 名教师受伤。2003 年大阪地方法院判处其死刑,2004 年执行。

2003 年 6 月被害学生家长与文部科学省达成《和解意见书》,文部科学省向被害者道歉的同时向 8 名遇害者共支付 4 亿日元的赔偿金。

---

① 载 http://www.jca.apc.org/praca/takeda/sosyojirei3.htm,最后访问日期:2013 年 2 月 15 日。

该案件受害人之所以获得国家赔偿,是因为:第一,1999 年,京都市立日野小学校一名小学生被杀害,文部省曾给各学校下达《有关安全管理的通知》,但却没有督促落实。其后又有其他同类案件发生,仍然没有引起文部科学省的重视;第二,案犯从机动车出入口进入学校没有遇到守卫,说明学校管理不严;第三,案犯在校内遇到一位教师,该教师在与案犯打招呼后没有得到回应却不加怀疑,说明该教师在注意安全上有缺失;第四,案件发生后学校秩序混乱使学生的救治没能顺利进行,说明学校在注意安全上失职。可以看出,日本根据学校是否违反"安全注意义务"来判断学校是否有过错。文部科学省以书面的形式发表了致歉信,并且制定政策,给出专项经费,对全国的中小学配备人员和安全设备。

案例 5:2001 年 4 月,爱知县半田市立乙川初中某一年级男生遭受到其他学生的集体孤立、说坏话和扔小石头等欺负,因而拒绝上学。其以半田市无视其诉说没有进行调查和采取适当的举措,要求半田市进行赔偿。2004 年 1 月 28 日名古屋地方法院半田支部以学校教师不理会原告方要求没有进行调查,没有在学校层面上对欺负人的行为进行阻止,未尽维护学生安全的义务为由,判决原告胜诉,半田市赔偿慰问金 100 万日元。①

(五)小结

日本政府为了应对学校事故的高发和近年来屡次发生的针对学生的校园恶性事件而采取了如下方针。

第一,完善法律法规以适应不同时代的特点。《学校保健法》改为《学校保健安全法》的过程充分体现了这一点。另外,法律法规条文对责任规定得细致明确,为预防事故发生和发生后的责任裁定提供了法律依据。学校事故责任认定时对是否履行了安全注意义务的注重也对校方和相关机构提出了更高的要求。

第二,从中央到学校逐级落实安全管理责任。从中央政府到学校都在制定安全管理指南,以此明确各机构的职责范围,并提出具体安全管理办法,基本涵盖了可能发生的各种意外情况。因国家重视不足督导不利造成的事故和事件,国家进行赔偿并负责进一步改善制度。

第三,建立国家援助和学校承担部分保险金的事故补偿制度。这一点减轻了

① 载 http://www.jca.apc.org/praca/takeda/sosyojirei.htm,最后访问日期:2013 年 3 月 10 日。

家庭负担,而且在无法确定责任归属的情况下由国家出资给予儿童最低限度的补偿,这有利于保障学生特别是义务教育阶段的儿童的权益。

六、比较研究和制度建议

学校安全法律制度和机制是一国法律制度等诸多因素的缩影,体现着各国个性,但在学校安全这一共同问题上也有着很多共性,具体体现在如下方面:

(一)注重学校安全立法

五国都很早就意识到了学校安全的重要性,认为学校安全是实现教育目的的必要条件,教育行政机关的职能之一就是提供学校安全服务。只有在保证安全的情况下,教职工才能够安心从教,学生才能安心受教。学校安全范围非常广泛,不限于学生安全,还注重教职工安全;不限于人身财产安全,还非常注意心理健康、网络安全等。五国都非常注重立法对学校安全的保障,但在具体立法模式和立法技术上有所不同。在立法模式上,一是采取综合法典方式,二是采取单行法典模式。由于学校安全范围的广泛性,即使是综合法典方式也还需要与单行法律法规配套实施。可见,重要的不是单行法或综合法的立法模式,而是首先要有法可依,而且立法的位阶要高,一般都是由立法机关立法而非行政机关立法。

与国外相比,我国当前对学校安全的认识仍然停留在初级层面,更多是出于避免事故、预防纠纷,从提供学校安全服务是政府责任的角度认识还不够。在对学校安全范围的认识上还不够全面,主要针对学生进行,而对教职工在学校安全方面的作用认识不足。在具体立法模式上考虑到教育立法修法任务较为繁重,由全国人大及其常委会制定法律的条件可能还不成熟,但从学校安全事项的重要性和涉及范围的广泛性来说,至少需要在国务院层面制定行政法规。

(二)学校安全管理体制

学校安全管理体制并不是单纯教育行政机关或者行政机关或者学校哪一个组织负责的,这是五国共同的经验。总体来看,五国学校安全管理体制的一个共同特征就是综合管理、预防为主。教育行政机关的重要职能之一就是保障学校安全,但教育行政部门并不直接提供学校安全,而是通过在立法基础上制定指南等方式为学校提供安全服务。教育行政机关一般设有专门机构负责学校安全,制定学校安全指南或索引,学校可以直接参照指南制定详细的管理方案。教育行政机关在注重同其他政府部门合作的同时，还非常注重发挥社会组织的作用，与非政府组织进行合作。这在英美法三国体现尤为明显，学校可以自大量的非政府组织处获得专业的学校安全帮助。当然，学校仍然是安全的主要责任者，但学校在立法规范、指南指导和社会协助的基础上能够较好地履行自己的安全管理职能。即在建立学校安全综合管理体制的基础上，作为直接和具体责任人的学校能够清晰地指导怎样进行学校安全的教育和管理，在事故责任分担上由于有健全的体制，学校不会遭遇巨大的安全压力，能够集中更多的精力进行教育。我国在未来立法中应考虑适当预留社会组织服务的空间，顺应发展趋势，使社会积极参与到学校安全管理中来，让学生、家长、社会为自身的利益而动员起来，共同遵守社会行为规范和共同价值观，更好地发挥其主观能动性，同时减轻教育行政部门的人事财政压力。

（三）重视校园欺凌和暴力事件的应对

校园欺凌和暴力是五国都面临的问题，也都有相应的法律规制和制度防范。目前这一问题在我国尚未得到足够重视。尽管存在类似现象，但对校园暴力事件关注主要集中于外部人员闯入校园，而对校园内部学生暴力或欺凌行为关注不足，缺乏对校园暴力和欺凌的专门界定、研究，制度建构更是阙如。

（四）注重制度设计防范学校安全事故

风险虽然不可避免，但可以尽力防范，有效的制度设计可以最大限度地降低风险。五国都非常重视安全教育、应急管理和预案工作，在校舍设计、包括应急在内的安全教育和应急预案方面都有着较为完善的制度。此外，尤为需要强调的就是信息公开和报告制度在这些国家的运用。在我国已经有了安全教育、应急管理方面的初步制度，但尚未将信息公开的理念和报告制度引入到学校安全领域。信息公开理念和报告制度能够有效地促使个体和社会关注学校安全和自身风险，从而自己采取相应措施，也能够在客观上降低学校承担的法律风险。这一理念和制度需要我国在立法中高度重视。

（五）强调保险制度注重利益平衡

五国在处理学校侵权事故责任承担方面并不相同，但一个共同的特征就是注重保险制度，减轻学校和教育行政部门压力，保险制度覆盖范围广泛，险种丰富，值得我国借鉴。在学校赔偿的方式上五国有国家赔偿和民事赔偿两种模式，各有特点，我国侵权责任法专门规定了学校侵权责任问题，而国家赔偿法并未涉及学校作为国家赔偿主体的法律适用问题,因此可以确定我国学校安全事故将通过民事赔偿路径,但考虑到学校承担的法律风险和出于保护学生权益角度,通过完善的学校保险制度来解决学校安全责任承担应该会是一种更好的途径。我国可以考虑在立法中确定强制险种,要求由国家或学校投保,与此同时确定一些险种由家长等自由选择。

不管是通过校车校警保证校园安全,还是安全手册提高安全意识,抑或针对性立法为校园安全提供保障,五国在学校安全方面的做法都有着很强的借鉴意义。学校不仅应有安全环保的硬件设施设备,更要建立在内涵发展上、高度文明上的安全。学校没有安全,教育就无法发展。

本章附录:部分英美法律法规

(一)英国

1974 年《职业健康与安全法案》(Health and Safety at Work etc. Act 1974)

1996 年《教育法》(Education Act 1996)

1999 年《职业健康安全管理条例》(Management of Health and Safety at Work Regulations 1999)

2000 年《建筑行业管理条例》

2002 年《教育法》(Education Act 2002)

2006 年《减少犯罪法》(Crime Reduction Act 2006)

2006 年《教育和检查法》(Education and Inspection Act 2006)

2009 年《校车(安全)法》

2007《学校管理规定》(School Governance Regulations 2007)

(二)美国

1992 年《校园性侵犯受害人权利法案》(Campus Sexual Assault Victims' Bill of Rights)

1994 年《安全、无毒品的学校和社区法案》(Safe and Drug-Free Schools and Communities Act of 1994,SDFSCA)

1994 年《学校禁枪法案》(Gun-Free Schools Act of 1994)

1994 年《学校食品安全法》(Dietary Supplement Health and Education Act of 1994)

1994 年《反儿童性暴力罪犯登记法》(Jacob Wetterling Crimes Against Children and Sexually Violent Offenders Registration Act,"Wetterling Act")

2000 年《美国 2000 年教育目标》(Goals 2000:Education America Act)

2000 年《反暴力学校安全法》(Safe Schools Against Violence in Education Act, SAVE)

2000 年《校园性暴力犯罪防治法》(Campus Sex Crimes Prevention Act,CSCPA)

2002 年《不让一个孩子掉队法案》(No Child Left Behind Act,NCLB)

第五章　高等教育法律问题研究

第一节　我国高校章程制定的法律分析[①]

尽管《高等学校章程制定暂行办法》已经开始施行，围绕着我国公立高校章程制定的诸多法律问题至此似已尘埃落定，但实际上《高等学校章程制定暂行办法》制定过程之中的诸多问题并未解决。为真正实现立法目的，有必要依据我国现行教育法律规定，结合我国现状对高校章程制定问题进行全面的法律分析。

一、公立高校章程的内涵分析

公立高校是我国高校的主体，本书仅讨论公立高校章程的制定问题。[②] 制定高校章程，必先了解其内涵。高校章程内涵取决于高校章程功能确定，高校章程功能的确定直接取决于我国高校章程制定的背景，即我国公立高校章程制定的背景决定

---

① 原文《我国高校章程制定的法律分析》，载《首都法学论坛》，知识产权出版社2013年版，此处有修改。

② 《高等学校章程制定暂行办法》最终明确适用范围为国家举办的高等学校即公立高校，不包括私立高校。

了对高校章程的功能期待,进而决定了章程的内涵,章程内涵确定则章程的制定主体及内容等就容易明确。

目前,有关高校章程有两种功能界定:第一,高校章程是高校成立的法律依据。该观点强调章程对高校设立的作用即高校的合法性问题,重点在于高校可以依据章程来处理与政府等外部关系。客观来看,章程本身既是高校依法成立、成为独立法律主体的必要条件之一,也是高校成立后内部运转的法律依据,不区分高校成立的法律依据与高校运转的法律依据,简单将高校章程理解为处理外部关系的规范,忽视高校章程本身也需要法律依据是不准确的。第二,高校章程是高校的自治规章或契约法。该观点强调章程对高校内部运转的作用,重点在于高校可以依据章程来处理高校内部关系,通常认为高校章程是高校必须具备的由设立者制定的对高校及其内部所有成员和组织具有约束力的、调整高校内部组织关系和运转行为的自治规章,这一有关章程作为内部运转依据的看法占据了主导地位,却忽视了高校章程对外部的制约作用,并不符合我国目前强调制定高校章程的现实背景。

依据我国现行教育法有关规定,高校在设立时即应具有章程,学校有权"按照章程自主管理"。但从现实来看,我国大部分公立高校都没有制定章程,呈现出法律规定与现实脱节的尴尬状态。有人据此认为公立高校是"非法运转"。这种看法实际上混淆了高校成立的合法性与高校运转的合法性问题。《教育法》的制定实施在时间上晚于大多数高校的设立,根据法不溯及既往原则,不能据此认为公立高校非法成立或运转。"按照章程自主管理"具有双重含义,所谓"自主"相对高校外部而言,"管理"相对高校内部而言,自主管理是高校在相对教育行政部门等外部独立的基础上进行的内部管理。因此,教育法的规定已经明确了高校章程的对内对外双重功能。

.从现实对高校章程的功能期待来看,高校章程也应具有双重功能。我国高校传统上作为行政机关的附庸,很少有自己的章程,即使有,也往往是由教育行政部门制定颁发的,如1950年教育部颁发了《北京师范高校暂行规程》。1995年《教育法》颁布之后,原国家教委在《关于实施〈中华人民共和国教育法〉若干问题的意见》中指出,各级各类学校及其他教育机构,原则上应实行"一校一章程"。《教育法》施行前依法设立的学校及其他教育机构,凡未制定章程的,应依法逐步制定和完善学校的章程,报主管教育行政部门核准。在《教改纲要》颁布之后,教育行政部门提出高校要制定章程,并选择部分高校作为试点。从我国近年来高等教育实践来看,各界希望通过章程制定来完善现代高校制度,借此解决公立高校目前存在的问题——外部对政府缺乏自主性,内部运转不够规范。这导致各界对高校章程的制定抱有很高的功能期待,希望章程能明确高校对外部的自主与对内部的规范运转。教育部也希望章程具有外部自主和内部规范双重功能,在官方讲话和文件中提出,“研究制定《关于加快推进学校章程建设的若干意见》,依法规范学校与政府、社会的关系”。① “发布《高等学校章程制定办法》,保障高校办学自主权,完善学校内部治理结构。”②“要着力完善学校内部治理结构,坚持和完善公办高校党委领导下的校长负责制,颁布实施普通高等学校章程制定办法,促进高校章程建设。”③“出台高等学校章程制定办法,系统推进学校内部管理体制改革,逐步形成依照章程规定管理学校的机制和氛围。”④

无论从现行教育法规定还是从我国对高校章程制定的功能期待来看,高校章程都应该具有外部和内部双重功能。这样的功能定位也应是我国高校章程制定的目的。《高等学校章程制定暂行办法》最终也肯定了章程对内对外的双重功能。遗憾的是,与以前相比,《高等学校章程制定暂行办法》更多强调了章程的对内功能即章程对高校行为的调整,在高校对外(举办者和教育行政部门)自主方面强调不足,而从实际效果来说,《高等学校章程制定暂行办法》作为部门规章也很难对举办者真正发挥作用。⑤

---

① 教育部政策法规司司长孙霄兵:《全面服务教育科学发展　全面推进依法治教》,载 http://www.moe.edu.cn/publicfiles/business/htmlfiles/moe/moe_627/201008/97198.html,最后访问日期:2016年5月10日。

② 《教育部2011年工作要点》,载 http://www.moe.edu.cn/publicfiles/business/htmlfiles/moe/moe_164/201102/114836.html,最后访问日期:2016年5月10日。

③ 袁贵仁2011年1月24日《全面落实教育规划纲要　深入推进教育事业科学发展——在2011年全国教育工作会议上的讲话》,载 http://www.moe.edu.cn/publicfiles/business/htmlfiles/moe/s3048/201102/115324.html,最后访问日期:2016年5月10日。

④ 杜玉波:《在2011年全国教育工作会议上的讲话》(2011年1月24日),载 http://www.moe.edu.cn/publicfiles/business/htmlfiles/moe/s3048/201102/115388.html,最后访问日期:2016年5月10日。

⑤ 《高等学校章程制定暂行办法》第3条第1款规定:“章程是高等学校依法自主办学、实施管理和履行公共职能的基本准则。高等学校应当以章程为依据,制定内部管理制度及规范性文件、实施办学和管理活动、开展社会合作。”第5条规定:“高等学校的举办者、主管教育行政部门应当按照政校分开、管办分离的原则,以章程明确界定与学校的关系,明确学校的办学方向与发展原则,落实举办者权利义务,保障学校的办学自主权。”

二、高校章程制定主体的理论分析

有关公立高校章程的制定主体主要有几种看法：一是由高校自身制定；二是由高校设立者主要是教育行政部门制定；三是由立法机关如较大市以上地方权力机关制定；四是认为不同种类高校分别由不同主体如地方权力机关或教育行政机关或高校自身制定。

由高校自身制定章程，虽然符合我国目前章程制定的现实，但却与章程制定的功能期待及目的不一致。一般来说，公立高校自身制定的章程只能规范高校内部关系，无权也不可能规定高校与外部关系。这样无助于解决我国公立高校目前遭遇的现实问题，而且依据教育法规定，高校在设立时即应当提供章程，我国目前要求高校制定章程与其说是高校成立合法性的事后补正，毋宁说是解决高校治理中目前遭遇的外部独立不足与内部治理混乱的问题，这是单纯的高校主体制定说所不能满足的。

由教育行政部门制定章程，虽然在一定程度上提高了章程的效力，但并不必然由此使得章程对外部具有规章的效力。由教育部制定的高校章程固然可以具有规章的效力，在一定程度上解决公立高校与外部问题，但可能出现公立高校章程千人一面的情况。从现实来看，教育部不可能有精力为每一所高校度身定做章程，况且绝对有理由怀疑教育部自身作为立法者来制定章程是否能够有效规范教育部自身行为。如果说教育部主管高校由教育部制定的章程还具有规章效力的话，地方教育行政部门所制定的章程不过是行政规范性文件，根本不具有任何属于法规范体系的效力，更无助于解决公立高校所面临的问题。

正是鉴于高校自身制定和教育行政部门制定所面临的问题，有观点提出由地方权力机关制定地方性法规的形式来制定章程。权力机关制定的地方性法规从效力上来看固然能够规范公立高校与教育行政部门的关系，但实际上也并不具有现实性。我国目前公立高校有国立和省立之分，对于众多公立高校，无论是全国人大及其常委会还是省级人大及其常委会都不可能针对每一高校制定章程，而如果权力机关为所有的国立或省立高校制定统一的章程，就会出现教育部统一制定章程同样的弊端，忽视高校的个性与特色，甚至会起到与章程制定目的相反的作用。

其实，以上三种制定主体模式都忽视了高校章程的契约法性质。即无论是谁作为高校章程的制定主体,高校章程总是要对高校内部成员发挥作用。从社团法人性质出发,高校内部成员应当参与章程的制定,但从教育法规定角度来看,高校章程产生在前,成员确定在后,成员对章程制定的参与权仅能表现为同意权和修改权,而非创制权。从我国高校目前章程制定的现实来看,高校章程的制定已经在高校成员确定之后,高校成员应当有权参与章程的制定。这样高校章程就具有自治规范的作用,进而可作为高校内部治理的依据。因此,可以肯定,在现阶段情况下公立高校要制定章程,一定要有高校内部成员的参与,并且应当以明确的制度保障之。

在现行教育法律框架内解决公立高校章程制定主体的合法性问题,需要对教育法相关规定进行分析。在公立高校并无章程的现状与教育法规定不一致的情况下,最好的法律解决途径是将教育法有关章程的规定视为一种"法律授权",即授权公立高校有权事后补正制定章程——毕竟教育法的规定施行在后——教育部要求公立高校制定章程是对教育法规定的贯彻和落实。这样就从理论上解决了章程制定主体的问题。有了教育法的授权,无论是高校还是教育行政机关或是地方权力机关作为制定主体就都具有了合法性,也能够发挥章程对外对内两种功能。但不应统一公立高校章程的制定主体或单独由某一主体作为章程制定机关,而应视具体情况确定公立高校章程具体制定主体,留出弹性空间。即使确定章程的制定主体,也可以在程序上有不同的设计。如部分公立高校自身制定章程,可以通过教育部或地方权力机关备案或批准程序,这样教育部或地方权力机关通过间接方式也参与了章程的制定。当然,不可忽视的是,无论是哪一个作为制定主体,都不能忽视高校的有效参与。目前,我国公立高校的章程制定基本上都是以高校作为制定主体,方式较为单一。《高等学校章程制定暂行办法》最终在章程制定主体上肯定了高校内部成员、举办者的参与,充分肯定了章程的契约法性质,①但在章程的效力及功能发挥方面始终有不足。建议继续积极探索多种主体制定方式,在条件允许时不妨由立法机关参与章程制定,或者经过高校制定程序后考虑由立法机关通过

① 《高等学校章程制定暂行办法》第16条规定:"高等学校应当按照民主、公开的原则,成立专门起草组织开展章程起草工作。章程起草组织应当由学校党政领导、学术组织负责人、教师代表、学生代表、相关专家,以及学校举办者或者主管部门的代表组成,可以邀请社会相关方面的代表、社会知名人士、退休教职工代表、校友代表等参加。"

的程序制度来进一步完善章程的制定。

三、公立高校章程制定的实证分析

完善的制度离不开实证分析。对吉林大学、中国政法大学和北京化工大学的章程文本进行比较分析能提供有益借鉴。

第一，章程地位。章程的地位直接关系到章程制定的意义，但遗憾的是，三所高校中仅有中国政法大学在章程中明确规定了章程的地位及效力——章程在学校规章制度中具有宪法性地位。如果不明确章程在学校治理中的根本性地位，章程的制定在某种程度上就失去了意义。

第二，制定主体、依据和目的。三所高校的章程都未明确制定主体，但从制定过程来看，章程制定机构一般为高校内部设立起草委员会，成员主体基本上来自学校内部，没有教育行政机关以及其他外部主体的参与，在内部具体成员的选择上没有明确相应的标准。三所公立高校章程都规定了章程的制定依据，目的也有相通之处，但并不完全相同。如相较于吉林大学和北京化工大学章程制定目的强调对高校内部的规范作用，中国政法大学还强调了章程对学校自主管理的作用，这实际上以一种比较隐晦的方式体现了有关章程内涵的争议——章程是仅仅对内还是兼具对内对外两种功能。

第三，章程的制定程序（包括审议、通过和备案）。三所高校章程虽然对制定程序有所规定，但并不完备，仅限于章程的审议、通过和备案等，对章程起草过程中的民主参与、公开等程序并未规定。即使仅将章程定位为对内具有约束力的规范，基于章程要对高校内部成员发生效力，也需要包括高校教师和学生等在内的高校成员的广泛参与，而这些在高校章程的制定程序中都明显缺乏，使高校章程较之于权力机关的立法程序更缺乏民主。另外，三所高校都规定了报教育部备案这一程序，但在备案的法律效力上规定并不明确，仅有中国政法大学明确规定章程经教代会审议后即生效，教育部备案并非章程生效的法定程序；三所高校章程在审议和通过程序上也存在着很大不同，体现为两种不同模式：一是单纯的教职工代表大会审议通过生效模式；二是教代会等机构审议后由党代会通过模式，而后一模式对教代会等机构审议与党代会通过程序之间的关系并未规定，而这涉及教代会与党代会的权力划分问题，不解决好二者之间的关系，很可能使得该规定最终流于形式。

第四，章程的修改。三所高校都依据《高等教育法》规定了章程的修改事宜，但章程的修改主体及修改程序并不相同。中国政法大学的章程修改规定与章程制定程序保持了一致，“由校长向教代会提出并说明理由”，修正案仍由教代会审议通过，但与章程制定程序一样并未规定教代会的通过比例；至于吉林大学和北京化工大学则完全舍弃了章程制定程序规定的教代会审议环节，仅规定了党代会的章程修改权限。党代会与教代会在章程制定和修改权限方面的冲突体现得非常明显。

第五，章程的解释。《高等教育法》并未明确规定章程解释事宜，但除吉林大学外，中国政法大学和北京化工大学都规定了章程的解释权，但章程解释的主体各不相同，前者为教代会主席团，后者为党委会。这再一次彰显了我国目前教育法治亟待解决的问题——教代会与党代会及党委会的权力划分问题。

第六，章程的内容。三所高校在章程结构和内容上有着众多相似甚至雷同之处，但有关学校性质规定并不完全相同。三者虽然都肯定了学校的法人资格，但在法人的公法和私法性质上规定并不明确，即使同样规定学校的“非营利性事业组织”性质，但在法律责任的承担上强调重点也不相同，相较于吉林大学强调独立承担“法律责任”，北京化工大学则强调独立承担“民事责任”。这些看似细微的规定上的不同实际上体现的正是目前有关高校尤其是公立高校法律性质的争议。如果法律上没有高校法律性质的明确定位，章程有关学校性质的规定不过是一纸空文，至少也是流于形式。此外，章程细节上的具体差异性体现了一些争议性话题，如管理体制、校长职权、院系组织机构及其人选确定、教代会职权、教师任职条件等方面并不相同，呈现出了一定个性，尽管非常有限。

《高等学校章程制定暂行办法》虽然对一些问题作了规定，但对章程制定过程中教代会与党委之间的权限仍然采取模糊态度，有关章程解释以及章程核准备案的效力等仍有待研究。《高等学校章程制定暂行办法》在《高等教育法》的基础上增加了高校章程应当规定的内容，为章程文本提供了进一步的框架和依据，但并不意味着高校章程的内容就一定是相同的，高校章程在此框架内应该有个性空间。

四、初步结论：公立高校制定章程宜稳步推进

如果说要求公立高校章程制定的目的之一就是去行政化，避免或者降低行政

对高校的不合理侵入,那么现在教育部要求高校制定章程本身也是一种行政介入,尽管这种行政介入是以行政立法的形式加以体现的。这种悖论充分体现了我国公立高校目前的现状——既需要保障公立高校对外的自主权限,又需要规范高校对内的各种失范行为,既需要远离政府介入,又需要接近政府监督。如何在远近之间衡平,既使政府有限介入,又使高校真正自主,这或者正是教育部推行公立高校制定章程的目的所在。

可以肯定,教育部推动公立高校制定章程的初衷是好的,公立高校也确实应该制定章程,但在目前有关章程制定的理论探讨和实证分析还不充分的情况下,如果硬性规定公立高校在某个期限内要完成章程的制定恐怕并不能实现立法的初衷。现有公立高校章程个性化的缺乏就体现了这一缺陷。公立高校章程制定不应是为了完成教育部推行的任务,而是为了保障和完善高校自身的治理。在强调公立高校制定章程之时,应该让各公立高校充分认识到章程制定对高校的意义。通过程序性规定对公立高校章程制定加以引导。从这种意义上来说,教育部没有采取命令或通知方式,而是通过规章方式,没有采取统一制定章程方式,而是采取规定章程,制定办法的方式来推动公立高校制定章程,具有进步意义。需要强调的是,必须在法律允许的框架内推进公立高校章程的制定,教育行政机关甚至可以制定章程示范文本,但更重要的是运用“授权理论”,在充分考虑高校章程制定的合法性和可行性的基础上,在不与现存法律抵触的情况下,允许不同类别的公立高校由不同主体通过不同程序制定章程,尊重高校的自治空间。《高等学校章程制定暂行办法》能否真正解决我国目前公立高校存在的问题还有待检验。毕竟,制定规范本身不是目的。

第二节　美国高校信息公开制度

美国是信息公开高度发达的国家,除了政府适用有关信息公开法律之外,很多公立大学也适用信息公开法律制度,尽管这也经历了一个有争议的过程。最终公立大学基于其作为高等教育服务公众的本质以及接受政府财政支持的原因也接受信息公开法律制度的约束。在某种程度上美国大学信息公开制度为其运行提供了良好的制度保障,也是美国大学成功的原因。

一、美国高校信息公开的法律渊源

美国并不存在有关高校信息公开的专门立法。高校信息公开的法律渊源包括成文法和判例法,成文法主要由联邦法律规范、州法律规范和大学规章制度组成,联邦法和州法既有一般行政法律法规,也有专门的教育法律法规。除了 1966 年《情报自由法》、1976 年《联邦政府法》、1972 年《联邦咨询委员会法》以及 1974 年《联邦隐私权法》等调整信息公开的一般法外,涉及高校信息的专门联邦法主要有《家庭教育权利和隐私权法》(Familiy Education Rights & Privacy Act,FERPA)、《健康保险流通与责任法》(Health Insurance Portability and Accountability Act,HIPAA)。为更好实施这些法律,美国教育部和相关部门如卫生及人类服务部还制定了法规、共同指引文件等,这些都构成了美国高校信息公开的法律渊源。总体来看,有关高校信息公开的法律渊源仍更多来自州法的有关规定,如《公开会议法》《公开纪录法》《州政府实践数据法》等。在联邦和州法之下,各高校又制定了有关信息公开的规章制度,作为高校信息公开活动的直接规范加以适用。为更好认识美国高校信息公开情况,有必要进一步了解《家庭教育权利和隐私权法》和《健康保险流通与责任法》。

《家庭教育权利和隐私法》(FERPA)是保护学生教育纪录隐私的联邦法律,适用于所有接受美国教育部项目资助的学校,这实际上包括所有的公立学校和学区以及大部分私立和公立高等教育机构,包括医学院和其他职业学院。如果教育机关或者机构接受一个或更多项目资助,该法就适用于整个机构,包括其组成部分,如大学内的各系。基础和中等教育层面的私立和宗教学校通常未从教育部获得资助,因此也不受 FERPA 的约束。需要注意的是,私立学校不受 FERPA 约束仅仅是因为其学生和教师接受来自于地方学区或自教育部获得资金的州教育机关的服务。自身接受教育部管理项目资助的学校必须接受 FERPA 的约束。举例来说,如学区将身患残疾的学生安排在私立学校接受教育,即代表学区对该学生提供服务,有关该学生的记录就适用于 FERPA,但并非该私立学校所有的学生记录都受该法调整。在这些情形下学区对在该私立学校学习的学生教育记录仍然要遵守 FERPA 的有关规定。

《健康保险流通与责任法》制定于1996年,意图通过建立电子医疗保健交易的国家标准和要求提高卫生保健系统的效率和效益,保护可识别个人健康信息的隐私和安全。该法规定的卫生保健提供者包括提供健康或医疗服务的机构,如医院以及非机构主体如医生、牙医和其他从业人员,以及其他相关人员或组织。该法隐私规则要求所涵盖的实体保护个人健康记录和其他可识别健康信息,通过采取适当的保障隐私的措施,设定使用和公开未经病人授权信息的限制和条件。该规则也赋予病人健康信息权,包括检查和获得健康记录以及要求修正的权利。当学校对学生提供卫生保健时也属于该法规定的"卫生保健提供者"。如果学校进行与卫生保健有关的电子交易也属于该法规定的实体范围。作为实体,学校也必须遵循该法有关交易的行政简化规则。但很多学校即使是属于HIPAA覆盖的实体,也并不需要遵循该法规定的隐私规则,因为只有学校保存的健康记录才是FERPA规定的适格学生的教育记录或治疗记录,而这两种记录都被排除在HIPAA隐私规则的范围之外。此外,FERPA涵盖的记录的例外既适用于HIPAA隐私规则,也适用于HIPAA安全规则。

二、美国高校与信息公开的争议

信息是否公开首先取决于信息持有者是否适用有关信息公开的法律规定。这就需要判断高校是否适用信息公开。如果适用信息公开,高校的内涵外延如何,这是高校信息公开制度首先要明确的问题。

高校是否适用信息公开法律看其是否属于信息公开法律所规定的"公共机构",即高校的法律地位。根据美国宪法和法律,美国教育属于各州事务,由各州加以调整,联邦一般无权管辖,情报自由法等一般调整政府信息公开的联邦法律既未明确提及高校,也并不直接适用于高校。如情报自由法界定的机构包括所有行政部门、军事部门、政府公司、政府控制公司、属于政府行政分支的其他机构以及其他独立管制机构。而高校并不属于上述范畴。同时,州一级有关政府信息公开的法律中也不都可以直接适用于高校信息公开,这主要是由州法中"机构"内涵及范围决定的。但州法并未明确规定高校是否属于信息公开所适用的机构的范围,尽管高校也没有被明确排除在外。这就为高校是否适用信息公开留下了争议的法律空间。公共机构一般都应该接受信息公开的法律约束。美国联邦和州法中有关机构的范围往往在列举部委局后有一个其他的兜底条款,如联邦情报自由法中有关“政府行政分支的其他机构”的规定,州法中则规定“其他履行政府职能的政府实体”。除了“职能”标准外,有的州还附加了公共资助这一替代标准。如果说高校是否属于履行政府职能的实体还可能引发争议的话,那么接受政府资助这一标准则能将所有公立高校都囊括其中。然而,大多数州法只是规定地方实体要接受信息公开,而该地方实体的判断标准是否以接受公共资助为标准则并未明确规定。于是,法院通过判例方式进一步明确了高校与信息公开的关系。

州法院讨论了何种类型的实体构成州情报自由法律①规定的机构,②其记录应当进行公开。某一具体记录或者报告是否应当按照州信息公开法律的有关要求予以公开,首先需要决定的就是这些记录或报告的保管人是否属于州法规定的接受信息公开法约束的机构。法院在实践中一般通过职能标准和资助标准两个标准进行判断。法院认为学校及其相关机构应当接受州情报自由法的规范,因为这些机构接受公共资助或者取得了法律授权。明尼苏达大学诉 Chase 案再次确定大学在法律和口语意义上都是州立机构(state institution),在普通意义和功能意义上来说,也是国家机构。在 Knapp 诉 State 案中,法院尽管尚未使用“公共机构”这一简洁术语来指称大学,但表达了同样意义,认为大学是州所建立的机构,由州自己控制和运作。公立高校无论从履行政府职能标准还是接受公共资助标准来看都属于公共机构。面对高校不属于法律明确规定机构的反对意见,很多法院采取了另一种解释方法,指出鉴于立法机关并未将其明确排除在外,从保护公众信息权的角度出发,高校应该接受州有关会议公开的法律规定。还有些州也肯定高校适用信息公开记录法规,理由是立法机关将大学职员作为公共职员对待,表明大学属于公共记录公开法律中的机构,且并无令人信服的理由表明大学不应该受公开法律的调整。③ 甚至有时,公私合办的专科院校也被认为是公共机构,因为学校履行政府性职能,几乎全部由财政支持,取得州教育委员会的证书并接受其检查以获得学费返

① 这里所谓的州情报自由法律包括所有目的在于公众有权获得公共记录的州法规定,包括情报自由法、公共记录法以及相关法律规定。

② 有关美国信息公开中机构的定义,可以参见 Federal Freedom of Information Act (5 U. S. C. A. § 552)。

③ Carter v. Alaska Public Employees Asso. (1983, Alaska) 663 P2d 916.

还和其他法定优惠政策，主要目的是为当地居民保持学校，属于该法目的下的公共机构。①

需要明确的是，虽然高校应当公开是大多数法院的意见，但在具体适用何种公开规范调整等问题上法院意见并不一致，如各州在大学是否接受公开记录法规范方面态度并不相同。有些州大学则不适用记录公开的有关法律。这一方面是由于调整信息公开规范本身规定不同，另一方面也是由于高校性质确实特殊。但总体来看，在美国，公立高校作为公共机构接受信息公开法律规范已经基本达成共识。

在美国法治精神的推动下，有关高校与信息公开还有着另外一种争议，即高校适用信息公开，是否意味着与高校相关的机构如高校之间的联盟、高校内部机构也适用信息公开呢？面对实践中案例提出的这一问题，法院总体上都通过从宽解释方式肯定高校内部管理机构及有关高校联盟也可能适用信息公开法律规定，尽管各州并不完全一致。② 从公立大学网站所获得信息的范围及程度来看，公立高校内部机构及高校间机构的公开将与公立高校一样接受信息公开法律规范的约束。

三、美国高校信息公开的范围

高校适用相关政府信息公开法律规范的调整，并不意味着高校信息公开与政府信息公开完全相同。高校信息公开有其自身特性，除了遵循一般的政府信息公开法律规范外，还有专门的教育法律规范加以调整，在公开范围的确定上还要尊重高校的学术自由与大学自治。美国高校信息公开具体范围的确定要从高校信息的范围说起。

所谓高校信息是指高校制作、所有、使用或者持有的与高校事务有关的信息。通常高校信息应该是可以物理形式体现的，既包括各种书面方式如备忘录、折页、书籍、手稿、论文、照片等，也包括各种电子方式如碟片、磁带等。③ 从内容上看高校信息是多种多样的，既有一般信息，也有个人信息；既有行政信息，也有学术信息；既有学生信息，也有教师信息；既有涉及隐私的个人信息，也有不涉及隐私的个人

---

① Board of Trustees v. Freedom of Information Com. (1980) 181 Conn 544, 436 A2d 266.

② 姚金菊：《美国高校信息公开研究》，载《行政法学研究》2010 年第 4 期。

③ Califonia Public Records Act 和加州大学(UC)的相关规定。

信息。如同政府信息一样,并非所有的高校信息都要公开,哪些信息不能公开,哪些信息可以公开,对谁以何种方式公开,与高校信息的性质有关。一般来说,高校信息中的公共信息可以公开,非公共信息原则上不可以公开。

判断高校信息是否属于公共信息主要从两方面考虑——隐私权及高校特殊性。隐私权主要涉及个人信息的保护,高校特殊性主要涉及高校事务的顺利运行。原则上涉及二者的信息不属于高校公共信息,一般不予公开。根据《家庭教育权利和隐私权法》等联邦法、部分州法以及法院判例,美国高校信息公开范围如下:

第一,高校信息。高校信息是指与高校相关的信息,包括一般信息和特殊信息。一般来说,高校运行过程中产生的部分行政、管理、业务、财务和政策制定信息属于一般信息,应当公开。① 如根据法律规定,爱阿华州立大学规章规定,在校学生、将来学生及其父母有权获得大学运行的相关信息,包括:机构运行的一般状况;财政支持情况;结业率和毕业率的一般情况;年度安全报告;学生运动员的结业率和毕业率情况以及运动项目的参与率和财政支持。② 甚至校董事会的会议纪要也属于信息公开的范围。法院在判决中明确指出,董事会非经选举产生并非决定该会议记录是否受州情报自由法调整的决定因素。③ 此外,依据《家庭教育权利法和隐私权法》,指引信息也属于高校可以公开的信息。指引信息是指公开通常不会有害或者侵犯隐私的信息,包括学生姓名、地址(包括 E-mail)、电话号码、出生地和日期、专业、年级、入学日期、登记状况、学习专业以及全日制还是非全日制学生。高校应当告知学生及其家长④有权决定不予公开,学生如无特殊要求,高校无须征求其同意既可以公布指引信息。尽管学校可以公布,但考虑到可能发生的冒名顶替,学校不会不加区别地公布这些信息。⑤ 但法律及规章都并未列举哪些信息不能被作为指引信息公布。

高校特殊信息主要涉及高校内部信息。美国高校及其教师享有学术自由及自

① 伯明翰大学有关政策。

② http://www. public. iastate. edu/ ~ disclosure/,最后访问日期:2016 年 5 月 10 日。

③ see Cline v. Board of Trustees (1973) 76 Misc 2d 536,351 NYS2d 81,affd without op 45 App Div 2d 823,357 NYS2d 1022.

④ 18 周岁以下的学生应当通知家长,18 岁以上通知学生。

⑤ See Family Education Rights and Privacy Act.

治权利，这也是高校的特性。[①] 高校自治并不意味着高校不受司法审查，立法和司法仍然可能对高校进行控制监督，但至少在教育事项上高校具有更大的权力。[②] 基于高校自治原则，高校内部事务由大学决定，除非法律有明确规定，否则不适用信息公开法律规定，如高校校长的遴选事宜。属于高校自治的事项仍然要接受有关信息公开法律的约束，宪法自治或高校自治并不能成为逃避公开的根据。有的高校明确规定，信息公开不包括高等教育机构中与思想自由交流和知识共享相关的学术、研究和学术活动结论的传播交流。但院系等可以通过其规章制度规定学校教研人员以何种方式何时提交、报告和传播这些智力知识。[③] 在高校自治范围内的内部事务和学术事务上，除了有关成文法外，更要注意相关判例。法院判例对这些信息公开问题作出了具体回应。在有关教师雇佣关系的诉讼中，分别涉及同行评议、晋职和终审任职问题。一教授要求查阅同行评议。依据州公共记录法，职员有权获得雇佣记录。法院授权其获得某些记录，但拒绝其获得可能揭示评议人身份的记录。因为该信息属保密信息，受大学根据州授权享有的宪法自治的保护，发布该信息可能妨碍机构行政正常运转。由此法院衡平了州对雇佣记录予以公开的一般政策与高校宪法自治保护之间的利益。[④] 在另一案件中，法院认为大学有关晋职和终身任职的集体谈判涉及雇佣关系，而非学术事务，应受雇佣关系法调整。[⑤] 尽管对高校自治有所限制，法院仍意识到现行法可能侵犯管理机构的宪法权威，认为立法权不能介入大学对教育事务的管理。[⑥] 尽管立法机关将高校囊括在公共雇员关系法之内，但该法“并不能延伸至大学的教育权限范围之内”。[⑦]

第二，个人信息。个人信息包括学校所掌握的所有个人信息，包括教职员工

---

① 需要注意的是，判例中对学术自由的主体的看法不同。有的认为学术自由的主体仅为高校教师个体，高校自身作为组织并不能成为学术自由主体。有的则认为高校及其教师都是学术自由的主体。

② 关于宪法自治、高校自治等，可参见 Neal H. Hutchens, Preserving The Independence Of Public Higher Education: An Examination Of State Constitutional Autonomy Provisions For Public Colleges and Universities, *Journal of College and University Law* 2009, 271。

③ 伯明翰大学有关政策。

④ Muskovitz v. Lubbers, 452 N. W. 2d 854 (Mich. Ct. App. 1990).

⑤ 273 N. W. 2d 21 (Mich. 1978).

⑥ Cent. Mich. Univ. Faculty Ass'n v. Cent. Mich. Univ., 273 N. W. 2d 21, 27 (Mich. 1978).

⑦ Federated Publ'ns, Inc. v. Bd. of Trs. of Mich. State Univ., 594 N. W. 2d, 491, 497 (Mich. 1999).

和学生的信息。个人信息可能涉及或不涉及隐私。① 高校往往将个人信息分为保密学术评议记录(同行评议记录)、保密记录、涉及隐私的记录和不涉及隐私的记录。②

学生信息主要由《家庭教育权利和隐私权法》调整。该法中学生信息即为教育记录,是指教育机构制作、持有的直接与该学生身份相关的信息,教育纪录定义广泛,包括直接与学生相关的记录;教育机关或者教育机构或者代表教育机关或机构行事的一方保存的记录,具体包括档案、文件和各种媒介中的资料,如手写、打印、磁带、磁盘、胶卷或缩微胶片,具体有对学生的学术评价、学生成绩单、考试成绩和其他学术记录、纪律处分记录、接受资助记录等。学校保存的有关特殊教育学生的记录包括对残疾人教育法[Individuals with Disabilities Education Act(IDEA)]规定的学生提供服务的有关记录都属于该法规定的教育记录。这是因为这些记录一是与学生直接相关,二是由学校或为学校行事的一方所保管,以及并未被教育记录定义所排除在外。那些与学生身份无关的记录,如专有笔记、法律执行部门记录、仅为职员提供的记录、医患权利记录和校友记录不属于教育记录,不受该法调整。《家庭教育权利和隐私权法》明确规定,高等教育机构适格学生的医疗和心理诊断记录通常称为治疗记录,而不属于该法所规定的教育记录,如果这些记录的制作、保存或者使用仅仅与学生治疗相关并只对进行治疗的医生公开。适格学生的治疗纪录可以为学生治疗之外的目的而被公开,如果这些记录依法获得书面同意。如果学校公开适格学生的治疗记录是为了治疗之外的目的,则记录不在被排除在教育纪录的定义之外,而应该接受所有其他 FERPA 规定的约束。③ 因此,该法保护的学生信息主要限于学生个人信息及学术记录。学生有权依据该法查看和审查有关教育记录、适时对教育记录予以修正,并对记录中信息公开拥有决定权。可识别个人信息如被删除,教育记录可以不经同意发布。为此教育部还发布了客观判断标

---

① FERPA 采用了 individual information 和 personal information,前者主要与组织信息相对,指个体信息,后者则指与隐私有关的个人信息。

② U. C. Guidelines for Access to University Personnel Records by Governmental Agencies, July 1, 1987.

③ 有关该法的法规或其他信息可以参见 http://www. ed. gov/policy/gen/guid/fpco/index. html。

准。可识别个人信息[①]包括学生姓名和其他直接个人标识,如 SSN;还包括间接标识,如学生父母或其他家庭成员的姓名、学生或家庭住址、个人性格以及其他容易追踪学生身份的个人信息。为更好地保护学生隐私,后来法规取消了"其他容易追踪个人信息"这一概括式规定,而代之以具体清晰的识别标准,增加了生物识别记录,如指纹、笔迹、DNA、声纹和面部特征等。[②] 公立高校接受 FERPA 约束,未经父母或适格学生的书面同意,不能公开学生教育记录或者教育记录中可识别信息。

高校对教师和职工的信息公开规定有所不同。教师信息是重点。教师信息包括个人信息和学术信息。高校有权公布与教师职责相关的基本信息,如姓名、办公地址、办公联系方式(包括电话和 E－mail)、研究方向、出版物等,[③]但不得公布涉及教师隐私的个人信息,如家庭住址、电话、年龄、婚姻状态、性取向等。教师信息涉及学术自由和同行评议问题。但教师或政府机关可能要求高校公开有关同行评议信息,这往往需要在保证同行评议的客观公正、个人隐私权和知情权之间进行衡平。法院可能要求高校对被评议人和政府公布评议结果,但一般对评议人个人信息予以保密。

需要注意的是,美国高校的医疗和健康信息不属于家庭教育权利和隐私权法规定的教育记录,不受该法调整,一般由各州相关法律决定。如加州大学不属于该法规定的记录就由加州信息实践法[④]和公共记录法调整。阿拉巴马伯明翰大学规章指出,学生的医疗和健康信息(包括医患和非医患环境)都属于机密且必须按照机密处理。对医疗健康信息,任何病人护理和健康护理环境中的所有医疗和健康信息,或者任何涉及医疗健康信息的包括研究时涉及的信息都是机密信息,不能对无权查阅或知晓该信息的人员公布。

总之,除了依据一般标准判断高校信息是否属于保密信息(涉及国家机密、商业秘密),尤其要注意涉及个人隐私和同行评议的信息。保密信息一般不予公开,但并非绝对不能公开,在法律规定的情况下遵循法定的公开方式和程序也可以公

① Personal Identifiable Information(PII).

② 参见有关 FERPA 的介绍。转引自美国教育部网,http://www.ed.gov/policy/gen/guid/fpco/pdf/ht12－17－08－att.pdf,最后访问日期:2016 年 5 月 10 日。

③ 对此有兴趣者可以到美国各大学网站上查阅。

④ California Information Pratices Act.

开。而高校一般信息等属于公共信息,应当予以公开。

四、美国公立高校信息公开的主体、方式、途径和救济

法律并未规定高校具体实施信息公开的主体,各公立高校负责信息公开的主体也并不完全相同,但总体来看,不同性质的高校信息由高校不同机构按照不同途径进行公开。一般来说,高校负责信息公开的主体有校长办公室、信息技术安全机构、总法律顾问、学生注册处和事务部等,每一主体负责公开的信息范围不同。如有关高校的相关信息由校长办公室发布,高校的相关内部机构针对自身所管辖事务权限及程序等事项予以公开,这些都属于主动公开的范畴,而总法律顾问针对信息公开的申请进行回复,有时也会将该回复对一般公众加以公开。①

美国公立高校的信息公开方式有主动公开和依申请公开两种。主动公开的信息主要是公共信息,但并非所有的公共信息都会主动公开。对于依法属于公共信息但高校并未主动予以公开的,原则上所有人都可以申请该信息的公开。而对于原则上不予公开的个人信息,在经适格人申请之后,如果得到该个人的书面同意,也可能对该个体之外的他人予以公开。所以,主动公开的信息主要是公共信息,非公共信息高校一般不得主动公开,但公共信息的公开也可以适用依申请公开,对申请人的资格一般没有限制。高校个人信息如果涉及个人隐私或者高校特殊事项,经申请可以对适格的特定主体予以公开。但对于信息公开的申请,总法律顾问一般会协助收到申请的机构作出回答,严格依照相关法律规定,在审慎平衡隐私权和公开的关系后作出决定,以避免高校陷入纠纷之中。对秘密信息高校一旦决定公开,可能还需要签订保密协议。如高校决定对公司披露专利信息,高校会与公司签订保密协议;或者高校决定对申请人予以信息公开时,会要求申请人接受相关条款的约束,在申请范围和用途上予以限制。②

高校信息公开的途径是多种多样的,在现代科技发展的背景之下,互联网成为高校信息公开的主要途径。高校很多信息都在互联网上公布,既有以报告形式发

---

① http://www.doj.state.or.us/public_records/orders/cross_61698.pdf,最后访问日期:2016 年 5 月 10 日。

② http://www.otc.umd.edu/PDFs/SampleCDA.pdf,最后访问日期:2016 年 5 月 10 日。

布的信息，也有以通信方式发布的信息。除了自身互联网等公开途径外，高校还主动向大众媒体公开相关信息。以上这些途径主要针对高校公共信息。那些不属于公共信息的公开途径包括电子邮件、信件、传真等多种方式，但一般都以物理形式进行，不限于纸质，电子方式也可，但都要求有迹可循。此外，美国高校信息公开非常注意技术手段的应用。正是科技的发展使得不同高校信息对不同主体的公开成为可能，如对内对外的不同公开。

与高校信息公开有关争议的救济与一般政府信息公开救济既有相同之处，也有不同之处。根据《家庭教育权利和隐私权法》，父母或者学生有权提出申诉，要求学校对其认为不准确、误导性或者可能侵犯其隐私或其他权利的教育记录内容进行听证。如果申诉得到支持，听证程序必须包括下列机会——纠正或消除记录或者插入有权记录内容的书面解释的机会。根据该法规定，个人无权根据《家庭教育权利和隐私权法》提起有关私人权利的诉讼，①但学生有权就大学未能遵守该法的有关规定对教育部提出申诉，教育部有专门机构（家庭政策合规办公室）负责处理该申诉事项，调查、处理、审查和裁决有关违反行为和申诉。② 但在有些高校信息公开的事项上，也可以采取诉讼的方式请求救济。如针对公立大学的校长遴选未能公开，学生和媒体都曾对大学提起了信息公开诉讼，如密歇根州立大学和明尼苏达大学。③

五、美国公立高校信息公开实例——以明尼苏达大学为例

之所以选择明尼苏达大学而非加州大学伯克利分校或密歇根州立大学，是因为明大在2004年才刚刚结束其有关校长遴选公开的争议，而该案件涉及的校长正是明大的现任校长。

明大通过公众查阅大学信息（Public Access to University Information）政策明确了公众对大学信息的权利。该政策明确了生效日期（1999年1月）、最新修正（2006

---

① *Gonzaga v. Doe* (2002) 536 U. S. 273，http://www. law. cornell. edu/supct/html/01 －679. ZO. html，最后访问日期：2016年5月10日。

② http://www privacyrights. org/fs/fs29-education. htm，www. privacy rights org/topics/work －school，最后访问日期：2016年5月10日。

③ http://caselaw. findlaw. com/mn-supreme-court/1402389. html，最后访问日期：2016年5月10日。

年)、负责的大学官员(University Data Custodian)大学数据管理人、政策所有人(Chief Information Officer)以及联系人。该政策内容包括政策声明、采取该政策的理由、程序、形式/指令、附加联系方式、定义、责任等。

在政策声明中明大指出,方便及时地提供所有大学公共信息是大学的政策。为提供最大便利和控制成本,大学将尽可能引导请求者获得现有公共信息。确定大学信息是否公开,大学主要遵守州和联邦的隐私和记录法律规定。在决定大学信息的分类以及州法和联邦法律适用事项时,大学总法律顾问对大学各单位提出建议。记录和信息管理办公室就这一领域向总法律顾问作报告,构成有关数据分类和公开问题的第一手资料。该政策适用于大学出版的所有信息,不管是哪一主体创制该信息抑或是信息如何分配或保存。一些大学的附属机构如大学基金等,并非法律意义上明大的一部分。有关文件请求应当直接对这些单位提出。

大学遵守联邦和州有关隐私和纪录的法律规定,有利于通过广泛和合理使用提升大学信息资源的价值,防止信息被不适当或未经授权地公开,从而避免不利的法律后果。同时通过提供高效和有效的访问有利于大学尽量减少与记录和文件制作有关的开支,并最大限度地利用资源履行大学的首要任务。

明大负责信息公开的相关机构包括大学数据保管(University Data Custodian)、区域数据保管部门、应用数据保管部门、一般公众部门、总法律顾问、信息科技办公室以及纪录和信息管理办公室。大学数据保管部门负责决定创建用以发放的公共报告的成本和效益问题,区域数据保管部门协助完成对公共信息的特殊请求,应用数据主管部门负责回答日常对公共信息的请求,总法律顾问对大学工作人员和决策者提供法律意见以确保遵循州法和联邦法,也包括大学数据的适当分类,信息科技办公室依据政策和程序研发执行获取公共和私人信息的安全政策和程序,记录和信息管理办公室对有关公共信息的请求予以回应,协助总法律顾问对大学工作人员和决策者提供法律意见等。一般公众有权查阅和请求公共信息,根据法律规定对所要求的公共信息进行付费。

明大还在附录中对公共信息、私人信息和机密信息进行举例。该附录如下:①

① http://policy.umn.edu/operations/internaicess#appendiceshik,最后访问日期:2016 年 5 月 10 日。

表 5－1 明尼苏达大学信息

	公共信息			个人信息/非公共信息	机密信息/受保护信息
	员工信息	学生指引信息	其他		
	姓名、薪酬、总退休金、附加福利性质及价值、费用返还、职称、工作描述、教育培训、以前工作经验、第一次和最后就业、是否有投诉及地位、协议条款、纪律行为的最终决定、工作地点、工作电话、徽章号码、荣誉和奖励以及薪资考勤表	姓名、地址、电邮、电话号码、注册日期、注册状态(全职/在职/未注册);专业;导师;学院;班级;学术奖项和荣誉;所获学位	公共赞助项目的财务数据;开设课程;发票和采购订单;财政预算案	社会保障号码;商业秘密或知识产权如研究活动;出生日期;家庭电话号码;家庭住址;健康信息;学生成绩;资产位置;密码;停车场租赁合同;匿名捐赠;性别;民族;公民权;签证代码;退伍军人和残疾情况;同图书馆用户要求的信息或资料相关的将特定主题与某人相联系的信息	大学所进行的法律调查;密封投标
备注	1. 学生指引信息除非学生要求不予公开,上述学生指引信息属于公共信息。 2. 非指引学生信息除非在某些规定条件下不得发布。不可发布的信息包括等级、所选课程、时间表、测试成绩、咨询记录、接受教育服务情况、纪律行为以及学生证件				

公众获取大学信息的途径和大学内部获取信息的途径是不一致的。在明大网站上也有不同的链接。① 大学汇编高度关系公共利益事项的报告并将之公布在官网上,这样既方便公众获取信息,也降低了成本。此外,大学还为公众提供了几个其他渠道回应公众对诸如就业和薪金证明等信息的日常请求。对一些公共信息的特殊请求如果不能通过这些渠道获得,大学记录和信息管理办公室对此将予以答复。明大在网站对不同类型的信息获取渠道都加以公布。

有关大学统计信息可以从列举的多个公共信息网站上获取。有关公共信息可以从网络直接获得,也可以申请获得。如在线公共信息,大学在网络上提供很多报告并提供了不同信息的网络地址,和其他公共信息链接,如明尼苏达州政府信息和服务、国会图书馆等;有关公共信息的日常请求,有关学生、就业、薪金和采购等公

① 公共获取信息途径,https://policy. umn. edu/operations/publicaccess;内部获取信息途径,https://policy. umn. edu/operations/internalaccess,最后访问日期:2016 年 5 月 10 日。

共信息的日常请求可以通关邮寄、电话或者传真方式联系,学生信息被涵盖在董事会有关学生记录的政策中;有关公共信息的特殊请求,可以通过书面方式向记录和信息管理办公室负责人提出请求。

第三节　公立高校校长遴选信息公开法律问题研究

2008 年 5 月 1 日我国《政府信息公开条例》正式施行。2010 年 3 月 30 日教育部通过《高等学校信息公开办法》并于同年 9 月 1 日正式施行。2010 年 7 月 29 日我国《国家中长期教育改革和发展规划纲要》提出要加强信息公开和社会监督,完善大学校长选拔任用办法,完善教育信息公开制度,保障公众对教育的知情权、参与权和监督权。2011 年 12 月 22 日教育部、西南财经大学、东北师范大学主页上同时挂出了一则公告,教育部首次面向海内外公开选拔两所直属高校校长。[①] 我国公立高校校长选任的信息公开问题也由此进入全国公众视野。2012 年 12 月 4 日,教育部再次公开选拔三所直属高校(北京科技大学、北京中医药大学、中国药科大学)校长。这意味着公立高校校长的公开选拔已经成为一种趋势,公开有可能成为突破公立校长选拔任用改革"瓶颈"的一个突破口。

相对于我国公立校长公开选拔试点工作的逐步推进,美国公立大学的校长遴选虽然相对比较成熟,但近年来在遴选公开问题上也有争议。在信息公开观念和规范已经普及的美国,公立高校的校长遴选早已经进入了信息公开的范畴。为了增加公众对政治的信任,美国出台了被称为"阳光法案"的公开会议法和公开记录法。各州一般通过阳光法案扩大公共机构的范围,将公立高校包括在内。但高校毕竟不同于政府机构,公立高校在接受信息公开等行政法律规制的同时也彰显了特殊性。尤其是近年来,公立大学、立法机关与媒体之间的冲突更直接地将美国公立高校校长遴选带进了公众视野,围绕着校长遴选公开的法律问题,美国明尼苏达

① 《激活高校人事制度改革一池春水——教育部公开选拔直属高校校长试点工作透视》,载《中国教育报》2012 年 3 月 27 日版,转引自 http://www.moe.edu.cn/publicfiles/business/htmlfiles/moe/s5147/201203/133175.html,最后访问日期:2016 年 5 月 10 日。

州和密歇根州最高法院针对校长遴选过程中的公开问题作出了两个完全相反的判决,围绕着校长遴选的过程是否属于法律规定公开的范围引发的争议至今尚未平息。

尽管中美两国在政治制度等方面有很多不同,但在厉行法治和信息公开方面则有着基本共识:信息公开是实现善治和法治的有效途径。能否将信息公开的行政法律规范直接适用于公立高校,高校尤其是公立高校校长选任是否适用信息公开以及适用公开的范围如何,这是作为发展中国家的我国和发达国家的美国共同需要回应的问题。以信息公开为视角切入比较中美两国公立高校校长选任问题,在相当程度上能够避免两国政治体制的影响,为我国正在参照西方教育发达国家进行的校长选任改革提供有益的借鉴。

一、公立高校适用信息公开

从我国现行制度来看,公立高校适用信息公开并无争议。《政府信息公开条例》和《高等学校信息公开办法》中都已经提供了依据。

《政府信息公开条例》第 1 条规定:"为了保障公民、法人和其他组织依法获取政府信息,提高政府工作的透明度,促进依法行政,充分发挥政府信息对人民群众生产、生活和经济社会活动的服务作用,制定本条例。"第 37 条规定:"教育、医疗卫生、计划生育、供水、供电、供气、供热、环保、公共交通等与人民群众利益密切相关的公共企事业单位在提供社会公共服务过程中制作、获取的信息的公开,参照本条例执行,具体办法由国务院有关主管部门或者机构制定。"《高等学校信息公开办法》第 1 条规定:"为了保障公民、法人和其他组织依法获取高等学校信息,促进高等学校依法治校,根据高等教育法和政府信息公开条例的有关规定,制定本办法。"第 29 条规定:"本办法所称的高等学校,是指大学、独立设置的学院和高等专科学校,其中包括高等职业学校和成人高等学校。"第 2 条规定:"高等学校在开展办学活动和提供社会公共服务过程中产生、制作、获取的以一定形式记录、保存的信息,应当按照有关法律法规和本办法的规定公开。"这些规定都明确肯定了高校适用信息公开。

高校适用信息公廾是由公立高校的性质决定的。公立高校作为由政府举办和资助的机构同政府一样负有公共责任,肯定高校适用信息公开。而且,《高等学校信息公开办法》并未区分公办或民办高校,只要是高等学校就应该适用信息公开的有关规定。这从一个侧面肯定了所有高等学校的公益性质,也肯定了公开所具有的保障公众知情权、民主参与和规范监督(促进依法治校)功能。

美国公立高校因为校长遴选问题发生争议时同样涉及公立高校是否适用有关信息公开的法律规范。美国联邦和州有关政府公开法案非常详尽,但一般并未明确提及公立高校的信息公开问题。目前,法院判例肯定公立高校作为公立机构或国家机构应当适用政府信息公开的有关规定,如 Minisoda 诉 Chase 案再次确定大学在法律和口语意义上都是州立机构(state institution),在普通意义和功能意义上来说,也是国家机构(an agency of the state)。在 Knapp 诉 State 案中,法院指出大学是州所建立的机构,由州自己控制和运作。尽管尚未使用"公共机构"这一简洁术语来指称大学,但已经以术语表达了同样的意义,①实际上肯定了公立高校的公共机构法律地位,应当适用有关信息公开的法律规定。

无论是我国采取明确规定的方式,还是美国通过法院判例将政府信息公开规定适用于作为公立机构的大学,都体现了高校尤其是公立高校作为公立机构的共性。高校基于其公共性质应当适用信息公开的有关规定。

二、高校校长选拔公开的依据

《高等学校信息公开办法》专门规范了高校信息的公开问题,据此,高校校长选拔予以公开似乎顺理成章。毕竟,校长选拔信息与高校密切相关。一所高校校长的选任直接关系到高校的发展,社会公众和校内成员对校长选任应当享有知情权和参与权,有权要求公开。而《高等学校信息公开办法》作为调整高校信息公开的规范当然应该适用于高校校长的选拔问题。且从教育部试点改革的过程来看,强调的亮点之一就是高校校长选拔的公开透明过程。但恰恰是教育部选拔过程的公开不得不让人开始检视高校校长选拔公开的依据和法律适用问题。

教育部明确表示,公开选拔校长的依据是政策依据,包括中央《党政领导干部选拔任用工作条例》《公开选拔党政领导干部工作暂行规定》和教育部《关于进一步

① 参见 Knapp v. State,转引自 Star Tribune Company v. University of Minnesota Bpard of Regents, http://caselaw.findlaw.com/mn-supreme-court/1402389.html,最后访问日期:2016 年 5 月 10 日。

加强直属高校领导班子和干部队伍建设若干问题的通知》《关于在直属高等学校试行公开选拔副校(院)长的通知》等一系列文件和规定,[①]并未提及《高等学校信息公开办法》的适用问题。即《高等学校信息公开办法》在2010年的施行与高校校长2012年试行公开选拔二者相互无涉。这虽然让人纠结,但如果仔细分析《高等学校信息公开办法》可以发现,如果依据《高等学校信息公开办法》,高校校长选任的公开就可能成为问题。

从规范分析层面来看,以《高等学校信息公开办法》为依据并不必然得出高校校长选拔应予公开的结论。这是因为:第一,从适用范围来看,不是所有与高校有关的信息都适用《高等学校信息公开办法》。《高等学校信息公开办法》所适用的高校信息是有所指的,即"高等学校在开展办学活动和提供社会公共服务过程中产生、制作、获取的以一定形式记录、保存的信息",而有些信息即使与高校相关,但并不完全由高校产生、制作,并不完全甚至根本不由高校记录、保存,高校只能公开自己持有的信息,不可能公开自己不能或不完全持有的信息。高校校长选任就面临这一问题。这是由我国目前的高校管理体制决定的。第二,《高等学校信息公开办法》第7条规定"学校领导等基本情况"属于高校应该主动公开的信息,对此可以有不同理解,即包括学校领导的组成、分工、有关个人情况(包括教育经历、工作经历、学术成果、兼职情况和奖惩情况等[②]),但一般并不包括学校领导的产生过程。如果从广义理解,学校领导的产生过程也可以属于学校领导"等"基本情况的范围。因此,高校信息公开适用《高等学校信息公开办法》并不必然意味着高校校长选任适用《高等学校信息公开办法》。第三,即使高校校长选任适用《高等学校信息公开办法》,也并不能得出结论——高校校长选任应当公开。因为《高等学校信息公开办法》并未明确规定校长选任信息予以公开。尽管同时让人纠结的还有一点,《高等学校信息公开办法》明确排除不予公开的情形也不包括高校校长选任问题。

从现实来看,高校并不掌握校长选拔信息,也不具有校长选拔的决定权。《高

---

① 《教育部有关部门负责同志就公开选拔直属高校校长暨总会计师工作答记者问》,载 http://www.moe.gov.cn/publicfiles/business/htmlfiles/moe/s271/201203/132992.html,最后访问日期:2016年5月10日。

② 教育部公开选拔直属高校校长面试人选公示公告中对候选人的情况介绍即包括了这些,而现有高校网站上对高校领导的相关情况一般也有介绍。

等教育法》第40条规定:“高等学校的校长,由符合教育法规定的任职条件的公民担任。高等学校的校长、副校长按照国家有关规定任免。”这也是高校校长任免权的法律根据。据此,教育部推行的高校校长公开选拔所依规范不可能是《高等学校信息公开办法》或《政府信息公开条例》。根据现行高校管理体制,二者无论是作为行政法规还是部门规章都难以作为高校校长选任公开的依据。

在美国,高校校长选任公开也是有争议的。但与我国不同,美国公立高校具有独立的法律地位,其校长遴选一般由大学董事会成立校长遴选委员会招聘、筛选和推荐候选人。鉴于公立高校作为公立机构适用有关政府信息公开的法律规范,且已经为法院判例所确认,美国有关公立高校校长选拔公开在依据上并不存在争议,但在董事会和校长遴选委员会是否适用有关政府信息公开的规范上存有争议,在密歇根州立大学和明尼苏达大学案中法院判决完全相反。大学/董事会是否应该遵循公开会议法和数据行为法规定,这涉及大学及董事会的法律性质。密大案中州最高法院主要从宪法角度出发,鉴于大学董事会的宪法地位和宪法权利,通过肯定董事会有权决定是否以正式会议加以公开的方法,确认了大学董事会遴选校长过程的适法性,但并未否认大学及大学董事会的公共机构地位。① 在明大案中,州最高法院从公开会议法出发,认为大学及其董事会都是公共机构,尽管法律中只提到大学并未提到大学董事会,但数据行为法目的应该是包括所有大学内部可能加工信息的单位。大学和董事会并不属于公开会议法明确规定的例外情形,就应当适用公开会议法。“鉴于公开会议法所使用的广泛意义上的包容性语言,各种认为大学是公共机构的意见,立法机关未能在其他明确规定的例外情形中将大学涵盖在内,以及依据有利于公众获得来解释公开会议法的原则,大学应该接受公开会议法条款的约束。数据行为法和公开会议法都适用于大学及其寻找新校长的过程。”②

我国在试行高校校长公开选拔时,借鉴了境外(当然包括美国在内)遴选校长的有益经验。教育部成立了专门机构——公开选拔直属高校校长工作办公室——

① Federated Publications Inc v. Board of Trustees of Michigan State University, http://caselaw.findlaw.com/mi-supreme-court/1207585.html,最后访问日期:2013年5月10日。

② Star Tribune Company v. University of Minnesota Bpard of Regents, http://caselaw.findlaw.com/mn-supreme-court/1402389.html,最后访问日期:2013年5月10日。

负责相关事宜,组成了遴选委员会,这两个机构一个是作为高校管理机关的教育部的机构,另一个是由主管部门、高校领导和公选职位所在学校代表三方面人员组成的机构,从机构的性质来看都不属于《高等学校信息公开办法》适用的范围,也无法运用法律解释的方法适用于《高等学校信息公开办法》。美国由于公立大学的独立地位,法院肯定作为大学董事会及大学董事会授权的校长遴选委员会的公共机构地位,但在校长遴选过程中是否完全适用信息公开方面立场完全相反。

三、高校校长选拔信息公开的范围

在我国,公立高校校长选拔可以说是万众瞩目,首次试点公开选拔更是如此。应该也是基于这一考虑,教育部为了保证公开公平公正,采取的措施之一就是公开透明——“着眼于增强公开性和透明度,通过新闻媒体广泛发布公告,让干部群众对怎样用人、用什么样的人,做到早知情,心中有数。同时,对报名情况进行公开,对面试人选进行公示。实行考察预告制、任前公示制和试用期制等,使干部群众能够及时了解公选工作进展情况。”①教育部 2011 年 12 月 21 日在官方网站发布了《教育部公开选拔直属高校校长公告》,公布了工作程序。② 2012 年 1 月 7 日,教育部发布了《公开选拔直属高校校长面试人选公示公告》,公布了报名情况、资格审查情况、符合条件人选的相关情况。③ 2012 年 3 月 20 日,教育部发布《公开选拔直属高校校长、总会计师拟任职人选公示公告》,公布两所高校校长拟任职人选。④ 教育部公告简单公开了报名结果、资格审查结果等情况,对 20 位报名人的信息、13 位符合报名条件人员的信息等没有公开,但公开最终确定面试的 8 位人选的详细情况,包括姓名、年龄、民族、职务、受教育情况等。公告中公开了资格审查主体为“教育

---

① 《教育部有关部门负责同志就公开选拔直属高校校长暨总会计师工作答记者问》,载 http://www.moe.gov.cn/publicfiles/business/htmlfiles/moe/s271/201203/132992.html,最后访问日期:2016 年 5 月 10 日。

② http://www.moe.edu.cn/s78/A04/A04_gggs/s8463/201112/t20111221_180935.html,最后访问日期:2016 年 5 月 10 日。

③ http://old.moe.gov.cn/publicfiles/business/htmlfiles/moe/s8463/201412/180929.html,最后访问日期:2016 年 5 月 10 日。

④ http://old.moe.gov.cn/publicfiles/business/htmlfiles/moe/s8463/201412/180930.html,最后访问日期:2016 年 5 月 10 日。

部公开选拔直属高校校长工作办公室”,但未公开其成员组成情况;公开了资格审查的结果,但未公开资格审查的过程;公布了确定面试人选的比例,并未公布确定面试的过程;公开了遴选委员会组成人员的来源,但未公开组成人员的信息。而根据互联网搜索结果,随后进行的面试、组织考察以及教育部党组讨论环节都没有予以公开,甚至在任职人选公示之后,对公示对象的有关意见和建议也没有公开。①这就提出了一个问题——校长选任的结果当然要予以公开,但校长选任过程是否需要公开?《高等学校信息公开办法》规定学校领导的基本情况应当主动公开,主要是指已经任职的校长信息,并未涉及校长产生过程是否公开的问题;而校长公开选拔的公开也并不意味着选拔过程的完全公开。在公开的方式上可以发现都是由教育部主动进行,公开的途径主要是网络。

相对于我国公开选拔校长过程的“平静”,美国公立大学校长遴选出现诸多争议,其中主要争议就是校长遴选过程是否属于公开的信息,如果公开是否侵犯了美国大学所谓的宪法自治,而这正是围绕着美国大学近年来校长遴选的核心问题,法院判决结果完全相反的明大案和密歇根州立大学案不过是其中个案。在密大案中法院指出,“董事会权利来自宪法授权,而依据宪法,董事会的正式会议应当以公开方式进行,但校长遴选委员会所举行的会议依据对法律的一般理解并非大学的正式会议。大学董事会,而非立法机关,有权决定校长遴选会员的会议是否对公众公开。这意味着董事会的校长遴选过程原本不需要对公众公开,除非董事会以正式会议的方式进行”。② 而在明大案中。法院同意“校长遴选过程的公开/隐秘进行有利有弊,认为适当方法的决定是一个衡量利弊的政策问题,而非选择干扰大学有效管理的公开的幅度的问题。为了大学的最佳利益,有必要公布最终的短名单上的候选人的姓名,允许公众参与并同候选人互动作为遴选过程最后一步的内容”。③围绕着校长遴选过程公开的争议并未停止,有人指出,“近期法院的大量案件低估

① 《直属高校校长公选走完第一步》,载《中国青年报》,转引自 http://edu. anhuinews. com/system/2012/03/27/004865620. shtml,最后访问日期:2016 年 5 月 10 日。

② Federated Publications Inc v. Board of Trustees of Michigan State University, http://caselaw. findlaw. com/mi-supreme-court/1207585. html,最后访问日期:2016 年 5 月 10 日。

③ Star Tribune Company v. University of Minnesota Bpard of Regents, http://caselaw. findlaw. com/mn-supreme-court/1402389. html,最后访问日期:2016 年 5 月 10 日。

了媒体意图获得校长遴选细节与大学意图保持某些信息秘密之间的冲突”，相关案件争议“表明媒体反复强调的主张，即校长遴选委员会或者不合法或者没有充分公开其记录”。每一次美国公立大学校长遴选的背后都涉及媒体与公众公开要求与大学保持秘密要求之间的冲突。大学对最终候选人名单的公开并无异议，但对媒体要求更早更多知悉校长遴选过程的细节表示反对。一些可能的候选人可能会担心一旦参加遴选，在是否确定进入面试名单之前就予以公开其个人信息，将会给个人和家庭带来影响，这并不利于大学选择更适当人选，而且也可能侵犯候选人的隐私权。因此，当“立法机关正在增加公众获得校长遴选信息渠道的同时，众多大学官员主张，在必须公布所有候选人的环境下他们不能获得最好的候选人。（如果公开）很多适格的申请人在决定其下一职业动向时将会转向私人部门”。一些大学已经开始说服立法部门人士校长遴选不适用阳光法案的重要性。至少 22 个州已经规定了公布公共雇员申请人或者候选人姓名的法定例外情形。其中，密歇根州、新墨西哥州和得克萨斯州仅将该例外情形适用于州高等机构的主要行政人员。毕竟，不能为了公开而公开，但是也有实例表明，公开的确能防止不适当的人担任校长，如田纳西州立大学校长遴选一向被视为公开遴选的典范，该校每一轮候选人的履历资料、背景查核报告均向大众及媒体公开，各项遴选会议及面谈不仅公开进行，还在网络及地区电视台实况直播，甚至候选人在未被学校告知遴选结果时，各新闻媒体就已抢先公布入选名单。不过这所强调公开遴选的田纳西州立大学在最近五年内就已办了三次校长遴选，因为前两任校长因为传出婚外情及被查获不当使用公款而被迫辞职下台。不过该校行政当局认为在这种情况下，反而更应坚持扩大公开遴选，好让大众了解过程。但批评者就认为，这种一味只追求公开，却未在遴选过程中寻找出好的筛选机制，并不能解决任何问题。因此，在美国针对校长遴选过程是否公开问题的争论并未停息，“全国范围内阳光法案的变化将会继续，只要立法者和大学在校长遴选过程中力图平衡隐私和公开的关系。大学官员需要继续注意所在州的政策和程序以保护自身学院和校长的利益以及公众利益”。① 在美国，大学应主动公开校长遴选信息，同时，媒体和公众也有权向大学申请公开有关

① Presidential Searches and Sunshine Laws, American Association of State Colleges and Universities, Volume 1, Number 3, September 2004.

校长遴选信息。

在校长遴选问题上,我国与美国大学类似,公开的是校长遴选的信息,而非校长遴选的过程。公开选拔校长并不意味着校长选拔过程的全部公开,哪些过程中的哪些信息可以公开目前并没有相关规定,公开的方式主要是主动,没有依申请公开的有关规定,而且在我国也并没有根据信息公开有关规定对此提起争议的实例。教育部公开选拔高校校长更多被视为一种人事制度改革的范例,与高校信息公开和依法治校的关联不大,在是否公开以及公开的范围和方式上虽然考虑了公众的知情权、参与权以及隐私权等问题,但体现得并不明显也不透彻,没有体现为法律争议。而在美国,高校校长遴选过程公开不仅是大学依法治理的需要,更是保障大学作为公共机构保证公共责任的需要,大学不仅要主动公开相关信息,媒体还有权依申请公开信息,甚至还有权对大学不予公开的情形提起诉讼,围绕着校长遴选的公开问题更多体现为一种法律问题,立法机关和法院都需要在公众责任和大学宪法自治,知情权和隐私权,个体利益、大学利益和州的利益以及公众利益等之间进行权衡。

四、高校校长选拔公开的救济

我国有关信息公开的救济问题,最高人民法院在 2011 年 8 月 23 日开始施行的《关于审理政府信息公开行政案件若干问题的规定(法释〔2011〕17 号)》(以下简称《规定》)中规定了有关信息公开的行政诉讼救济。但高校信息公开是否可以直接援引该《规定》目前尚未触及。从理论上说,《高等学校信息公开办法》是根据《政府信息公开条例》制定的,有关政府信息公开诉讼的司法解释应当适用于高校信息公开。但问题在于尽管理论界对高校作为法律法规授权组织的公法地位基本达成共识,但这种基本共识更多见于传统学生与高校基于特别权力关系所发生诉讼并且限于“重大权益”学说。在最高人民法院行政庭起草的有关教育行政案件的司法解释中,教育行政案件仍然限于学生与高校之间基于开除、不授予学位等重大影响学生利益的行为,并不包括可能因信息公开而引发的学生与高校之间的法律争议。这就意味着《高等学校信息公开办法》本身就存在一个救济的途径和方式的问题。而具体到高校校长选任问题上,选拔公开本身并不依据《高等学校信息公开办法》,作为人事改革的组成部分,校长选拔公开的救济进入诉讼都不现实,更毋庸提及

《规定》的适用问题。可以得出结论的是,在我国目前政府信息公开复议和诉讼虽然已经起步,但对于刚刚着手推行的高校信息公开,行政复议和诉讼尚未提交,至于作为人事改革的高校校长选拔公开复议和诉讼的救济问题更是遥不可及。于是,尽管可以赋予我国高校校长公开选拔试点以重大意义,如果从信息公开的制度层面进行考察,这一改革无疑是有缺陷的。

从美国来看,美国大学校长遴选的公开进行更多是一种合力的作用。美国信息公开的有关法律对原告资格界定非常广泛,在密大案和明大案中最初提起诉讼的都是媒体,如明大案中起诉的媒体包括明州日报、明大学生报和四个商业媒体组织。这些媒体通过诉讼推动着大学公开的进程。没有诉讼作为公开的救济,大学校长遴选的公开进行还将遭遇更多的困难,尽管这种公开仍在争议之中。虽然公开的范围、途径和程度可以不同,但毕竟公开已经是一种趋势。大学必须明了,自身始终要在法治规范之内活动,公众责任不可推卸,媒体之眼一直注视,即便大学有诸多理由意图在部分程度上对公开有所保留,都必须要经得住司法的检验,或者寻求立法更加明确的支持。

五、结语

比较是一件困难的事情,尤其在人事改革上,而且是以存在诸多差异的中美之间进行比较。但比较又的确是一件有益的事情,尤其是在事件本身就是在借鉴基础上进行的。高校校长选任公开的比较正是这样一个困难而有益的事情。我国借鉴了域外而且多半是美国校长[①]遴选的部分成功经验,如遴选委员会,再结合我国国情推出了这样一个试验,以完善大学校长选拔任用办法。结果似乎也是美妙的,赞扬之声一片,然而,也许恰恰是太多的肯定让我们忽视了可能的问题,即这是一个试验和探索,而试验和探索注定是不完美的,追究试验和探索之后存在的问题才应该是我们的目的所在。在借鉴域外经验的同时,对域外相关的争议我们可有更多的了解?在高校校长选拔公开的问题上,仅仅以人事改革为视角切入是否足够?本次高校校长选拔的公开,是否可以与《政府信息公开条例》《高等学校信息公开办法》结合,以公开为契机,实现高校校长选任成功改革制度上的突破?在实施路径

① 对此因为没有教育部官方文件的表述,仅能推测。

上,不妨采取解释《高等学校信息公开办法》的方式,即校长选拔也属于与学校领导相关的信息,这是采取扩大解释的方式;且参照美国例,《高等学校信息公开办法》并未明确将校长选任信息排除在公开范围之外,校长选任信息可以属于《高等学次奥信息公开办法》公开之列。但从考虑高校获得更适当的候选人以及报名人的隐私权问题,在最终面试候选人确定之前,有关报名、资格审查等过程可以不予公开。而对于面试候选人和最终结果,无论是教育行政主管机关还是高校必须主动公开。但对遴选委员会的面试过程则原则上并不必主动公开,但如果有公民等依据《政府信息公开条例》申请公开的,教育主管部门应该予以回应。此外,在程序上信息公开主体——目前是公开选拔直属高校校长工作办公室,未来可能也应该是高校自己——应当告知报名人报名结果并说明理由。对报名合格未能进入面试人选的,也有义务予以告知并说明理由。对进入面试未能确定当选的,也有义务予以通知。但对前两种情形应注意保护个人隐私权,宜采取秘密方式进行,而对于第三种情形则可以通过公开发布当选校长通知的方式进行。

我国高校校长选任办法还在探索之中,公开无疑是一条必由之路,这也有利于公众的参与,但公开也并非百利而无一害。结合《政府信息公开条例》和《高等学校信息公开办法》明确我国高校校长选拔公开的法律依据,将校长选拔作为高校信息的组成部分,是与我国要建立的现代大学制度相适应的;而校长选拔过程中涉及的众多信息哪些公开、何时公开、如何公开则需要衡量。毕竟,这一问题在高等教育最为发达的美国大学校长遴选中也存在争议,需要慎重对待。

第四节 我国高等学校新闻发言人制度功能定位及其构建[①]

2006 年 10 月 25 日,教育部新闻发言人表示,全国各级各类学校都要建立新闻发言人制度,设立新闻发言人。[②] 2015 年 8 月 17 日教育部发布的《中共教育部党组

① 本节最早以《论高校新闻发言人制度的功能定位及其构建》为题发表于《北京教育》(高教版)2010 年第 2 期,此处有部分修改。

② 《教育部:全国各级各类学校要建立新闻发言人制度》,摘自新华网,2006 年 10 月 26 日,转引自 http://www.moe.edu.cn/edoas/website18/01/info22801.htm,最后访问日期:2016 年 5 月 10 日。

关于进一步加强教育新闻发布工作的实施意见》。① 2016年1月20日,教育部公布2016年省级教育部门、直属高校新闻发言人名单和新闻发布工作机构电话。② 至此,高校新闻发言人制度似乎已告确立,但这一制度与作为法律制度的高校信息公开制度、与高校引发社会关注度的日益高涨相比,仍然有其不足。因此,还有必要对高校新闻发言人制度的功能定位及构建加以研究。

高校新闻发言人制度是教育部提出高校应当建立的制度之一。对这一制度,各高校不仅要在功能上充分认识,更要在具体制度上科学构建;要明确这既是展示高等学校办学理念的一个窗口,也是有效检验高校治理程度的一面镜子。③

从2006年来看,有的高校尚未设立发言人,有的简单设立一个新闻发言人即告结束,有的虽然定有规范,但过于粗疏,缺乏程序性规定和相应制度保障,不具有可操作性,总体上仍然是形式大于实质。时隔10年,今天高校新闻发言人虽然已经设立,但与此相关的制度构建仍然是不充分、不完整的。究其原因,在于高校对新闻发言人制度及其功能认识还不充分,具体制度不健全,没有注意相关制度的配套协调。

一、高校新闻发言人制度的功能定位

新闻发言人制度作为公共关系概念,是指国家机关、政党组织、社会团体、企事业单位任命或指定的新闻发布人员,就某一重大事件或时局问题,定期或不定期地约见记者或举行新闻发布会(记者招待会),向新闻界发表有关信息和意见,发布有关新闻或阐述本部门的立场观点,并代表有关方面回答记者提出问题的一种新闻

① 全文参见 http://www.moe.edu.cn/srcsite/A01/s7048/201508/t20150828_203823.html。最后访问日期:2016年5月10日。

② 有关内容可参见 http://www.moe.edu.cn/publicfiles/business/htmlfiles/moe/s5987/201501/183191.html,最后访问日期:2016年5月10日。

③ 这一论述与2015年8月17日发布的《中共教育部党组关于进一步加强教育新闻发布工作的实施意见》是一致的。该实施意见指出:"教育新闻发布工作是全面深化教育改革、深入推动政务校务公开的重要内容,是回应社会关切、推进教育治理能力现代化的重要方式,是巩固壮大主流思想舆论、凝聚教育改革发展共识的重要手段。"参见 http://www.moe.edu.cn/srcsite/A01/s7048/201508/t20150828_203823.html,最后访问日期:2016年5月10日。

发布制度。[①] 学校推行新闻发言人制度视为政务公开的延伸,[②]因为这一制度能够有针对性地解惑释疑,澄清事实,消除偏见和隔阂,避免误解和谣传,提高工作透明度,保障公众知情权,树立高校良好形象。对此,有关高校也有了相当程度的认识,[③]即高校新闻发言人制度具有宣传、减压、维权的现实功能。

该制度产生前,相对封闭的办学理念和公关意识,使得高校惧怕媒体,往往封堵事件、躲避媒体。媒体一旦不能从官方途径获得消息,就将其他途径获得的消息予以公布,这极易造成负面影响和不良循环。高校往往因此承受较大舆论压力,不利开展工作。采用该制度,变被动为主动、从消极到积极,既能矫正负面影响、提高危机管理能力,又能引导媒体关注高校核心事务发展,发挥"防火墙"和宣传的双重作用。同时,它也能避免未经授权的高校成员言论对高校造成的不利影响,减少侵犯高校名誉权的情形。

但仅仅上述认识还是不够的。该制度应该有更高的功能定位。高等教育属于公共产品,高校以创造传承知识、培育人才和服务社会为理念,它固然应当和外界社会保持适当的距离,但"这个距离决不意味着与世隔绝,大学有义务走出'象牙塔',为社会提供必要的服务"。[④] 社会和公众才是最好的评价者。高校只有听取社会的评价和意见、接受社会检验,才能够更好地实现功能。高校新闻发言人制度以构筑高校与公众的沟通平台为出发点,尤其我国公办高校更需要对社会和公众负责,通过舆情了解社会公众对高等教育的反应和期待,能更好地明确办学方向和思路。作为对公众的主动回应,这一制度正是高校民主、公开、参与和责任意识的体现和开放办学理念的彰显。

---

① 刘建明主编:《宣传舆论学大辞典》,经济日报出版社 1992 年版,第 357 ~ 358 页。

② 2006 年 10 月 25 日教育部新闻发言人还指出,推进新闻发布制度是政务公开的发展方向。

③ 如《武汉生物工程学院新闻发言人制度》规定:为进一步加强学校与师生员工和外界各单位的联系和沟通,有效推行校务公开,改进和规范学校重大新闻的发布行为,保障各级领导机构和师生员工对学校工作的知情权,接受广大师生和社会各界对学校工作的监督,更好地调节公共关系、处理公共事务,为学校发展创造良好的舆论环境,特制定本制度。

④ 陈维昭:《大学的角色和任务——台湾大学的例子》,载魏新等编:《21 世纪的大学》,第 22 页。转引自眭依凡著:《大学校长的教育理念与治校》,人民教育出版社 2001 年版,第 96 页。

二、高校新闻发言人制度的构建

制度功能的实现还要取决于制度的具体设计。在新闻发言人制度构建上，高校应该注意如下几个问题：

第一，高校发言人制度的性质。实践中，有的高校将该制度作为内部制度，只限于对该组织内部成员实施，如华侨大学将其作为学生与校长交流的新通道。[①] 有的高校将其作为外部制度，对该组织外部的社会公众和媒体发布，如清华大学和石油大学。[②] 有的高校则兼具内外两种性质，如武汉工程学院。[③] 应当肯定，高校新闻发言人制度具有内外双重性质。高校内部校务公开制度是对外发布新闻的基础，高校有关信息的发布首先应该是对其内部成员的发布，因为全体教师和学生是高校最直接的利害关系人。鉴于目前高校行政主导、教师和学生知情权保障不足和校务公开自身不够完善的现实状况，将该制度作为内部发布信息的方式，是一种更好的选择。这样内外并举也能够更好地促进高校规范办学。

第二，新闻发言人的选任。发言人选任包括产生方式和任职条件，这是该制度的重要环节之一。高校新闻发言人一般通过任命和聘任方式产生。新闻发言人任命方式较为普遍，往往直接由高校现任领导担任。[④] 少数高校采取了向全校公开招聘的方式，如上海外国语大学。高校可以参照目前多数做法，由高校主管宣传的领导担任，但建议采取招聘方式，逐步完善。

新闻发言人需要符合一定的资格条件。采取任命制方式产生发言人的，资格条件往往较为模糊，如某高校规定新闻发言人要熟悉学校及各部门的情况，具有较高的思想政治素质、政策理论水平和较强表达、沟通能力。相比之下，采取公开招

---

① 消息：《拉近与学生距离　华侨大学首设校长新闻发言人制度》，载中新网，最后访问日期：2005年11月30日，转载于 http://news. xinhuanet. com/overseas/2005 - 11/30/content_3855730. htm。

② 《中国石油大学（华东）新闻发布和新闻发言人制度》规定：学校新闻发言人负责学校重要新闻对外发布和宣传。《关于设立清华大学新闻发言人的暂行规定》第 3 条规定：新闻发言人正式对外发布新闻、声明和有关信息，阐明学校的立场和意见。

③ 《武汉生物工程学院新闻发言人制度》规定：新闻发言人的职责包括代表学校向校内单位和社会新闻传媒，并通过新闻媒体向公众发布校务信息。

④ 有的高校如武汉生物工程学院学校新闻发言人由有关领导、党委宣传部和党政办公室相关人员担任。有的高校则规定由学校副校级以上的领导担任。

聘方式的，资格条件较为具体，如某高校新闻发言人的应聘条件为：（1）普通话二级甲等以上；（2）具有大学英语六级或专业英语四级以上水平，能够流利地听说表达；（3）具有研究生学历，中级以上（含中级）职称。

目前多数高校采取兼职方式，这与高校事务数量有关。高校的教学、科研可以在网站公布，招生等重大政策宣传时机有限，重大或突发事件难以预测，考虑到成本问题，兼职发言人制度不失为一种经济选择。高校新闻发言人不一定统一为专职，应当允许兼职。但无论专职兼职，新闻发言人最好相对固定。高校可以针对信息不同内容在必要时邀请相关职能负责人参与新闻发布。

从2016年教育部公布的高校发言人情况来看，高校发言人一般由学校宣传部部长（副部长）担任，也有部分高校由校办主任或党委副书记担任，并未对高校发言人本身条件单独加以规定，而多从工作出发将这一岗位职责要求统一于宣传部部长岗位。由此来看，兼职发言人制度已经成为现实的一种选择。

第三，新闻发言人的职责。新闻发言人的主要职责是代表所在高校，在常规状态时正式对外发布新闻、声明和有关信息，阐明学校的立场和意见；在遇到突发性或重大事故时，公布事实和处置措施，并负责对有关报道进行回应和澄清。其他职责包括建立高校新闻预警和舆情监控机制，研究、掌握舆论导向及境内外媒体有关报道情况，及时向学校通报并有针对性地做好相关工作，以及做好校外记者到校采访的接待工作等。高校如赋予新闻发言人较多职责，最好采取专职方式。此外，也可以由新闻发言人就高校政策等与公众利益直接相关以及公众感兴趣的其他相关问题接受公开咨询、质询和问责。

高校应当区分信息审核发布的不同性质。① 新闻发言人的职责是代表学校对外发布，所发布信息内容的审核不宜由新闻发言人同时担任。作为代言人，发言人不可以决定哪些信息公开，哪些信息不公开，他只是去公布可以公布的信息。

新闻发言人是高校对外的唯一代言人。高校就有关政策、重大事项陈述情况、发表言论，应当以新闻发言人为唯一发布主体，以校园网为唯一新闻发布机构，其他人员即使是作为高校法定代表人的校长也无权擅自发布信息。即使是高校领导

---

① 《中国石油大学（华东）新闻发布和新闻发言人制度》规定：学校新闻发言人负责学校重要新闻对外发布和宣传报道审核、发布工作，其他人员不得擅自发布新闻信息。

在个别场合下发表的言论也不得视为学校言论。要区分高校成员的个人行为与职务行为,避免给高校工作带来被动。作为代言人,新闻发言人接受高校委托,应当在委托权限内发布信息。

第四,新闻发布的内容。新闻发言人发布内容限于高校信息。高校信息是指高校在履行教育职能过程中制作或者获取的,以一定形式记录、保存的信息。这些信息包括与高校发展有关的信息、与高校内部成员有关的信息以及与社会有关的信息,这些信息由于高等教育公共产品特征,往往相互交织。如高校招生政策与高校和社会相关,受到高度关注。

高校信息包括:(1)高校重要决策、规章制度;(2)招生、招聘等社会公众关心的重大教育信息;(3)教学改革、学科建设、学术科研、人事政策等涉及学校全局的重要信息;(4)有关教职工代表大会提案和回复以及学校的其他重要活动;(5)校内突发性事件的事实情况和处置措施;(6)社会高度关注的热点问题;①(7)对新闻媒体有关报道的回应和说明;(8)其他应予公开发布的事项。

并非所有的高校信息都需要公开。信息公开是有范围的。高校需要对信息进行分类,明确哪些属于可以公开的信息,哪些属于不可以公开的信息;哪些属于可以对特定人群公布的信息,哪些属于主要对内公开的信息,哪些属于需要对外公开的信息,不能笼统一概公开。如有关学生信息,新闻发布的对象为校内而非外界媒体;突发事件如果涉及学生,则高校原则上不能对外公开该学生的个人信息。高校也可以采取信息分级制度,根据信息重要程度分为特别重大、重大和一般信息,从而在程序设计上予以区别。② 高校审查决定发布的新闻内容不得侵犯高校名誉权、高校成员隐私权等。

第五,新闻发布的程序。程序包括时限、步骤和方式。发布信息应该有时限要求。高校要保障信息发布的及时性,而不能拖拉。根据信息性质,期限可以不同:应当主动公开的信息可以规定为信息形成后 30 天,依申请的信息可以规定为收到

---

① 如在泰国骚乱过程中,一些大学曾多次被要求表态,大学声明保持中立。

② 如《关于设立清华大学新闻发言人的暂行规定》第 6 条规定:新闻发言人的对外新闻发布工作,依照以下程序进行:特别重大的新闻信息,经校长、校党委书记审定同意,由主管宣传工作的校领导以新闻发言人的身份实施发布;其他重要的新闻信息,经主管宣传工作的校领导审定同意,由新闻中心负责人以新闻发言人的身份实施发布。

申请后20天,重大突发事件期限应当更短。对重大突发事件,高校应掌握主动,在第一时间发布信息;对负面信息,高校要掌握时机及时回应,避免迟延造成更大负面影响。① 新闻发布方式可以内外有别。可通过媒体记者采访或举办对外新闻发布会、新闻通气会、情况介绍会等多种形式进行。在程序设计上要注意给媒体或公众留有提问环节,不能简单地发布消息。

第六,舆情监控、反馈制度。高校需要建立新闻预警即舆情监控制度,由相关部门负责收集、留意媒体有关高校的报道,进行分析,决定是否予以回应。高校在收集有关高校信息、决定发布信息或者回应媒体后,还应该有反馈环节。很多高校往往忽视了这一环节。如《中国石油大学(华东)新闻发布和新闻发言人制度》规定,"新闻发布内容中涉及的重要舆情,相关单位和部门应及时通知新闻发言人",但对新闻发布后获得的舆情信息并没有反馈机制。这样,新闻发言人制度就只是一种单向传递,并未发挥传播舆情、与外界沟通的互动作用。因此,高校尤其要注意舆情反馈制度,新闻发言人要将发布新闻过程中所获得的新信息及时向高校反馈,以供高校决策考量。

三、高校新闻发言人制度展望

高校要充分认识到该制度的挑战:没有内部机构运行的规范和协调,信息收集不可能畅通;没有内部的有效治理,信息发布的结果可能适得其反。作为公开、透明、民主和责任的一种体现,在目前高校治理本身亟待改进的情况下,新闻发言人制度对高校与其说是激励,毋宁说是考验。围绕着高校发生的众多争议,如高校聘请兼职教授、高校教师学术不端以及不正当行为②等都会引发社会关注,这都需要高校新闻发言人作出回应,而这不仅涉及发言人自身问题,更是对高校治理能力的挑战。高校不仅要设立发言人,更要勇于建立、敢于接受、善于完善这一制度,才能最终实现发言人制度设立的价值。

---

① 如吴狄:《北大发言人称海外人才造假说严重侵害北大声誉》,载《新京报》,最后访问日期:2006年8月1日,http://www2.sdnews.com.cn/news/yw/2006-8/1_275277.html。该媒体指出"北大有关方面在沉默多日后给予回应"。

② 如中国政法大学聘任邓亚萍担任兼职教授等引发的社会关注。相关新闻链接 http://news.xinhuanet.com/politics/2015-12/07/c_1117384814.htm,最后访问日期:2016年5月10日。

第五节　学位体制改革中的正当程序问题研究①

随着我国民主法治进程的发展,社会对程序的意义和功能也有了更多的了解和认识,程序正义作为现代社会法治的要义之一已经得到较为普遍的认同,立法肯定并体现正当程序的理念以及制度日益增加。制定于1980年的《学位条例》作为我国最早的教育法律,由于受我国当时整体法制建设水平和立法倾向的限制,不仅必要的程序性规定非常粗疏,而且缺少甚至没有对于行政权力的控制、监督程序以及对于学位申请者基本权益的保护。② 这不仅不符合现代法治发展进程的要求,而且由此引发了系列法律争议,甚至在某种程度上制约了学位制度功能的发挥,如近年来的西北政法大学申博案、刘燕文诉北大案等。因此,在《学位条例》修正过程中需要全面考虑程序问题,这首先需要在理论上充分认识正当程序对学位制度的意义,才能在此基础上进而肯定正当程序作为一项基本原则并以具体制度的形式规定在学位立法之中。具体来说,学位制度要构建从学位设置、学位授予单位审批以及学位授予环节等全过程的正当程序制度。我国学位制度修改应当建立包括但不限于主体制度、审批制度、参与制度、公开制度、听证制度、回避制度和救济等具体制度,在一般行政程序制度基础上建立起符合学位工作自身特点的学位程序制度。

一、法律程序对学位制度的意义

程序正义具有独立的价值,并且是实体正义的必要条件,这些有关法律程序的价值与意义,在今天公众已经并不陌生,但法律程序在学位制度中的地位和作用较之于一般意义上的法律程序价值和意义的延伸更为具体和丰富。

(一)公正性的获得

法律程序所具有的保证程序参与人进行理性选择的机制,以及必须对基于各

---

① 本部分系参与国务院学位办《学位条例》修订委托项目的阶段性研究成果之一。先后发表于《学位研究生教育》。其中,《学位正当程序的制度构建》,载《学位与研究生教育》2014年第9期;《学位制度的正当程序研究》,载《学位与研究生教育》2013年第12期。

② 秦惠民:《从受理学位诉讼案看〈学位条例〉的修订》,载《学位与研究生教育》2000年第2期。

自的选择而做出的承诺负责的结构安排,不仅可以使结果更趋向实质合理性,更重要的是,可以通过当事人自己的参与和选择而使结果正当化,从而获得其公正性。① 程序正义对学位制度来说具有更为丰富的内涵,这是由学位制度的核心——学术行为——的性质所决定的。一般行政行为可以从合法性(实体和程序两方面)和合理性两个层面判断,但学术行为是非常特殊的一种行为,涉及政府、学校和教师等不同主体的行为,不仅包括教育行政机关的行政行为、学校作为法律法规授权组织的学术行政行为,还包括答辩委员会、学位评定委员会等机构以及专家个人的学术评价行为。这样所谓行政行为合法性或正当性判断标准不能或者至少不足以进行学术水平的认定。毕竟学术水平评价见仁见智,是根据"客观的法律之外的标准,由法律上为达此目的所建构之专家的组织或行政机关所进行之高度属人性的专业判断","涉及学生学业评量应尊重教师及学校本于专业及对事实真相之认知所为之决定",②意味着教育判断在实体上具有不可替代性,这就决定了很难甚至根本不可能在法律上对学术评定行为进行实体合法性判断。即学术水平涉及专业判断,权力必须予以尊重。面对规范学术权力的必要性与尊重学术权力的必要性的两难选择,程序既可以限制裁量权,同时允许选择自由,"在一定条件下,把价值问题转换为程序问题来处理"是打破包括政治僵局在内的一个明智选择,③于是,面对可能完全相反的学术判断,无论是国家介入还是学校介入,正当程序都是一种最为妥当的选择,这就使程序合法性在学位制度中具有了更高的价值,程序正当也就成为学位制度内在规律的核心要求。

(二)学术自由及大学自治的保障

学位制度包括学科设置、学位授予单位资格认定和专业授予资格认定以及申请人学位授予等多个环节。学术评定实体合法性判断的不可能性主要是基于学术评判的个体化和个性化考量(个体的学术自由),这虽然能说明程序在学位制度中的重要价值,但仍有不足。程序对学位制度的重要意义还体现在对作为团体学术自由及其制度性保障的大学自治的意义。原本作为个体自由和权利的学术自由随

---

① 应松年:《行政程序法立法研究》,中国法制出版社 2001 年版,第 25 页。

② 陈清秀:《依法行政与法律的适用》,载翁岳生编:《行政法》,中国法制出版社 2002 年版,第 230 页,第 232 页。

③ 季卫东:《法律程序的意义》,载《法治秩序的建构》,中国政法大学出版社 1999 年版,第 11 页。

着大学成为日益专业化的学术机构已经成为一种团体权利,而作为团体权利的学术自由要求权利外化为学术权力,同时这种学术权力也逐渐具有了某种一般性权力的特征,即学术自由要求学术自治,但学术权力同样存在滥用的可能,学术自治虽然是大学自治的核心内容,并不因此而不受监督,但这种监督首先并且主要是程序意义上的。当学术自由及大学自治表现在对学位申请人学术评定和学位授予可能的不公正时,首先要求的就是程序保障,因为只有程序尤其是事前的程序保障才可能最大限度地避免不公正结果的产生。

学位授予涉及学术自由尤其是学术自主权的问题。学位授予既要尊重专家个体的学术判断,还要尊重学术机构的学术判断,且二者都需要程序保障。但这仍有不足,学位问题不仅涉及是否授予学位问题,还涉及谁有权授予学位,即学位授予资格的认定问题。在实行国家学位制度的情况下,学位授予单位资格的认定涉及国家行政权力的行使;而即使实行学校学位制度,也同样涉及学校资格的认定问题。面对国家行政权力的作用,正当程序的规制已经成为一种基本共识,学位制度中正当程序有利于规范国家权力。

因此,从学位制度的核心——学术水平的判断来说,正当程序是不可或缺的,只有程序所具有的"过程性与交涉性"①这一本质特点才能应对学术过程根据需要作出决定。作为个体和团体权利的学术自由虽然在理论上甚至制度上有大学自治作为保障,但面对国家权力尤其是行政权力仍然非常脆弱。而法律程序对限制公权力恣意行使的价值早已得到普遍认同,在学位立法中法律程序对公权力的规范和限制功能自不例外。因此,法律程序对学位立法极为重要,通过程序控制可以在学位立法中实现国家权力、学校权力、个体权利的相对隔离,保障各方利益主体的正当权益,有利于实现学位立法目的。

二、学位制度中的程序现状

法律程序对学位制度具有特殊意义。学位制度应当明确程序意识,构建学位的正当程序法律制度。然而,理论认知并不等于现实制度,即使是现实制度也并不意味着贯彻实施。在不同国家的学位制度中有关程序制度并不一致。

---

① 季卫东:《法律程序的意义》,载《法治秩序的建构》,中国政法大学出版社1999年版,第20页。

（一）域外学位制度中的程序

在国外学位立法及学校规章制度中，正当程序字样虽然并未明显见诸于文字，但这并不意味着不存在正当程序，更不意味着不重视程序。毋宁说，程序法治的观念已经得到普遍认同，已经无须作为一种基本原则加以强调。域外学位立法一般都包含着诸多程序性规定。如加州大学伯克利分校学位条例在本科生要求中规定了在校学习的时间、学位候选人的申报程序等；在硕士学位要求中，规定了学生的申请、批准、与导师商议、学术评议会的组建、硕士学位论文委员会的组成及成员任命及与学生协商、学生候选人资格的取消及恢复、学位论文的通过及不通过的程序等；在博士学位要求中，规定了学生资格考试委员会的任命及组成、博士学位候选资格规范时间的计算、研究生学位项目的公开查询、博士学位候选人年检等。而哈佛大学学位条例也规定资格考核委员会的组成规则；论文写作与导师的协商；学位资格考核时间、基本内容、程序及不同考核结果的处理程序等。剑桥大学学位条例也有着非常具体的程序规定，如学位论文的提交、考官的评阅方式及处理结果、重考程序等。德国在立法之外各大学就学位有关程序也做了详细具体的规定，如洪堡大学肯定学生有权就论文题目提出自己的建议，学生可以拒绝一次导师所提供的论文题目，这一决定需要在获得题目的 14 天之内提出，并且书面通知考试委员会。法国、俄罗斯、韩国、印度、欧盟的有关学位制度也都包含程序性规定。可见，即使这些国家的立法或者大学规章制度并未明确采取正当程序字样，但正当法律程序的观念已经渗透其中。正是这些具体明确甚至看似琐碎的程序性规定使得学位工作有序不紊地进行，也间接保证了其学位质量的提升。①

（二）我国学位制度中的程序

尽管程序在学位制度中具有重要意义，但我国现行学位立法并未体现程序的重要性，程序的缺乏已经构成我国现行学位制度的突出问题。这固然有多方面的原因，如传统上程序意识的缺乏，对法律程序对于学位制度的重要意义认识不足，高校较少法律约束尤其是程序法律约束等，但这些无论如何都不再是我国学位立法忽视程序的理由。

---

① 有关域外学位条例的具体内容，参见北京师范大学教育学部国际与比较教育研究院的研究成果《学位条例国际比较研究》，在此表示感谢。

值得庆幸的是,对我国现行学位制度中的程序缺陷已经达成共识。早有学者指出,“法律程序与实体分离,教育法律中广泛地明确了教育者、受教育者、学校及其他教育机构的权利,却没有设置足够的程序来保障这些权利的实现,在权利受到侵害时,也没有明确有力的救济途径”;①“已有程序重原则缺乏可操作性,有关学位评定、学位授予工作的程序规定模糊并且相对匮乏”。② 现行学位法律制度在程序方面存在四个主要问题:第一,已有条款仍呈现出重实体轻程序的特征,并未明确正当程序作为学位授予的基本原则;第二,已有程序呈现出重规范、轻保障和救济的特征,缺乏对学位申请人和学位授予单位的程序保障;第三,已有程序集中在学位授予过程,缺乏对学位授予单位资格审定程序以及授予学位后的监督救济程序;第四,已有程序性规定过于粗疏原则,缺乏可操作性和执行性。

因此,可以说我国现行学位制度并没有程序意识,既未规定以正当程序作为学位制度的基本原则,也缺乏在学位制度各个环节的具体正当程序制度设计。而近年来发生的非常典型的学位案件,如刘燕文诉北大案、西北政法大学申博案都涉及了程序问题。2008 ~ 2009 年的第十一次学位授权审核过程中出现的几起纷争都与对行政许可程序公正性的质疑有关。③ 从考虑避免纷争的角度出发,我国也要构建学位正当程序制度。

三、正当程序在学位制度中的确立

学位的国家性质抑或是学校性质都要求必须构建学位正当程序制度。④ 构建学位正当程序制度要解决三个问题,首先要确定正当程序作为学位制度的基本原则,其次要明确何种程序对于学位制度才是正当的,即正当学位程序制度的判断标准。只有在此基础上才能最终明确正当的学位程序制度包括哪些具体内容。先讨论前两个问题。

---

① 杨正得、苗春凤:《浅析中国教育法律的理想化问题》,载《社科与经济信息》2002 年第 12 期。

② 解瑞卿:《我国现行学位授予审查制度的反思与修正》,载《高教探索》2012 年第 1 期。

③ 鲍嵘:《学位授予与社会公正》,载《清华大学教育研究》2011 年第 2 期。

④ 有关国家学位还是学校学位的争议一直是我国学位制度讨论的热点,在此不作分析,因无论何种性质都必须要有正当程序作为学位制度的内容。

(一)作为学位制度基本原则的正当程序

无论是从正当程序对学位制度的意义以及现行学位制度存在的缺陷来看都有必要在学位制度中明确正当程序,并且将此作为一项基本原则规定在学位条例的总则之中。

正当程序首先是学位制度的一项基本原则,在此基础上才可能成为学位立法的一项基本制度。之所以强调正当程序作为基本原则,是因为学位制度涉及多个环节,包括学科设置、学位授予单位的资格认定、学校学位评定委员会的产生、论文评阅以及答辩、授予学位决定及救济等,在每一个环节都要遵循正当程序的基本要求并以相应的制度保障之;学位制度也涉及多个主体之间的多重法律关系,包括国家与教育行政机关之间,教育主管机关与学位授予单位之间,学位授予单位与学位评定委员会等内部机构之间,学位评定委员会与答辩委员会等机构之间,学位申请人与学位评定委员会、答辩委员会、学位授予单位之间的关系等等,每重法律关系的调整都需要符合正当程序的基本要求;学位制度不仅体现在有关学位的国家立法之中,还应体现在行政部门立法和学校规章制度的制定过程之中。作为学位制度基本原则的正当程序不仅是对国家学位立法的要求,也是对教育主管部门和学位授予单位的学位立法要求。因此,不仅要在学位立法中肯定正当程序,而且要将正当程序作为学位制度的一项基本原则在总则中加以确立,在此基础上再进一步明确正当程序的基本制度。

(二)学位程序制度的"正当性"标准

程序"主要体现为按照一定的顺序、方式和手续来作出决定的相互关系",普遍形态是"按照某种标准和条件整理争论点,公平地听取各方意见,在使当事人可以理解或认可的情况下做出决定"。[①] 法律程序主要包括选举、立法、审判、行政程序。学位制度中的程序主要是行政程序,但不限于行政程序,还包括立法程序和司法程序。学位制度的正当程序保障不仅意味着事后的监督和救济程序。在某种程度上甚至更重要的就是事前和事中程序的保障,即行政程序。行政程序是学位程序制度的核心。学位制度中的程序又有别于一般意义的行政程序。因为在学位制度中

---

① 季卫东:《法律程序的意义》,载季卫东:《法治秩序的建构》,中国政法大学出版社 1999 年版,第 20 页。

不仅涉及一般行政机关所需要遵循的行政程序，还涉及学位授予单位——高等学校和科研单位——这一类特殊行政主体的程序。基于行政机关和高校同样作为行政主体的共性与个性，在程序设置上必然要有所区别。

学位正当程序的要求主要体现在行政程序之中，包括学科的设置、学位授予单位资格的认定以及学术水平的具体评判和学位的授予。那么，到底该如何设计学位程序制度才能够满足所谓的学位正当程序要求呢？学位制度以“提高学术水平、提高教育质量、规范学位授予工作”为目的。正当程序制度的具体设计当然要满足这一目的的根本要求。

满足学位制度的目的，意味着学位程序的设置必然要遵循有关学位制度的核心即学术判断问题。正当程序当然要保证学位各方的合法权益，包括知情权、参与权、救济权等，但这些权利的保障绝对不能以牺牲学术为代价。学位程序制度设计必须首先要“保证学术水平和教育质量”，规范学位授予工作不过是这一目的的延伸。之所以一再强调学位制度的核心目的——“保证学术水平和教育质量”——对学位程序制度设计的要求，是因为学位程序是否“正当”的核心取决于其是否符合制度设计的目的，而不仅仅是该程序是否有利于保障相关主体的合法权益。这是学位程序制度设计与一般行政程序不同的地方，固然要保护相关主体权益，规范权力行使，但不能忽视权力介入学术事项可能会影响甚至降低学术水平的可能，“正当”的学位程序要注意学位制度核心目的的实现。如学位申请人的论文评审过程涉及学位申请人知情权与信息公开问题，如果仅考虑知情权而强调信息公开，忽视论文匿名评审与论文答辩委员会匿名决定过程，就会影响学位制度存在的核心价值。毕竟，学位制度中不公正的结果与不利结果有所区别，因为任何时候不能为了避免对个体可能的不利结果而牺牲学位制度存在的核心目的——提升学术水平，这就要求程序不仅要控制学术权力的客观行使，还要保证学术权力的“自由”行使，不能以任何方式干预或者代替学术判断。从而，所谓学术程序制度的“正当性”要求必须平衡学术自由与避免学术权力和行政权力滥用，同时要保障个体的知情权。

当然，程序的“正当性”还要求程序必须是明确的、具体的、具有可操作性的。正当程序不仅仅是一种理念和基本原则，更是具体制度。“在我国的法治国家建设中，首先必须高度重视法律程序的建设和完善，但同时，这种法律程序的建设又表现具有实质性的内容，而不仅仅是为程序而程序的法律形式主义，不具有实质内容、缺乏明确目的指向的法律程序极有可能流于过场,从而导致程序的夭折。"[①]作为具体制度设计的正当法律程序依据不同的标准有不同的程序。正当程序体现在学位授予的每一个环节。要全面理解学位授予,不能将学位授予仅等同于学位授予单位对学位申请人学位的授予。此外,学位正当程序还要符合一般程序正义对行政程序的基本要求,包括程序中立、程序公平、程序理性和程序经济。[②]

《学位条例》修订已经势在必行,在学位制度中应当充分肯定程序的价值,将正当程序作为一项基本原则贯穿于学位制度的全过程,不仅要体现在学科设置、学位授予单位资格认定以及学位授予等各个环节,还要体现在学位国家立法之外的教育行政部门以及学位授予单位等主体的规范之中。而这些有关学位制度的程序规定是否"正当"的关键在于是否符合学位制度的目的,尤其是提高学术水平这一核心目的,以此作为判断的核心标准。总之,学位制度要有程序意识,要确定正当法律程序作为其基本原则,进而构建包括公开、同行评议、救济等系列内容在内的具体学位程序制度。

四、学位正当程序的制度构建

学位制度应当遵循正当程序,这意味着学位法律制度不仅要明确程序制度,并且要明确具有"学位"特色的"正当"的程序制度。那么,正当学位程序制度应该包括哪些具体内容呢?一般来说,依据学位授予工作的步骤和环节,学位程序制度分为学科设置程序、学位实施程序与学位监督救济程序,但该分类是对学位工作流程的一种客观描述,并无法解决哪些制度是正当学位程序制度的核心内容问题。当前《学位条例》修改要构建正当程序制度,应当在有关程序制度成果的基础上,根据学位工作的自身特征加以调整、吸收。行政法学界在正当程序制度构建方面已经有了较为丰硕的理论研究成果和一定的制度建设经验,可以作为学位正当程序制度构建的基础。

为了更好地构建学位工作中不同环节的不同程序,在分析现行学位立法存在问题的基础上,《学位条例》修改有必要建立完善以下制度:

---

① 应松年:《行政程序法立法研究》,中国法制出版社 2001 年版,第 27 页。

② 有关论述可以参见应松年:《行政程序法立法研究》,中国法制出版社 2001 年版,第 27 页。

（一）主体和审批制度

学位程序制度首先应当明确学位程序的主体，即承担学位程序的权利义务、对学位程序过程起决定性影响的人。现行学位制度规定的学位程序主体包括国务院、国务院授权的高等学校、学校评定委员会、答辩委员会、学位申请人等，但涉及相关主体的职责权限并不明确，也没有可操作性的程序规定。如第7条规定了国务院学位委员会的设立及其组成，但并未规定其职权；第8条规定了学位授予单位，但仅仅简单规定了国务院授权，并未明确是否由学位委员会具体实施；第9条和第10条虽然规定了学位评定委员会和学位答辩委员会，但二者的职责权限并不清楚，"学位授予的程序规则中答辩委员会、系所学位评定委员会、学校学位评定委员会之间的职责权限划分"。[①] 为此，"正当"学位程序制度需要明确学位实施的行政机关及其具体职权，学位授予单位资格条件及其职权，学位授予和专业授予的行政审批机关，明确学位评定委员会和答辩委员会的职权分工。如果涉及职权职责可能有冲突的，还要明确冲突解决机制。当然，这并不意味着所有这些都要在学位立法中规定，高等学校等学位授予单位有权就学位评定委员会、可能设置的院系学位评定委员会和答辩委员会的职权进行细化规定，只要与国家学位立法所规定的主体职权不抵触即可。

必须要尊重学校对内部机构职权划分的具体权限，这涉及学校自主权限，国家立法不可能、不必要、也不应该全部详细加以规定。此外，我国学位管理权已经下放到省级，需要明确国务院学位主管部门与省级学位主管部门之间的权限划分。因此，要注意在国家立法和学校规章两个层面完善学位程序主体制度。

考察域外学位有关国家立法和大学规章制度可以发现，学位程序涉及多个主体，包括指导教师、论文评审委员会、答辩委员会、资格审查委员会等。在国家立法中没有明确的主体，在学校学位规章制度中都有明确规定，包括其职权职责、作出决定的程序及对决定的救济。

《学位条例》修改应当在原基础上重点明确国务院学位委员会、省级学位委员会、学校学位评定委员会和答辩委员会的职权划分。建议明确对学位论文不同的审查要求，由答辩委员会对学位论文行使实质审查权，对论文是否达到某一学位的

① 汪全胜：《学位法律制度的类型化分析》，载《学位与研究生教育》2010年第5期。

水准作出实质性判断;校学位评定委员会和院系评定委员会不行使实质审查权,只行使形式审查权,审查答辩委员会的人员组成是否符合法律规定的资格要求,答辩过程与评议过程是否正当,是否合乎法律规定的程序要求等,对学位论文的水平与质量不作实质评断,①即只进行程序审查,以避免刘燕文诉北京大学案暴露出来的"外行审内行"的问题。

行政审批程序主要涉及学位授予单位资格以及学科授予资格的取得,这是易于引发学位争议的环节。行政审批程序涉及省级学位管理部门和国务院学位管理部门的权限划分即管辖问题,但更重要的是审批权限的下放与程序的简化。可以说,"下放审批学位授予权,简化审批程序是学位制度改革的必然趋势",区分对博士学位授予单位、博士学位授予学科及专业点、硕士学位授予单位、硕士学位授予学科及专业点审批程序②,都是学位审批程序需要完善的内容。"正当"的学位审批程序不仅要规定资格准入机制,还要规定退出机制。不具有退出机制的学位审批制度不能保证学位制度目的的实现。"正当"的学位审批程序应当规定学位授予单位资格的撤销、专业授予资格的撤销等程序。《学位条例》第18条规定了学位单位资格的停止和撤销制度,没有规定暂停资格等情形,且并未规定专业授予资格的撤销。为此,建议《学位条例》修改时进一步具体规定学位授予单位资格的停止和撤销制度。

学科设置也是学位制度的一个重要问题,尽管该行为更适宜定位为行政确认。设置哪些学科是一个实体问题,学位立法需要尊重专业判断,但由谁、如何判断和确定学科门类,由哪一部门通过何种程序组织,学科门类多长时间进行调整,如果需要调整应该如何启动等,这些可以通过在学位立法中确立程序制度解决。有些学科发展还不成熟,可能很难成为一级学科,有些学科则涉及交叉研究,存在交叉学科的归属认定问题,是否有必要设置专业学位、如何设置专业学位③等需要有程序规定。为此,《学位条例》修改应当增加有关对学位授予单位以及学科、专业审批条件、程序等规定。

① 汪全胜:《学位法律制度的类型化分析》,载《学位与研究生教育》2010年第5期。

② 汪润珊:《关于硕士、博士学位授予权问题之管见》,载《黑龙江高教研究》1989年第4期。

③ 有关专业学位设置的具体论述,可以参考赵长林:《中国学位制度三十年:回顾与总结》,载《研究生教育研究》2012年第1期。

（二）参与和公开制度

学位的“正当”程序必须注重参与，尤其是专家参与。有关学位的诸多事项判断涉及专业判断，必须尊重专家意见。为了保证提高学术水平，行政机关和学位授予单位尤其是前者在作出有关学位决定之前要通过召开专家座谈会、论证会等方式听取意见并应当根据专家意见作出决定。

学位正当程序的参与制度还涉及公共参与和利害关系人的参与。如在学位授予单位的数量分布、学科点分配等方面，行政机关应当通过网络等多种方式听取公共意见，如西北政法大学申博案中涉及总体上的名额控制分配问题，学位管理部门有必要听取来自西部高校的意见。

学位“正当”程序的参与制度尤其要注意专家的选择。关于专家的选择要考虑至少三方面因素：一是需要专家参与的事项；二是专家的学科背景；三是专家的工作单位等背景。专家不能与所要审批的学校有利害关系，要懂得本学科内的发展趋势等。有关学科设置、学位授予单位、专业等行政审批事项，需要专家参与，并且应考虑与拟审批事项密切相关的专家，区别对待不同学科、不同层次的学位、不同性质的学校，从整体上进行平衡。在很大程度上专家的选择直接关系到审批结果与学位授予结果。刘燕文诉北大案中由来自不同领域专家组成的学位评定委员会改变了答辩委员会勉强作出的“通过”决议。对此，有人认为这是制度设计上的不合理使论文答辩委员会委员回避风险，而这种制度设计的不合理体现为论文答辩中并未实行回避制度、匿名审查或答辩委员要说明理由等制度，论文答辩委员会成员出于回避压力风险的考虑不愿意作出不通过的决议，以致出现“外行评定内行”①的不合理状况。可见，专家个人情况在很大程度上影响决策，专家参与当然必要，但同时还要注重对专家遴选过程的规范，这才是“正当”学位程序制度的应有之义。

我国目前学位制度中对专家参与制度有所规定，如在论文答辩环节要求至少应该有一名外单位专家参与（《学位条例》第 9 条），以保证学术水平。但这一规定并未区分不同层次学位，也不符合我国学位发展的现状。建议《学位条例》修改时根据实践中的做法规定，博士论文答辩至少应该有一名外单位有关专家参与，但专

① 王大泉：《我国学位制度法律制度的特点及其缺陷分析》，载《中国教育法制评论》第 4 期，教育科学出版社 2006 年版。

家参与制度还有待进一步健全。

学位信息公开是指学位行政主体根据职权或者申请人的请求将有关学位信息向申请人或社会公开展示。学位信息公开涉及学位审批、学位授予等多个环节,在不同阶段信息公开的要求并不一样,而且学位信息公开制度具有与一般行政信息公开不同的特征,即必须考虑学术的特殊性,其中典型的就是学位论文的匿名评审制度。

一般来说,涉及国家秘密、商业秘密和个人隐私的信息不予公开。而在学位信息公开制度中,必须在保证学位审批决定和学位授予等决定的客观性和科学性之间进行权衡。这直接涉及参与评审专家的组成、姓名是否公开,何时公开等问题。如在学位审批环节公开评审专家组成等情况,有人担心会影响评审结果的客观性,但实际上学位管理部门公开组成情况就意味着这些专家需要对其决定负责,这些专家出于荣誉和责任等因素可能尽量作出客观公正决定。而为了避免这些专家面临的事后压力,必须对专家的投票过程和投票决定等情况予以保密。对采取专家讨论方式作出决定的,专家讨论的过程不能公开,专家作出的集体决定必须公开;对专家直接投票决定的,要公布最终专家集体投票的结果。总之,对此公开特别需要注意对专家个人的决定予以保密,以保证专家在不受干扰的环境下作出决定。这在学位审批环节体现较为明显。

在学位授予环节,从实践中来看,论文需要经过专家评审、答辩委员会答辩和学位评定委员会决定等三个关键环节。专家评审通过后方可能进入答辩环节,专家评审涉及同行评议,一般认为,同行评议原则要求加以保密。实际上同行评议保密应该是指论文评阅人和论文评阅对象的双盲,但作为论文评阅对象的学位申请人应当有权知晓评阅人的评阅意见,即保密的是论文评阅双方的身份而非结论。而在论文答辩环节,答辩委员会的组成、评议规则、答辩委员会的决定等应该对学位申请人予以公开。答辩委员会的内部讨论过程不予公开,投票采取不记名原则,但在公布决定时可以告知申请人决定的详细情形,如赞成、反对、弃权票数以及是否同意推荐优秀的票数等。①

当然,这些公开制度在《学位条例》修改时可以不予规定,因为具体规则还涉及

① 有关博士学位论文同行评议制度设计的具体内容可以参见马玲:《博士学位论文同行评议的实证分析及探索性建议》,载《研究生教育研究》2011 年第 6 期。

高校自主权限,应该由学位授予单位(主要是高校)自行规定。但高校作为学位程序的主体之一也要遵循正当程序的基本要求,根据学位信息公开的特殊性制定相应的学校学位信息公开办法。此外,从学位制度的目的考虑,建议《学位条例》修改时规定以下信息公开制度:学位评定委员会组成人员名单由学位授予单位确定并公布,并报国务院有关部门和国务院学位委员会备案。学位授予单位应当制定学位评定委员会委员遴选办法并公布。遴选办法应该规定学位评定委员会委员的条件、遴选程序及任期等内容。

域外学位制度并未明确公开原则,但该原则体现在学位申请、论文评审、答辩等诸多环节。首先,域外有关学位立法和规章制度都可以公开查询,这是与域外高校信息公开制度联系在一起的。其次,域外立法中一般也都明确指出哪些信息可以或者应当对学生加以公开。如论文答辩一般应公开进行,有关答辩信息也予以公示,学生可以参加论文答辩的旁听,但不得参与讨论。如俄罗斯学位条例规定,举行博士学位论文答辩的学位论文答辩委员会应不晚于答辩前 3 个月、举行副博士学位论文答辩的学位论文答辩委员会应不晚于答辩前 1 个月将下列文件提交俄罗斯联邦教育与科学部的官方网站公示:答辩者的姓名、论文题目、专业和学科领域代码(需与研究者们的专业名录相符),所组成的学位论文答辩委员会的机构的名称和地址,预计答辩的日期;以及学位论文的摘要。① 我国目前学位程序中公开规定并不多见,考虑到学位制度的特殊性,在立法中虽然不宜过多过细规定公开,但有必要明确公开是学位“正当”程序的必要组成部分,以此明确高校制定学位制度细则时应当注意有所体现。

(三)听证与回避制度

学位听证制度是指学位行政主体在作出影响相对人合法权益的决定之前,由学位行政主体告知决定理由和听证权利,相对人陈述意见、提供证据以及行政主体听取意见、接纳证据并作出相应决定等程序所构成的一种法律制度。并非所有的学位决定作出之前都需要听取行政相对人的意见。学位听证制度应当适用于学位审批机关决定作出不予审批决定、学位授予单位作出不予授予学位的情形。鉴于学位制度改革推进的过程,建议《学位条例》修改时增加规定“学位评定委员会拟作

① 参见北京师范大学教育学部国际与比较教育研究院的研究成果:《学位条例国际比较研究》。

出不予授予学位决定的,应当告知学位申请人有听证的权利”。如果我国继续实行学位审批制度,应该在学位审批环节也规定听证。

回避是指学位行政主体在行使有关学位职权过程中因与所处理的学位事务有利害关系,为保证实体处理结果和程序进展的公正性,根据当事人的申请或者依职权依法终止工作人员行使职务的制度。我国现行学位制度并未规定回避制度,但在学位审批、学位申请、论文答辩、学位授予等环节其实都涉及回避问题。学位回避情形与一般回避情形有相同之处,也有不同之处。一般回避所要求的近亲属回避当然在回避之列,此外还涉及导师回避、校友回避等情形。这涉及如何理解与学位有关的利害关系,尤其是一些专家可能在多个学校求学或者与学位申请人也属于导师之外的师生关系。目前,在硕士和博士学位论文答辩委员会中,导师回避已经成为高校的一种制度化规定,问题较多地体现在学位审批是否有必要建立校友回避。而这些制度直接与学位审批公开制度联系在一起。学位公开制度直接关系到回避制度实施的可能性和可行性。没有学位公开制度,学位回避制度无从谈起;完善的学位审批公开制度如实行“双盲制度”——学位审批部门对评审专家保密和评审单位均予以保密——也有利于回避制度目的的实现。以学位评定委员会成员的公开为基础,建议修改《学位条例》时增加规定“学位申请人有正当理由认为学位评定委员会成员可能存在影响公正评价情形的,有权申请回避”。

需要注意的是,俄罗斯《2011 年学位条例》第 14 条、第 21 条均有关于回避的明确规定,一是申请答辩的禁止,二是论文正式评论人的禁止。“高等职业教育机构(简称高校)的校长和副校长、主席(倘若高校章程中规定有此职务)、机构的领导及其副职,不得向以本机构为基础组成的学位论文答辩委员会提交学位论文申请答辩。国家政府机关的领导及其副职不得提交论文给其所在机构及下级组织成立的学位论文答辩委员会进行答辩。”同时明确规定一定人员不得担任论文的正式评阅人:“联邦教育与科学部部长,保证最高评定委员会活动顺利进行的联邦教育与科学部工作人员,最高评定委员会委员,最高评定委员会专家组的领导,接收申请答辩的论文答辩委员会的主席、副主席和学术秘书,申请人导师,申请人学位论文题目相关著作的合作者,以及高校的校长和副校长、主席(倘若高校章程中规定有此职务),高等教育机构的学术单位领导及其副职、教学秘书,申请人完成论文或工作的教研室、实验室、部门的同事、领导人及科研顾问,申请人委托进行科研工作的单位及委托申请人进行科研工作的单位。原则上,论文的正式评阅人应来自不同的工作单位。"①这些规定对我国有极强的针对性和借鉴意义,在本次修改时可以不增加这些禁止性规定,但各高校可以根据正当程序原则在学校规章制度中加以规定。

(四)救济制度

学位正当程序制度的根本要求之一就是有健全的救济制度。需要注意的是,学位救济制度不应仅限于事后救济,还要着重事前保障;不仅限于外部救济,更要注重内部救济。这是由学术的特殊性决定的。行政复议和行政诉讼等救济方式作为事后救济、外部救济,也需要遵循学术规律,原则上不能进行实质审查,而只能进行程序性审查,因此,学位内部救济程序就更为重要。

学位救济在各国学位立法中虽然都得到肯定,但并不完全一致,有的国家强调重考或再给予一次机会,有的国家仅允许内部申诉,有的国家则规定在申诉的基础上才能再向行政机关申请救济。俄罗斯明确规定了申诉程序:针对学位论文答辩委员会有关学位的授予、撤销(或恢复)等问题的决定,组织、申请人或者其他个体可以向论文答辩所在地的学位论文答辩委员会、向俄罗斯联邦教育与科学部提出申诉。对学位论文答辩委员会作出授予、撤销(或恢复)学位决议的理由等问题的申诉可以在决议出台之日起3日内提出。申诉问题的范围包括:学位论文答辩委员会作出关于授予、撤销及恢复学位的决议的理由,以及委员会违反论文答辩规则,无记名投票或者计票规则等问题。对委员会违反论文答辩规则,无记名投票或者计票规则等问题的申诉可以在决议出台的2个月内提出。学位论文答辩委员会的最终决议及其他申诉的审查资料自答辩委员会开会之日起10日内递交俄罗斯联邦教育与科学部。对学位论文答辩委员会授予、撤销(或恢复)学位的决议提出的申诉,由俄罗斯联邦教育与科学部根据对答辩委员会的审查结果和最高评定委员会的最终鉴定作出裁定。②

考虑到我国学位制度的现状,我国学位救济制度的对象不仅包括学位申请人有关论文答辩不予通过、不予授予学位等决定,也包括申请学位审批的高等学校不服不予审批的决定。但二者救济方式并不完全相同。高校不服学位管理部门学位

① 参见北京师范大学教育学部国际与比较教育研究院的研究成果:《学位条例国际比较研究》(内部资料)。

② 参见北京师范大学教育学部国际与比较教育研究院的研究成果:《学位条例国际比较研究》(内部资料)。

审批决定的,原则上可以直接申请行政复议或提起行政诉讼。而对于学位申请人不服不予通过答辩、不予授予学位等决定的,原则上应该首先采取内部救济,在对内部救济不服的基础上再采取外部救济方式。

为此,建议《学位条例》修改时增加允许重新答辩的规定:"硕士学位论文答辩不合格的,经论文答辩委员会同意,可在一年内修改论文,重新答辩一次。博士学位论文答辩不合格的,经论文答辩委员会同意,可在两年内修改论文,重新答辩一次。"并增加规定校内申诉程序:"学位申请人对论文答辩委员会作出的答辩不合格或论文违反学术规范的决议有异议的,可在该决议作出之日起十五日内向所在学位授予单位的学位评定委员会提起申诉。学位评定委员会应在接到申诉申请之日起,三十日内作出论文答辩是否合格以及论文是否违反学术规范的书面决定。申请人对该决定仍然不服的,可以在收到决定书十五日内,向学位授予单位所在地的省级学位委员会或其他主管部门申诉,或按照行政复议法和行政诉讼法的相关规定申请行政复议或提起行政诉讼。""学位申请人对学位评定委员会作出的不予授予学位决定不服的,可以在收到决定书十五日内,向学位授予单位所在地的省级学位委员会或其他主管部门申诉。学位申请人也可依据行政复议法、行政诉讼法的相关规定申请行政复议或者提起行政诉讼。"

除了以上制度外,"正当"的学位程序制度还包括应当禁止单方接触制度、告知和说明理由制度、遴选制度、表决制度等。这些制度可以由学位授予单位等在规章制度中加以具体规定。总之,程序之对学位制度较一般意义上的行政程序具有更为重要的价值。我国现行制度的程序缺失、实践中程序引发的问题以及域外学位制度有关程序的详细具体可操作性规定,都要求本次学位立法修正时必须注意程序制度。正当的学位程序制度必然要在尊重学术规律和学位工作的基础上满足学位制度的目的。而学位正当程序不仅需要在国家立法层面明确原则和构建制度,还需要将其贯彻在学位工作的每一个环节,尤其是高校等学位授予单位的规章制度之中。

第六节　高等学校学生法律问题研究

从田永案、刘燕文案,到女大学生怀孕开除案,从甘德怀事件到大学生结婚、校外租房等争议，高等学校（以下简称高校）与学生发生的种种纠纷容易成为社会关注的话题。高校逐渐进入法治视野，学生开始高扬权利旗帜，我们既要肯定依法治校、保障学生权益，同时也要避免“矫枉过正”，从高校学生权利的弱势化、虚无化走向权利极端化、过度化。

明确高校学生的权利义务是确定高校权力边界、解决争议的有效途径。我国目前教育法规范对高校学生权利重视不够，义务强调不足；忽视高校学生作为一般公民的身份与作为学生的特定身份，对高校学生权利和公民权利在发展中的趋势体现不足。应当明确高校学生的公民身份与高校有限成员地位。高校学生享有公民权利，但该公民权利也受到高校学生身份的限制，不得与高校目的相抵触；高校学生享有一般公民所不享有的权利，同时也负有相应义务。我国教育法律有关高校学生的规定应当进行相应的结构调整和修改。

一、高校学生的内涵①

高校是指由政府依法设立的在固定场所对固定人数有目的、有组织、有计划实施高等教育活动的全日制教育机构，即公立高校。高校学生是指“经过高校注册、正式取得学籍、在高校接受高等教育尚未取得学历学位证书的受教育者”。高校学生不包括申请入学者，也不包括已经毕业的校友。仅有目前在校的学生才是法律意义的高校学生。②

高校学生一般实行分类管理。以生源为标准，可分为留学生和本国学生；以学习时间为标准，可分为全职学生和在职学生；以培养类别为标准，可分为统招学生、自主招收学生等；以学历学位为标准，可分为本科生、研究生，其中研究生又分为硕

---

① 有关高校学生内涵的法律界定，可参见姚金菊：《高校学生的法律界定》，载《河南教育学院学报》2009年第1期。

② 在英国，法律上虽并未明确规定大学学生的定义，仅在1996年地方管理机构制定的有关税务规章中从地方免税的角度对学生作了有关规定，但一般将学生分为潜在学生（prospective student）与注册学生（matriculant）。前者涉及大学学生身份的形成，而后者才构成作为大学成员的学生。参见D. J. Farrington, *The Law of Higher Education*, Butterworths, 1998, p. 307。在德国，作为大学成员的学生是指依照联邦法律规定已经注册的学生。仅取得入学许可尚未办理注册手续仍不属于学校成员。休学学生因有注册行为属于大学成员，但是旁听生、选修生并不具备大学成员的资格。参见董保城：《德国学术自由与大学自治》，载董保城：《教育法与学术自由》，台湾月旦出版社1997年版，第139页。

士研究生和博士研究生。不同种类学生权利义务不同。

从法律上明确高校学生的内涵及范围，是明确高校学生权利的前提，有利于区分明确学生权利与公民权利的界限，明确高校学生权利的开始及其内容。

二、高校学生的法律地位：公民和有限成员

高校学生的权利是学生针对高校所享有的权利。这取决于高校学生的法律地位。学生在高校的法律地位取决于高校的法律性质及其与高校的法律关系。

高校学生以注册取得学籍为前提，因此高校学生与学校的法律关系指在学法律关系，不包括招生法律关系，但新生在注册之后、正式取得学籍之前与高校的关系一般也视为在学法律关系。关于学生与高校之间的法律关系有不同学说。

1. 特别权力关系说

大陆法系传统认为学生与高校关系属于特别权力关系中的营造物利用关系，即学生是高校提供公共服务的使用者，高校与学生的法律关系属于特别权力关系，一般不在司法管辖之列。其后，又在特别权力关系内区分为基础关系与经营关系。学生的入学及退学为基础关系，可以纳入诉讼范围；学生服装仪容与作息时间的规定、专业成绩的评定等则属于经营关系，不属于司法管辖。后来又出现了重要性理论，视某一事项对于当事人的重要程度来决定是否适用法律保留，如学校对学生处分已经足以影响学生身份的，则属于司法管辖之列。①

2. 契约关系说

英美法系认为学生与高校间是一种消费契约关系，学生注册或登记、付学费从高校购买服务和义务正是消费契约的体现。这些内容体现在但不限于登记注册，还包括课程安排、学生手册等方面。② 这种契约关系被视为是公私法关系的混合物，在某些方面明显的属于私法合同关系，可以强制执行，而在某些方面则具有公

---

① 有关特别权力关系，可参见陈爱娥：《公营造物的概念与公营造物利用的法律关系》，载台湾“法学会”主编：《行政法争议问题研究》，台湾五南图书出版公司2000年版，第1307～1323页；许育典：《在学关系之法律性质》，载台湾“法学会”主编：《行政法争议问题研究》，台湾五南图书出版公司2000年版，第1328～1329页；[日]南博方：《日本行政法》，杨建顺、周作彩译，中国人民大学出版社1988年版，第73～74页。

② Robert M. Hendrickson, The College, Their constituencies and the Courts, NOLPE Monograph/Book Series, No. 43. National Organization on Legal Problems of Education, 1991, pp. 128 – 131; New York University School of Law, Student Conduct and Discipline Procedure in a University Setting, 1968, pp. 5 – 6.

法性质,学生对高校负有某种明示或暗示义务。要视不同阶段具体划分二者间的关系。①

3. 信托关系说②

信托关系说认为学校的主要目的就是教育学生,学生来学校上学就如同病人到医院看病一样,对学校提供教育的能力存有信赖,学校对学生应当按照受信托人的能力行事,因此,要求高校在开除学生前应当进行通知和听证。③

4. 混合关系说

该说认为高校与学生之间既有公法关系,又存在私法关系,是一种混合关系。学生在接受高校所提供的教育服务及为此目的利用高校设施时与高校之间发生的关系,为公法上的关系,此时学生服从高校所制定的利用规则,如服从大学制定的纪律规则与学术规则等,利用图书馆等都属于公法关系。学生利用大学所提供的不属于教育范围的设施,如公寓与食堂等,则应当按私法上的关系处理。即高校与学生之间的教育给付关系为公法关系,其他则应当为私法关系。④ 两种不同性质的关系决定了高校学生的不同法律地位。本书采该学说。

三、高校学生的权利义务

(一)高校学生的权利

高校学生在高校内享有一般公民所不享有的权利,也受到相应高校规则的约束。

1. 学习权

学习权是高校学生的核心权利。与主体性相应,学生学习权的说法较受教育

---

① Oliver Hyams, *Law of Education*, Sweet & Maxwell, 1998, pp. 313 – 317.

② 将学生与学校关系视为信托关系,不仅在我国介绍较少,在美国也较少提及。在信托理论下,委托人基于对与受托人的信赖,委托受托人如遗嘱执行人掌管财产,受托人并非为了自身利益,而是为了委托人的利益掌管财产。

③ 关于信托理论,可以参见 Robert M. Hendrickson, The College, Their Constituencies and the Courts, National Organization on Legal Problems of Education (NOLPE), 1991, pp. 132 – 136; New York University School of Law, Student Conduct and Discipline Procedure in a University Setting, 1968, pp. 6 – 7。

④ 对此,还可参见[日]美浓部达吉:《公法与私法》,黄冯明译,中国政法大学出版社 2003 年版,第 158 页。

权更为科学。可以从自由和权利两个层面考虑学习权问题:

第一,学习权是有限的学习自由。高校学生的学习自由表现在选择院系、专业、科目和学习场所的自由,但这种学习自由受到客观条件和程序的限制。高校应当保障高校学生的学习自由,但也不能过分强调。为保障教育的有序进行,高校有权规定学生选择院系、专业、科目和学习场所的资格和程序。一般学生选择院系和专业自由受限较大,选课和选择学习场所的自由则因选修制和高校设施的开放性受到限制较少。

第二,学习权包括活动参加权和资源使用权。为实施高等教育,高校需要制定相应的教育教学计划,安排各种教育教学活动,设置各种设备、设施等。高校学生有权参加教育教学计划安排的各种活动,该权利因教育教学活动的强制性有所不同。属于法律法规规定和高校教育教学计划安排参加之列的教育教学活动如军训、体育课等,由于直接关系到能否达成高等教育目的,参加这些活动既是权利也是义务,学生无权拒绝参加,否则可能会受到相应惩戒;对非计划内的教育教学活动,如高校为扩大学生视野、丰富学生知识举办的各种讲座,学生有权不予参加,不必承受任何风险。资源使用权是指对于教育教学资源的利用。教育教学资源包括教育教学设施、设备,图书资料等。资源使用权一般并不包括请求权内容,如对教育设施的请求权、教育设施完善的请求权。资源请求权可以通过学生的有限成员权利(决策建议权和参与权)等实现。

2. 获得公正评价权

高校有权对学生进行学术评价和道德纪律等相关评价;学生有权要求高校予以公正评价。高校制定的评价标准、行为规则应当客观、公正、公开,学生有权进行查阅。

第一,学业获得公正评价权。学生有权要求高校对课程和学业完成情况予以定期评价。学业评价应当客观、公正,评价标准应当客观、连续、公开、公平、多元化,评价程序应当公开;学生完成相应学业,符合相应标准,高校应当颁发学业和学位证书。高校学生认为高校应当进行而不进行学业评价或者学业评价不公正的,有权进行申诉。高校学生获得学业学位证书的权利在我国因刘燕文和田永案已受重视,但对在日常评价、综合评价、考试评价等方面享有的公正权利强调不足,如教师关于学生能力的评语可能会存在偏见,从而直接影响学生的权益。

第二，道德获得公正评价权。学生接受高等教育，除知识这一智育目的外，还有德育等目的。高校道德评价主要体现在高校的纪律惩戒权。道德评判标准难以确定、难以量化，实际操作存在困难，高校应当公开行为评价标准，其道德评价标准不得明显异于一般理解。① 学生有权要求高校公开其道德评价过程，有权质疑道德评价结果的客观公正性，高校对此负有解释义务。

3. 有限成员权利②

第一，有限校务参与权。学生作为高校的成员，享有参与高校事务的权利，高校的有关校务决策过程应当吸收学生参与，听取学生意见。这是一般公民所不享有的学生权利，是高校学生有限成员地位的主要体现。当然，由于学生作为高校成员，流动性较大，加之在高等教育事务方面缺乏足够知识储备，在参与校务范围、参与幅度方面有别于教师等高校成员。

第二，有限参与社会权。学生有权参加社会活动，高校无权禁止，但得予以一定限制，明确该权利不得与其高校成员身份相冲突。如高校学生有权参与社会服务和勤工助学活动，但应当在课余时间进行，不得影响学业任务的完成。

高校学生权利是一般公民所不享有的权利。一般公民非经高校同意，不得主张利用高校资源，请求高校颁发学业学位证书，也无权要求参与高校决策。高校学生的权利受到高校侵犯时，属于公法争议，一般通过公法途径如行政复议和诉讼等解决，审查这类案件时审查强度应当低于高校与学生之间有关公民权利的审查标准。

（二）高校学生的义务

高校学生作为公民的一般法定权利受到学生身份的限制。高校学生在享有高校学生权利的同时，也要履行相应义务。

1. 公民权利受到高校学生身份的限制。高校学生不因学生身份而丧失公民地

---

① 如媒体曾报道高校两名学生因在教室接吻、拥抱，被学校以发生“非法性行为”为由勒令退学。在此学校采取了明显高于社会一般理解的标准，学生行为不属于性行为，学校的处分因有悖于合理解释而缺乏法定依据，应予以撤销。

② 有关高等学校学生作为有限高校成员的法律地位以及高校学生身份与一般公民身份的区别，可参见［奥］凯尔森：《法与国家的一般原理》，沈宗灵译，中国大百科全书出版社 1995 年版，第 114 页；Kern Alexander, Erwin S. Solomon, *College and University law*, Charlottesville: the Michie Company, 1972, p. 414；金耀基：《大学之理念》，生活·读书·新知三联书店 2001 年版，第 21 页。

位,仍受公民宪法权利保障,但其公民权利因学生身份受到更多限制。高校学生除了要遵守法律法规等有关公民权利义务的规定之外,还要遵守有关教育法律法规及高校规章制度。如高校学生的言论、出版、集会、结社、游行、示威等宪法自由不得妨碍高校的教育目的及正常秩序。作为公民,高校学生可以在校外行使公民的有关权利,但不能在课堂之上以言论自由为名扰乱课堂秩序。

2. 接受高校管理,遵守高校规章制度。这是高校学生义务的核心。从消极意义上来说,高校学生公民权利的行使不得违背高校目的;从积极意义上来说,高校学生应当接受高校管理,遵守高校规章制度。高校有权制定学生行为规范、进行纪律惩戒,学生有义务遵守行为规范、服从学校管理。当然,"规范学生的规章不应是学生应当遵守的各项行为的法典,而应当限于安足于复杂群体的实际需要的程序描述,以及不能容忍的行为,因为这些行为与基本的目的、必要和学术团体的过程或者团体成员的必要权利相冲突"。①

3. 缴纳学费及有关费用。高等教育并非义务教育,学生对高校负有相应的缴费义务。学生不缴纳相应费用的,高校有权采取相应措施。

4. 在规定年限内完成规定的学习任务,接受高校的学术评价。高校学生在校期间应当完成相应的学习任务。对于不履行相应的学习义务或者未能按规定完成学习任务的高校学生,高校有权进行相应的学术评价;对于学业成绩评定不合格的,高校有权拒绝颁发学业学位证书。

5. 接受高校的道德评价。高校学生接受高校教育不仅是知识养成的过程,也是人格健全、道德培养的过程,因此高校学生有尊敬师长、养成良好的思想品德和行为习惯的义务,这也是高校学生行为守则的内容。对此,高校享有相应的道德评价权力,高校学生有义务接受高校的道德评价。

6. 其他义务。高校学生义务与高校权力联系密切,高校有关学生行为规范和纪律惩戒的权力等,直接关系到高校学生义务的具体内容,是需要进一步研究的课题。此外,高校学生还负有在住宿、餐饮等方面遵守合同约定等私法方面的义务。

(三)发展中的高校学生权利义务

高校的学生权利义务是一个不断发展的过程,尤其在高校与社会发展紧密联

---

① 参见《密歇根公立大学学生权利与义务》第1款。

系的当代。随着高等教育实践的发展,高校学生的权利内容也日益丰富,越来越多的公民权利开始进入高校学生权利领域,但并非所有的公民权利都能够成为高校学生权利,而二者之间的界限往往在个案发生之后才能明确:

1. 知情权。学生获得公正评价的权利是以知情权为前提的。公民知情权已经日益普遍,学生知情权也需要尊重。学生的知情权与匿名评审中的学术自由相联系,不同于公民的知情权,高校需要在制度上予以特殊保障。高校应当在对学生档案保密的同时为学生提供机会和途径了解自身有关信息。如美国担心因大学教授协会没有对学生档案保密的书面道德规定,国会可能会以公开保密档案法规的方式侵占业务部门的职能,这将"不仅侵犯道德事务方面的学术自治权,而且也是学者们无力作出控制公众的道德判断的不幸反映。"①

2. 隐私权。"大学生怀孕开除案"以及此前高校对学生宿舍的检查及学生成绩的广泛公开引起了对高校学生隐私权的高度关注。其实,隐私权不是学生作为高校成员的权利,而是公民的基本权利,因此问题不在于学生是否享有隐私权保护问题,而是高校权力界限问题:高校要把学生作为"人"来对待,否则同样要承担侵权责任。

3. 财产权。高校学生当然享有财产权,但高校为维持宿舍安全没收学生财物以及为整顿学风予以罚款②等,提出了高校学生公民权利问题。高校享有维护校园秩序的权力,但无论是对教学还是安全秩序的维护都不应以侵犯公民人身权或者财产权的方式进行,高校权力不能限制或剥夺公民权利。③ 当然,如果高校学生财产来源于奖助学金,则高校学生对奖助学金的处分要受到相应的限制,因为这些财产并非高校学生作为公民身份所享有的权利,从而高校规定对于利用奖助学金进行请客吃饭的限制有着相应的合理依据。

4. 人格尊严权和个人情感权利。高校曾经有过禁止大学生谈恋爱、校园禁吻

① [美]约翰·S. 布鲁贝克:《高等教育哲学》,王承绪、郑继伟、张维平、徐辉、张民选译,浙江教育出版社1998年版,第128页。

② 《武科大整顿学风"土政策"逃课一次罚二十》,载 http://edu. sina. com. cn/l/2004 - 03 - 12/62533. html,最后访问日期:2016年5月10日。

③ 参见《学生吃"大餐"需先写申请 江西一高校校规引争议》,载 http://www. cnr. cn/news/200701/t20070107_504370502. shtml,最后访问日期:2016年5月10日。

令、不允许留长发等规则。影响学习的论据并不具有说服力,生活方式本身就应该是个性化的,只要行为不违反法律和公序良俗,校方就无权横加干涉。这些规则与人性不符,目前都已为时代淘汰。

5. 学习保障权。我国教育法规定学生有按照国家规定获得奖学金、贷学金、助学金的权利,[①]但这种权利的性质和内容有待论证。奖学金、贷学金和助学金性质不同,而这些资金又有国家、高校等不同来源,学生对国家奖贷助学金和高校奖贷助学金享有的权利也有所不同,需区别对待。

6. 住宅权。高校学生对宿舍能否主张权利以及该权利性质仍有争议。[②] 对此,本书认为,问题不在学生对宿舍是否享有住宅权,而在于高校对学生住宿如何管理。从我国目前推行高校后勤社会化的改革来看,高校完全可以通过私法调整为学生提供食宿的问题。当然,高校通过私法方式管理学生食宿问题,仍然要承担责任,但却是私法上的责任。

7. 评价权。这里的评价权,主要是指在世界范围内随着学生权利运动深入而兴起的学生对教师的评价问题。学生对教师的打分评价是近年来高校流行的教师考评方式,但这应否成为学生的权利有待商榷,至少在我国目前有关教师评价制度并不完善的情况下需慎重考虑。不能将学生评价作为教师评价的唯一依据或者根本依据,这是由学生的有限成员地位、学生自身仍然欠缺客观全面的评价能力以及高等教育性质决定的。如学生可能出于教师评分高低、考试难易程度而非教育质量评价教师。因此,肯定学生评价的价值,但不能学生评价至上,而要慎重对待。

四、我国高校学生法律制度的反思与重构

(一)学生法律内涵有待明确

随着我国目前高校与学生争议数量的增加、争议类型的多样化,明确学生的权

---

① 修改前的《教育法》第42条第2项,2015年修改后为第43条第2项;《普通高校学生管理规定》第5条第3项。

② 如夫妻同上大学,学校怕破先例拒绝同房申请;湖南某高校一名男生连续三晚留宿其女友,因室友不堪其扰到学校保卫科告发,被勒令退学。该校规定:男生寝室,女生不得入内。对后者评价可参见杨支柱:《留宿异性就该勒令退学?》,载 http://www.yangzhizhu.com/yangzhizhu4.htm,最后访问日期:2016年5月10日。

利内容及其范围已经成为重中之重，而作为权利主体——学生——内涵的模糊性，使高校在与学生争议的问题上处于一种无序失范状态。因此，有必要区分公民、受教育者和学生这三种身份，从法律意义上明确"高校学生"这一概念：公民享有受教育权，接受高等教育的公民为受教育者，经过高校注册、正式取得学籍、尚未毕业的受教育者是高校学生。

（二）高校学生的法律地位有待明确

我国《教育法》在第五章以"受教育者"为题，但内容涉及受教育者、未成年人、公民、从业人员等多个名词，在某种程度上体现了逻辑的混乱。而《高等教育法》"高等学校的学生"一章则仅以高校学生权利义务为题，未见有关高校学生作为成年人以及公民的法律规定。应当明确：学生是公民和受教育者。高校学生一般已经年满18周岁，是"正在高校接受教育的具有法律身份的公民"，①具有"国家公民"和"高校有限成员"的双重身份，既享有公民的一般法定权利，又享有受教育者的特定法定权利。

（三）高校学生的权利义务有待强调和细化

《高等教育法》在"高等学校的学生"一章不是首先明确高校学生的法律地位或者权利，而是首先规定了高校学生的义务。对高校学生享有的公民权利和对高校享有的有限成员权利区分不明。在高校学生权利的具体内容上存在缺失，如未规定关学习自由、校务参与等权利。以学生的转学和转系自由为例，《教育法》和《高等教育法》对此都未作规定，规章虽有所规定，②但由于我国高等教育资源总体仍然处于稀缺状态，学生选择院系和专业的自由受到的限制很大，以至于有学生为了重新选择理想的专业不得不退学重新参加高考。这固然有着专业过细、考生报考志愿时的信息不对称等原因，在很大程度上也是由高校对学习自由不够重视、缺乏相应制度保障造成的。因此，有必要对《高等教育法》相关部分予以重构，具体如下：

第一，高等学校学生的法律内涵及范围。经依法录取、注册取得高等学校学籍的受教育者是高等学校学生。高等学校学生包括在普通高等学校接受普通高等学历教育的研究生和本科生、专科（高职）学生。在高等学校接受成人高等教育的学

① 彭希林、肖平、汤帮耀：《高校与学生的法律关系研究》，载《中国农业教育》2006年第1期。

② 参见《普通高等学校学生管理规定》第三节"转专业与转学"。

生、港澳台学生和留学生可以参照本章有关规定。

第二,高等学校学生的法律地位。高等学校学生是高等学校的有限成员。高等学校可以依据章程,在不与法律、法规相抵触的情况下,具体规定有关高等学校学生的权利义务。

第三,高等学校学生的权利。高等学校学生依法享有公民一般权利,但公民一般权利行使不得妨碍高等学校的教育目的。高等学校学生在高等学校内享有下列权利:(1)参加教育教学计划安排的各种活动,使用教育教学设施、设备、图书资料;(2)依照高等学校规定选择院系和专业的自由;(3)在学业成绩和品行上获得公正评价;(4)在规定的年限内完成规定的学业后获得相应的学业证书、学位证书;(5)依照高等学校的有关规定参与高等学校决策和有关社会活动;(6)法律法规和高等学校规定的其他权利。

高等学校学生依法享有正当程序保障和申诉权利。

第四,高等学校学生的义务。高等学校学生应当履行下列义务:(1)遵守有关法律、法规;(2)依法缴纳学费和有关费用;(3)遵守高等学校学生行为规范和高等学校的各项管理制度;(4)尊敬师长,养成良好的思想品德和行为习惯;(5)在规定的期限内完成规定的学习任务。学生团体在法律、法规规定的范围内活动,服从高等学校的领导和管理。获得贷学金及助学金的高等学校学生,应当履行相应的义务。

第五,国家对学生的义务。国家设立奖学金,并鼓励高等学校、企业事业组织、社会团体以及其他社会组织和个人按照国家有关规定设立各种形式的奖学金,对品学兼优的学生、国家规定的专业的学生以及到国家规定的地区工作的学生给予奖励。

国家设立高等学校学生勤工助学基金和贷学金,并鼓励高等学校、企业事业组织、社会团体以及其他社会组织和个人设立各种形式的助学金,对家庭经济困难的学生提供帮助。

第六,高等学校对学生的义务。高等学校应当保障高等学校学生的权利。高等学校应当对学生的社会服务和勤工助学活动给予鼓励和支持,并进行引导和管理。高等学校应当为毕业生、结业生提供就业指导和服务。高等学校应当完善体育、卫生保健设施,保护学生的身心健康。

第七节　高校无形资产的法律保护刍议

高校财产制度是高校法人制度的核心。《高等教育法》第 60 条第 1 款的修改明确了高等教育经费来源多元化制度。高等学校通过多种渠道筹措经费，除了争取社会捐赠外，还需要学校的自我经营能力，其中重要的内容就是高校无形资产的经营管理。而高校无形资产的经营管理尤其需要法律保护。

高校无形资产不限于知识产权、人格权和财产权等权利类无形资产，也应包括教育教学资源等特殊类无形资产。采取与企业完全相同的知识产权法律策略并不足以解决高校无形资产的法律保护问题。高校无形资产应当确立以知识产权为重点的全面法律保护策略，同时协调知识产权法律制度与教育法律制度之间的冲突。高校无形资产尤其是知识产权的法律保护要同高校产业经营制度及深层次的教育体制改革相结合。

一、概述

2004 年，福建昆仑建设有限公司在开发名为“厦大商业街”的房地产项目中使用“厦大商业街”“厦大商圈”等用语进行宣传，因其未经厦大同意，厦大对其提起诉讼。① 无独有偶，2008 年四川大学以成都屹立房地产开发有限公司在工程项目名称、楼盘名称及宣传广告中使用含有“川大”文字提起诉讼。② 2009 年 11 月 24 日，吉林大学为保护无形资产申请商标注册，在 43 个大类上注册“吉大”，在 4 个大类上注册“吉林大学”，共计注册 47 件商标。此前，“吉大”曾被抢注为蜡烛厂、教育机构甚至杀虫剂、润滑剂等。③ 可见，随着知识经济、市场经济发展，负载知识生产、传播和应用功能的高校与社会和市场纠葛日深，如何通过法律途径保护无形资产、防

---

① 郑文雅：《原告厦门大学诉被告福建昆仑建设有限公司侵犯名称权纠纷案》，载 http://www.faloge.com/article/qtzscqqq/2418.html，最后访问日期：2016 年 5 月 10 日。

② 《我校终审胜诉“川大河畔”侵犯名称权一案》，载 http://www.scujs.org/Article_Show.asp?ArticleID=1114，最后访问日期：2016 年 5 月 10 日。

③ 新华社多媒体数据库高等教育版。

止无形资产流失乃至实现无形资产的保值增值,已经成为高校不可回避的问题。

二、高校无形资产的法律内涵

任何研究都要符合研究的语境,任何资产都要服从于主体的目的,高校资产的法律研究也不例外。作为会计术语的无形资产,核心功能是通过客观统计提供高校在财务管理方面的便利,法律语境下的无形资产的核心功能是通过制度保障减少资产流失、实现资产的保值增值。因此,界定高校无形资产的法律内涵,应与经济意义上的无形资产有所区别。此外,还要考虑高校的特殊性质。

根据《资产评估准则——无形资产》,无形资产是指特定主体所控制的,不具有实物形态,对生产经营长期发挥作用且能带来经济利益的资源。① 根据《高等学校财务制度》,高校资产是指高等学校占有或者使用的能以货币计量的经济资源,包括各种财产、债权和其他权利。高校的资产包括流动资产、固定资产、在建工程、无形资产和对外投资等。其中无形资产是指不具有实物形态而能为使用者提供某种权利的资产。②

二者对无形资产的限定并不相同,前者强调无形资产是能带来经济利益的资源,后者则将无形资产直接限定为经济资源且限于权利性资产。但是,带来经济利益的资源本身不一定是经济资源,权利性资产也不一定都能带来经济利益,高校尤其如此。作为非生产经营主体,高校不以营利为目的,经济效益或资源不过是高校实现高等教育职能的手段和方式,社会效益才是高校目的所在。与企业通过经济效益实现社会效益不同,在某种程度上,高校是通过社会效益带来经济利益的。因此,法律意义上的高校无形资产应当是指“高校占有或使用的不具有实物形态、为履行高等教育职能带来经济效益或社会效益的非货币性长期资源”。③ 除了无形性这一无形资产的共同特征外,公益性(高等教育职能)和效益的特殊性构成高校无形资产的独有特征。高校教育职能的公益性质决定了高校无形资产的效益不限于甚至不主要是经济收益,还包括社会收益,而社会效益更难以评估,也因此,高校无

---

① 《资产评估准则——无形资产》(财会〔2001〕1051 号)第 3 条。

② 《高等学校财务制度》(2012 年)第 39 条、第 40 条、第 46 条。

③ 安怡、冯文全、徐安兴:《高校无形资产的内涵及其保护管理对策研究》,载《高校发展与评估》2006 年第 6 期。

形资产的效益性更为特殊，不确定性更为突出。

三、高校无形资产的范围

明确高校无形资产的法律内涵后需要确定高校无形资产的范围，以明确法律保护的对象。关于高校无形资产范围主要有四类不同看法：

第一类是一般经济学研究。理论研究一般认为，无形资产包括人（人力资本类无形资产）、权（权利类无形资产）、誉（整体类无形资产）。① 这一范围较广。

第二类是资产评估规范。依据《资产评估准则——无形资产》，无形资产分为可辨认无形资产（包括专利权、专有技术、商标权、著作权、土地使用权、特许权等），以及不可辨认无形资产（商誉）。② 这一范围较窄。

第三类是高校财务规范。《高等学校财务制度》规定，无形资产包括专利权、商标权、著作权、土地使用权、非专利技术以及其他财产权利，③高校无形资产被限定为权利且为财产权利。这一范围最窄。

第四类是教育法律规范。依据《独立学院设置与管理办法》，普通高等学校主要利用学校名称、知识产权、管理资源、教育教学资源等参与办学。普通高等学校投入办学的无形资产，应当依法作价，④即高校无形资产包括高校名称、知识产权、管理资源、教育教学资源等，不限于权利，还包括其他资源，不限于财产权利，还包括人格权利。这一范围最广。

上述高校无形资产的范围主要是权利与资源、不同权利之间的冲突。对知识产权和财产权利属于高校无形资产范围观点一致，但对其他权利资产以及资源等是否属于高校无形资产看法差别较大。从全面保护高校无形资产、维护高校权益目的出发，法律意义的高等学校无形资产不应当仅限于权利性资源（权利类无形资产），还应当包括非权利性资源（特殊类无形资产）；权利性资源不限于财产权利，还包括人格权利。

---

① 傅建设：《无形资产范围研究》，载《天津商业大学学报》2008 年第 6 期，第 60～63 页。

② 《资产评估准则——无形资产》（财会〔2001〕1051 号）第 3 条。

③ 《高等学校财务制度》（2012 年）第 39 条、第 46 条。高校资产包括各种财产、债权和其他权利。高校无形资产限于财产权利。

④ 《独立学院设置与管理办法》第 11 条、第 13 条。

(一)权利类无形资产

权利类无形资产主要是权利性资源,包括知识产权、人格权和部分财产权。

1. 知识产权。知识产权构成高校权利类无形资产甚至高校全部无形资产的核心部分。[①] 一般认为,高校知识产权的范围与企业知识产权范围相同,包括商标权、著作权和专利权、技术秘密和商业秘密等。美国高校也有相似规定。[②]

2. 人格权。包括高校名称权、名誉权和荣誉权。高校名称权是指高校使用自己的名称并不受他人侵害的权利,包括名称的选择权、使用权以及依法定程序变更和转让高校名称的权利。高校名誉是指对高校教学科研活动、培养人才等方面的社会评价,它形成于高校发展的全部过程,是社会对高校信用、教学科研能力、人才培养水平、社会贡献等因素的综合评价。高校有权享有并维护其名誉,要求他人进行客观公正的评价;在名誉权受到侵害时排除侵害。高校荣誉权是指高校对自己的荣誉称号所享有的不受他人非法侵害的权利。

3. 财产权。高校无形资产的财产性权利包括但不限于地役权、用水权、伐木权、土地使用权和特许经营权等。[③]

(二)特殊类无形资产

特殊类无形资产主要是非权利性资源,包括政策性资源、教育教学资源和管理资源。这些资源一般不属于权利,但作为无形资产,它们也能带来经济效益和社会效益,[④]一旦流失或保护不力同样会造成高校损失。

1. 政策性资源。高校往往通过国家政策获得相应的办学资源。这直接关系到高校的经费和招生情况,如高校是属于教育部直属还是地方管辖;高校是否进入

---

① 无形资产源于经济范畴,本质上强调获利能力,与知识产权强调权利保障有所区别。夏丽丽:《从知识产权到无形资产——企业如何管理知识产权类无形资产》,载《安徽科技》2008 年第 8 期,第 38 ~ 39 页。

② 专利权、著作权、商标权和计算机软件(包括购买的、经许可以及内部生产获得的计算机软件)等属于高校无形资产范围。参见美国印第安纳大学财务政策有关无形资产范围,载 http://www.indiana.edu/ ~ vpcfo/policies/accounting/i – 261. html,最后访问日期:2016 年 5 月 10 日。

③ 美国高校与此相似,参见美国印第安纳大学财务政策有关无形资产范围,载 http://www.indiana.edu/ ~ vpcfo/policies/accounting/i – 261. html,最后访问日期:2016 年 5 月 10 日。

④ 参见《独立学院设置与管理办法》(2012 年)第 40 条:独立学院使用普通高等学校的管理资源和师资、课程等教育教学资源,其相关费用应当按照双方约定或者国家有关规定,列入独立学院的办学成本。

“985 工程”和“211 工程”；高校是否具有自主招生权、提前招生权、单独命题权；是否全国招考等。这些政策性资源中有的也属于权利，但与人格权、财产权和知识产权等私法权利不同，是一种公法权利，具有特殊性。

2. 教育教学资源。包括教学科研资源和教师资源等。教学科研资源包括高校专业、学科和课程设置建设情况；本科教学水平评估情况、博士点设置情况；科技项目等。① 此外，高校基于教育科研目的与国内外建立的各种合作关系也属于教学科研资源，如各种交流项目。教师资源既是人力资源也是教育教学资源。教师主要是指专任教师。高校教师作为大学成员可以超越高校自身，成为高校的标志。此外，高校独具特色的历史文化等非物质文化资源也属于教育教学资源，如北大与五四运动。②

3. 管理资源。包括高校管理模式、办学理念；高校品牌活动、特色项目；学生名单、就业渠道、校友信息等。③

权利类与特殊类无形资产共同构成高校无形资产，都需要相应的法律保护，但它们在我国的保护现状却并不相同。

四、高校无形资产保护的现实分析

总体来看，由于缺乏对高校无形资产范围系统深入的研究，实践中高校无形资产的法律保护也存在诸多问题，主要体现为权利类高校无形资产法律保护的不充分以及特殊类高校无形资产法律保护的缺失。

（一）权利类高校无形资产法律保护的不充分

我国现阶段高校无形资产的法律保护集中在权利类无形资产。从作为高校无形资产核心的知识产权保护情况来看，高校权利类无形资产的法律保护大体可以分为三种类型：

1. 高校不重视无形资产，无形资产意识不存在或者非常薄弱，无形资产尤其是

---

① 如高校精品课程可作为无形资产，参见徐汉峰：《高校精品课程建设可以计量为无形资产》，载《青岛职业技术学院学报》2008 年 9 月。

② 当然，高校历史文化类无形资产也可以归结为高校人格权范畴。

③ 其中有些无形资产可以与相应的人格权、财产权和知识产权联系，如高校的非物质文化资源同时也构成高校人格权的内容。

知识产权流失现象严重。自 2002 年以来,出现了高校校名被抢注的现象,其中山大、浙大都曾经被抢注,或者以高校名称冠名,利用高校名称、名誉非法办学,或者滥用校名进行虚假宣传,采取在产品加注“某某学校研究成果”或“学校监制”等字样,用高校知名度提升产品知名度和信任度。而从高校自身来说,高校注重科研,却不注重对科研等智力成果进行保障的知识产权制度,作为众多技术创新和著作的生产地,高校对专利权、著作权主张并不积极,而高校甚至并未意识到无形资产已经流失,更毋庸说有效利用知识产权法律制度取得并维护该类无形资产。目前有相当一部分高校都属于这一类型。

2. 高校开始逐渐重视无形资产,无形资产意识有所增强。面对各种侵权行为,高校最初手足无措的情形已经有所好转,高校知晓作为法人的名称权、名誉权和荣誉权,开始申请商标注册,主张知识产权,但对商标权利用不多,对专利权理解不深,对著作权主张不畅,仍不能用法律手段有意识地主动维权。而且,对高校无形资产的理解偏重在专利权方面,尤其是理工类或综合类高校对知识产权相对比较重视,文科类高校知识产权保护意识相对较为淡薄。目前大部分高校属于这一类型。①

3. 高校不仅明确无形资产,而且能够区分经营性无形资产和非经营性无形资产,合理利用经营性无形资产,真正实现资产的目的——保值增值,即实现高校无形资产的产业化经营。目前仅有极少数高校属于这一类型。

总体来看,高校权利类无形资产的法律保护意识在不断增强,寻求法律保障的能力也在逐步增强,但整体上仍然是不充分、不完善的。

(二)特殊类高校无形资产法律保护的缺失

相对于权利类无形资产法律保护的不充分、不完善,高校特殊类无形资产的法律保护基本上处于缺失状态。

政策性资源实际上对我国高校发挥着重要作用,但这一领域的法律保护并未引起高校的足够重视。高校自教育行政部门获得政策性资源后,有的并不能有效利用,有的则滥用资源造成资源流失。如目前仅有部分高校获得的自主招生权,高校如果不重视以法律方式进行规制和保护,则可能因暗箱操作等问题最终丧失这部分权利;不通过法律方式将“211 工程”或“985 工程”涉及的高校权利义务确定下

---

① 董景芳:《高校知识产权侵权初探》,载《山西警官高等专科学校学报》2008 年第 2 期。

来，将来就可能与教育行政部门发生纠纷。至于教育教学资源中师资流动问题，高校典型建筑物如北大红楼、高校特色项目如北京外国语大学“歆语工程”等都属于非权利性无形资产，也都需要法律保护。

无论是高校权利类无形资产保护还是特殊类无形资产保护，现状都差强人意，法律保护意识有待进一步增强，手段和策略等方面有待进一步探索。

五、高校无形资产法律保护的建议

高校无形资产的法律保护，要求高校既要认清目前无形资产保护的制度现状，采取现实可行的法律路径，又要意识到目前无形资产保护制度的不足，探索自身的法律路径。

1. 科学认识权利类无形资产与特殊类无形资产的关系，确立全面保护无形资产的长期法律策略。

高校要确立无形资产意识，科学理解高校无形资产范围，明确全面保护无形资产并以此为长期策略。不能将无形资产局限于知识产权等权利类无形资产，避免陷入无形资产保护范围的误区。无形资产有经营性无形资产和非经营性无形资产之分。高校即使采取了知识产权策略，保护的也仅是高校经营性无形资产，而非经营性无形资产如政策性资源、教育教学资源等作为无形资产并非知识产权法律保护所能够解决的。①

事实上，恰恰是特殊类无形资产在某种程度上制约着权利类无形资产的保护。如教师以创造者身份影响知识产权的生产，管理资源以其管理水平的高低影响知识产权的申请和转化，政策性资源则可能直接构成权利的组成部分。这也正是目前有关高校知识产权保护的众多研究都集中在高校内部管理方面的重要原因。没有特殊类无形资产的有效法律保护，权利类无形资产的法律保护必然是不充分、不彻底的。权利类无形资产保护始终是与特殊类无形资产联系在一起的，特殊类无形资产是支撑权利类无形资产产生和权益维护的因素，没有高质量的教育教学资源和管理资源等特殊类无形资产，权利类无形资产的保护可能成为一句空话。因

① 有关经营性资产和非经营性资产的相关规定，可以参见《事业单位非经营性资产转经营性资产管理实施办法》，国资事发〔1995〕89号；《中国人民大学经营性资产管理办法（试行）》等。

此，在保护权利类无形资产的同时不能忽视特殊无形资产的保护，尤其是高校人才的保护和管理水平的提升。

2. 确立区别对待、个性管理的法律策略，注意特殊类无形资产的保护。

高校无形资产的法律保护既要注重与企业无形资产保护的共性，也要注意高校无形资产的个性。强调高校无形资产的个性，不是要针对高校发展出某种特殊类型的无形资产，而是说除了有关无形资产的一般规定外，高校无形资产还有自身的特殊限制。高校有些无形资产可以转让，如专利权；有些虽不得转让，但允许他人使用，如教育教学资源；有些则既不能转让，原则上也不允许他人使用，如名称权。不同类型的高校无形资产，法律限制不同。

不同类别的高校无形资产，法律保护途径不同。权利类无形资产更多面对外部主体的侵犯，特殊无形资产则更多是内部有效管理问题，对人格权、财产权利和知识产权类无形资产，高校原则上采取私法手段保护和救济；对教育教学资源特殊无形资产中的政策性资源宜通过公法方式解决，教育教学资源应当通过内部法律治理保护其价值。要在高校特殊类无形资产的管理中引入法治意识、进行法律规范，如通过合同方式管理人才流动，明确知识产权成果归属等。

3. 确立以保护知识产权为核心的重点策略，同时注意知识产权规范与教育法律规范的协调。

首先可以肯定的是，各国高校无形资产法律保护的战略重点均在权利类无形资产，以知识产权制度为核心和重点，我国也是如此，这无疑是正确的，不再赘述。但是，单纯考虑知识产权制度，忽视高校所在的教育体制因素的影响，并不足以解决高校知识产权法律保护的全部问题。

我国高校采取商标权保护面临的法律困境即是例证。商标权已经成为我国高校保护名称权的首选策略，原因之一是现行名称权保护主要针对企业名称，缺乏对高校名称的保护；原因之二是名称权传统上被作为人格权，而人格权在侵权行为构成和承担民事责任方面与商标权保护有很大区别。① 但对高校的商标权保护途径，

① 人格权保护要求行为人具有主观过错，法律责任以消除影响、赔礼道歉为主，商标权保护则并不一定要具有主观过错，法律责任主要是赔偿损失，保护更为全面具体。

有人不以为然,认为高校名称权本身就可以作为知识产权。[①] 依据之一就是2002年《教育部办公厅关于校史和校庆问题的通知》:“高等学校的校名是学校知识产权的重要组成部分,名校的校名更是一笔重要的无形资产,并为某一高等学校专属。”对此可有两种理解:一是名称权本身是独立知识产权,无须商标注册保护,这与现行知识产权制度不符,当不予认可;二是高校名称本身是独立知识产权,无须商标注册即可获得知识产权保护,这虽未见诸知识产权制度,但由教育行政部门针对高校知识产权专门规定应无不可。但这就涉及法律规范的冲突问题:教育行政规范规定了高校的知识产权,但并未规定保护手段,高校依据教育行政规范请求知识产权保护并不能得到现有知识产权法律制度(商标权、专利权和著作权)的支持,使该权利难以真正实现。[②]

因此,高校知识产权的法律保护要求在一般知识产权制度之外注意教育法律规范的特殊规定,而教育法律规范也要注意与现有知识产权制度的衔接,只有二者协调才可能实现知识产权的法律保护。

4.结合教育体制改革,探索高校产业经营的新路径,突破高校知识产权保护的制度障碍。

如上所述,要注意教育行政规范与知识产权制度的协调,但这仍不足以实现高校无形资产保护的目的。为此,应结合教育体制改革,探索高校产业化规范建设的新路径,突破高校知识产权保护的制度障碍。

譬如目前即使采取商标权注册方式,高校知识产权的保护现状也并不乐观。高校按照企业法人方式进行商标注册,但比企业受到更多的限制:可以通过允许冠名方式获得利益,但不得出售其名称;可以冠名方式建立高校企业,但应遵守法律规定,“凡学校企业冠用学校名称全称的,除规定的几种特殊例外情况外,必须全部

---

① 吴寿东、许丙东:《产业规范化背景下高校名称权的法律保护》,载《中国高校科技与产业化》2009年第4期。

② 类似冲突更突出体现在教育部有关高校知识产权保护的专门立法——《高等学校知识产权保护管理规定》中,其中规定高等学校的校标和各种服务标记如校徽、校旗、校歌、学校标准字体、学校吉祥物等也属于高校知识产权,但高校吉祥物如果被盗用,高校并不能依据现有知识产权法律制度得到保护。

依法取消冠名”。[①] 尽管高校并不能按企业法人的方式使用商标,也不像企业利用商标权那样频繁,但每年支付的费用却与企业相同。与企业法人通过商标权获利的积极目的不同,高校不过是通过商标权消极防范可能的侵权行为。以上情形实际是由我国现行的教育法律制度决定的。现行法律制度将高校定位为事业法人,也不注重以无形资产内在的经济驱动力激励高校的知识产权保护意识。高校知识产权的有偿转让和投资等无形资产有效运营的增值保值目的与高校的非营利性质发生了内在冲突。高校即使采取与企业完全相同的知识产权策略,如果没有无形资产利用的制度突破,最终可能不过是高校维权成本的不断提高,甚至背离无形资产的存在价值——通过有效法律制度构建使无形资产为高校赢得现实的经济效益和社会效益。

因此,高校知识产权的法律保护实际是与高校制度变革联系在一起的。我国教育行政部门已经开始探索专门的高校资产运营公司方式,[②]指出“高校要依法组建国有独资性质的资产经营有限公司或从现有校办企业中选择一个产权清晰、管理规范的独资企业,将学校所有经营性资产划转到高校资产公司,由其代表学校持有对企业投资所形成的股权”,这样也就突破了高校自身不能从事资本运行的制度障碍。

总之,高校知识产权乃至无形资产的法律保护,实际是一个需要跨学科研究的问题,要从法学、教育学、管理学等多角度进行分析。在法学领域内分析高校的知识产权问题也必须注意,只有将知识产权制度同高校产业经营制度及深层次的教育体制突破结合起来,才可能从根本上解决高校无形资产的法律保护问题。

---

① 教育部副部长陈希在2009年度直属高校产业工作会议上的讲话:《深入推进高校产业规范化建设工作,强化高校企业风险管控,推动高校产业科学发展》(2009年1月13日);教技发〔2009〕1号:《教育部关于做好2009年度直属高校产业工作的意见》。

② 《教育部关于积极发展、规范管理高校科技产业的指导意见》(教技发〔2005〕2号);《教育部关于高校产业规范化建设中组建高校资产经营有限公司的若干意见》(教科发〔2006〕1号)。

第八节　高等学校行政争议非诉解决机制研究

引言

迄今为止,《最高人民法院指导案例汇编》①有 9 个行政法案例,其中有 2 个是高等学校行政案例。《中国行政审判案例》②有 6 个教育案件,其中 4 个涉及学生与高校之间的争议。学生与高校间因学位、纪律处分、招生考试等教育行政行为发生的行政争议已经成为法院行政案件不可忽视的内容。与此同时,还有很多高等教育案件并未进入行政诉讼的阶段,西北政法大学申博案涉及高校与教育行政机关的争议,通过行政复议途径解决。而教师与高校之间的诸多争议也并未完全进入行政诉讼受案范围。最高人民法院在 2010 年出台司法解释《关于审理教育行政案件若干问题的规定》。2014 年《行政诉讼法》修改,高校作为法律法规授权组织,其行为被作为行政行为纳入行政诉讼受案范围。然而,这绝不意味着行政诉讼就是高等教育行政争议解决的唯一途径,甚至可能也并非最终途径。

表 5－2　教育行政案例

最高人民法院指导案例汇编	第 38 号　田永诉北京科技大学拒绝颁发毕业证、学位证案
	第 39 号　何小强诉华中科技大学拒绝授予学位案
中国行政审判案例	第 5 号案例　高等学校能否成为行政诉讼案件的被告——褚胡诉天津师范大学不履行授予学位证法定职责案
	第 9 号案例　高等学校学位授予行为的审查范围及标准——武华玉诉华中农业大学教育行政行为案
	第 21 号案例　考试机构的内设机构是否有权确认考试成绩无效——陈炯杰诉浙江省教育考试院教育行政处理案
	第 77 号案例　法院在裁判时机成熟时可直接判决高校为学生颁发毕业证书——谢文杰诉山西师范大学不履行颁发毕业证法定职责案
	第 93 号案例　高等学校校纪校规不能违反上位法规定——甘露不服暨南大学开除学籍申请再审案
	第 97 号案例　经过评阅的高考试卷能否公开——谷山龙川诉北京教育考试院不予公开高考试卷案

① 截至 2015 年 6 月,《最高人民法院指导案例汇编》共 52 个案例。

② 截至 2015 年 11 月,最高人民法院行政审判庭编的《中国行政审判案例》共 160 个案例。

实务界以及学术界围绕着上述诸多案件就司法介入学生与高校争议的必要性、可行性以及广度和强度等问题进行的讨论,其实都承认了司法介入的有限性。在肯定司法最终提供救济的同时,更要探索行政系统内的监督和救济途径。对教育尤其是高等学校行政争议来说,非诉纠纷解决机制可能发挥更好的作用。

一、高等教育行政争议概述

教育行政争议是一个广义概念。不同教育阶段的特征不同,高等教育阶段的教育行政争议因为其多发性、典型性和复杂性更需讨论。在中小学,虽然学生与学校的纠纷也时有发生,但多集中在民事领域,主要涉及民事责任问题,一般不涉及学校权力行为,中小学虽然也具有公法上身份,但一般不具有独立的行政主体资格,可视为不具有完全能力的公法法人。① 而在高等教育领域,高校作为"法律法规授权组织",②根据教育法律法规授权对学生行使学籍管理和颁发学历学位等权力。基于高校这一特殊身份,高校与学生之间的争议才可能被归类为行政争议。高校性质使得高校行政争议具有了特殊性:

第一,争议主体的特殊性。争议的不同主体直接影响争议的解决方式。行政争议的一方必然是公法主体,即行政机关或法律法规授权组织。高等教育行政争议当然也有这样一方,但却具有相对的不确定性。一方面高校可能成为行政主体,与作为行政相对人的学生和教师发生行政法律争议,如刘燕文诉北大案、田永诉北京科技大学案、怀孕女生诉重庆邮电大学开除案等;另一方面高校也可能成为行政相对人,与作为行政主体的教育行政机关发生行政法律争议,如西北政法大学申博案,尽管因为现行高校管理体制,此类纠纷不多,但实际"争议"大量存在。此外,高校还可能作为行政相对人与其他行政机关发生争议,如高校有大量聘任制工作人员,可能因未履行缴纳社会保险义务而被行政机关处罚从而引发争议。这类争议往往不涉及高校教育职能,也不涉及对高校特殊行政主体地位的管理职能,完全可

① 姚金菊:《宜确立学校的"公法法人"法律地位》,载《首都师范大学学报》(社会科学版)2010 年第 4 期。

② 法律法规授权组织是我国行政法学界和实务界共同采用的说法,尽管有学者认为这一说法并未解决为何对高等学校授权等问题,但从诉讼角度来看,最高人民法院公报案例、指导案例以及 2014 年修正《行政诉讼法》生效施行,高校作为法律法规授权组织的行政主体地位在实务上业已得到认同。

以由一般行政争议解决机制加以解决。学生和教师还可能作为行政相对人直接与行政机关发生行政法律争议,如教师可能因被撤销教师资格与教育行政机关发生争议,学生可能因其公民身份而与行政机关发生争议,但对此类争议解决机制的争论不多。

鉴于高校作为行政主体与学生发生的争议最多,也最受关注,本章将高等学校行政争议的主体特征界定为以高等学校为一方主体的高等教育行政争议。高等学校行政争议只是高等教育行政争议的组成部分,并且是最有争议、最受关注的部分。

第二,争议性质的特殊性。争议的不同性质决定着争议解决机制审查的限度。高等教育行政争议应该是基于教育权利(力)发生的争议。教育尤其是高等教育领域涉及教育权利(力)性质。教育权利(力)包括学生的受教育权、教师的法定权利和高校的自治权力。

学生受教育权有别于一般公民权利,不是学生在高校内所发生的争议都属于受教育权争议,学生可能因为受到学校处分、未能取得学位证书等与学校发生争议,同样可能因为财产权、隐私权等权利受到侵犯而与学校发生争议,如学生在宿舍内使用的电器被学校没收。《教育法》第 43 条规定的受教育者权利范围是非常广泛的,不仅包括直接与教育过程相关的教育活动参加权、教育资源使用权、获得国家帮助权、获得公正评价权和获得证书权,还包括申诉权。学生与学校的关系既有管理关系,也有契约关系。

教师权利更为复杂。依据《教师法》第 7 条,教师权利不仅包括与教育教学直接相关的教育教学权、学术自由、学业指导评定权、培训权,还包括参与权和薪酬权。教师与高校的法律关系既有人事关系,也有合同聘任关系。教师可能因为在职称评定中没有受到公正评价而与学校发生争议,也可能因为一般违法受到学校处理①而发生争议。学校对教师和学生所进行的处理可能基于自己作为教育机构的专业性权力,还可能基于这种专业性权力所附加的管理性权力。基于不同权利和权力所发生的争议性质不同,作为学术评价的专业性权力属于高校固有权限,基于学术评价附带享有的管理性权力属于高校授予权限。

---

① 如中国青年政治学院教师杨支柱因超生而被所在学校予以记过、解除教学岗位等处分。

第三,争议解决机制的多元性。争议解决的不同途径直接影响争议解决的结果。囿于行政法学研究和行政法制实践,长期以来行政诉讼一直是我国行政争议解决的核心机制。学生、教师与学校之间的关系传统上被认为属于内部法律关系,行政诉讼对此争议一般不予受理。田永案和刘燕文案虽然打破了这一现状,但学界基本一致认为并非所有的高等学校行政争议都纳入行政诉讼范围。

2005年教育部出台《普通高等学校学生管理规定》,确立了高等学校学生的申诉制度(包括校内申诉和教育行政申诉),将《教育法》规定的申诉权予以制度保障,但限于规范本身的层级,对校内申诉、教育行政申诉与行政复议、行政诉讼的衔接并未规定。

有关教师与高校之间的争议,《教师法》第39条规定了教师的教育行政申诉制度,但对于校内申诉、教育行政申诉与行政复议、行政诉讼之间的衔接也并未规定。由于申诉制度的性质和地位不明,校内申诉和教育行政申诉发挥的作用有限;由于行政复议与行政诉讼的自由选择原则以及行政复议和诉讼的受理以法律的明确规定为原则,学生和教师的行政复议和行政诉讼途径多受限制。

为了更好地分析现有高等学校行政争议解决机制,本章集中关注学生与高等学校、教师与高等学校的争议解决机制,暂不关注高等学校与教育行政机关的争议解决机制。

二、现行高等学校行政争议的非诉解决机制

高等学校行政争议特殊性的根源在于高等学校的性质。通常认为,高校基于学术自由所享有的自主权应当加以保障。但高校自主权从性质上来说主要是对于外部——政府及教育行政机关——的独立,并不意味着不受监督和约束,对于内部——学生和教师来说,高校自主权来源于学生和教师尤其是后者的权利,即高校自主权源于基于学术自由所享有的高校自治及其制度性保障。一方面,学生和教师权利作为高校自主权的依据,当然不能排除其对高校权力行为进行监督和救济的权利;另一方面,既然高校自主并非绝对,当然不能排除政府对高校权力行为进行监督的权力。毕竟,高校自主只是表现,而非根源,根本仍在于高校的学术自治。由此出发,高等学校行政争议解决机制的构建在实现维权解纷目的的同时,必须尊重并维护高校的学术自主。因而更能够有效平衡个体权利与高校自主权力的机制

才是最适合的解决机制。

(一)现有学生与高校行政争议的非诉解决机制

现有学生与高校争议解决机制的主要依据在于《教育法》《高等教育法》和《普通高等学校学生管理规定》,包括校内申诉、教育行政申诉、行政复议和行政诉讼。

第一,校内申诉制度。2005 年教育部以规章的形式颁发了《普通高等学校学生管理规定》,确立了学生申诉制度。《普通高等学校学生管理规定》第 60 条至第 62 条规定了校内申诉,第 63 条至第 64 条规定了教育行政申诉。校内申诉是由高校内部成立专门机构对有关学生与高校的行政争议进行处理。学生申诉处理委员会为专门机构,由学校负责人、职能部门负责人、教师代表和学生代表组成,处理争议的范围包括学生对取消入学资格、退学处理或者违规违纪的处分,对与学术有关的处理决定如课程考核、成绩评定、留级、降级、重修,不予批准转专业、转学,不予批准休学、复学,颁发结业证书或肄业证书,不予颁发学习学位证书、追回学历学位证书等决定,[①]并未在学生申诉处理委员会的范围之列。校内申诉处理制度范围仍然非常有限。

在校内申诉处理的程序上,该规定虽然规定了处理时限、书面申诉的方式,但并未对复查方式等作出规定,对学生申诉处理委员会是否限于采取书面审查的方式、是否听取学生的陈述和中辩、是否允许学生聘请代理人等也未加以规定。而学生申诉处理委员会也并无权限直接改变学校处理决定,“需要改变原处理决定的,由学生申诉处理委员会提交学校重新研究决定”,这在很大程度上制约着校内申诉功能的发挥,再基于人员组成和机构的独立性问题,一般情况下都不会改变原处理决定。

第二,教育行政申诉。根据《普通高等学校学生管理规定》,教育行政申诉的主体是学校所在地的省级教育行政部门,由其对学生在法定期限内提出的书面申诉予以处理并答复。但教育行政申诉的对象是复查决定,[②]但该复查决定指向不明,究竟是学生申诉处理委员会作出的复查结论还是学校重新作出的处分决定并不清

① 有关这些决定参见《普通高等学校学生管理规定》第三章第二节第 11 条至第 17 条、第三节第 18 条至第 21 条、第四节第 22 条至第 26 条、第六节第 31 条至第 39 条。

② 《普通高等学校学生管理规定》第 63 条。

楚。而且,这实际上变相规定了校内申诉作为教育行政申诉的前置程序,而依据《教育法》规定,学生对学校给予的处分不服,向有关部门提出申诉,不以校内申诉为必经程序。同时,该规定指出“学生在申诉期内未提出申诉的,学校或者省级教育行政部门不再受理其提出的申诉”,校内申诉与教育行政申诉戛然而止。

《普通高等学校学生管理规定》确立了校内申诉与教育行政申诉制度的存在,但对其地位、运行机制等仍未明确。相比于行政复议和行政诉讼,教育行政机关和司法机关对高校事务介入的有限性,申诉制度在理论上和实践中均有所作用,但总体来看形式意义大于实质意义,并未起到该机制的分流减压、扩大救济范围的功能。由于包括教育行政申诉与行政复议的界定不清等诸多原因,行政诉讼在现实中仍然是选择偏好。最高人民法院行政审判庭起草教育行政案件司法解释的努力正是这一偏好的体现。需要注意的是,现有学生申诉机制并未区分学术处理决定与其他行为,当前正在审理的于艳茹诉北大案已经对学生申诉委员会受理撤销学位证的合法性提出了质疑。

(二)现有教师与高校行政争议的非诉解决机制

现有教师与高校争议的解决机制非常复杂,既涉及争议的不同类型,也涉及不同法律法规之间的冲突,而这些又与我国正在推进的事业单位改革直接相关。从现有法律法规来看,教师与高校间的纠纷解决机制主要是教育行政申诉制度和人事争议仲裁制度。教育法及其相关法律法规规定了教育行政申诉制度,而劳动法及事业单位人事制度改革等法律法规则规定了仲裁。但从目前实践来看,将教师与高校之间的人事争议作为行政争议还是民事争议做法并不一致。本章认为,即使将教师与高校之间的人事争议作为民事争议,选择纠纷的不同解决机制,也同样要考虑到教育法的特别规定,适用实体法。这也是目前司法实务部门的立场。

1. 教育法规定的教育行政申诉制度

《教师法》第39条规定:“教师对学校或者其他教育机构侵犯其合法权益的,或者对学校或者其他教育机构作出的处理不服的,可以向教育行政部门提出申诉,教育行政部门应当在接到申诉的三十日内,作出处理。”对此,有关释义指出,教师对学校在人员调配、工作安排、工作条件、职务评聘、聘任、培训、考核、工资福利待遇、退职退休等教师管理的各个方面做出的处理决定不服的,可以向主管学校的教育行政部门或者主管本行政区域内教育工作的教育行政部门等提出申诉。①

原国家教委《关于〈教师法〉若干问题的实施意见》明确了教师行政申诉的教育行政部门及相关程序。"教师对学校或者其他教育机构提出的申诉，由其所在区域的主管教育行政部门受理。省、市、县教育行政部门或者主管部门应当确定相应的职能机构或者专门人员，依法办理教师申诉案件。""行政机关对属于其管辖的教师申诉案件，应当及时进行审查，对符合申诉条件的，应予受理；对不符合申诉条件的，应以书面形式决定不予受理，并通知申诉人。行政机关对受理的申诉案件，应当进行全面调查核实，根据不同情况，依法作出维持或者变更原处理决定、撤销原处理决定或者责令被申诉人重新做出处理决定。""行政机关作出申诉处理决定后，应当将申诉处理决定书发送给申诉当事人。申诉处理决定书自送达之日起发生效力。申诉当事人对申诉处理决定不服的，可向原处理机关隶属的人民政府申请复核。其申诉内容直接涉及其人身权、财产权及其他属于行政复议、行政诉讼受案范围事项的，可以依法提起行政复议或者行政诉讼。"

根据《教师法》及其实施意见，教师行政申诉的范围不限于学校的处理决定，还包括学校侵犯合法权益的所有行为。申诉处理机关是教育行政部门。教育行政部门对申诉的审查为全面审查。对申诉处理决定不服的，救济途径为行政复核。直接涉及人身权、财产权等事项的申诉可以选择复议或诉讼。

《教师法》规定的教育行政申诉制度看似全面，范围很大，但这种过于笼统的规定实际上阻碍了制度功能的发挥。而且，教师申诉范围规定的教师行政申诉机制与行政复议和行政诉讼的并行关系也不利于申诉制度功能的发挥。有研究提出要对教师与高校行政争议的申诉机制加以完善，②教育部也提出正在起草《教师申诉办法》，③目前中央层面尚未出台相关规定，地方有的在教师法实施办法的地方性法

① 李连宁、孙霄兵：《〈中华人民共和国教师法〉条文简释（六）》，载《中国民族教育》1994 年第 6 期。

② 有关教育申诉、教师申诉问题，可以参见房倩：《教育行政纠纷及法律救济制度研究》，华东师范大学 2010 届硕士学位论文。

③ 《教育部正制定教师申诉办法》，载《新京报》2012 年 4 月 16 日版，转引自 http://edu.people.com.cn/GB/17659605.html，最后访问日期：2015 年 11 月 10 日。

规中加以规定,如《北京市实施〈中华人民共和国教师法〉办法》,[①]有的则通过规章对教师申诉专门立法,如北京市和苏州市出台了《教师申诉办法》。[②] 然而,对于教师法所规定的学校侵犯教师合法权益的情形与学校对教师作出的处理决定的种类,现有中央层面立法的模糊和缺失使得教育行政申诉无法很好地发挥作用,而有关教育行政申诉部门的属地化特征、教育行政申诉决定的性质、效力及相应救济途径的模糊使教育行政部门不愿意或者也无力对高校的行为进行监督。[③]

2. 相关法律法规规定的人事争议[④]仲裁

教师与高校之间的争议之一就是人事争议。关于人事争议的性质看法不一,这种性质的争议也反映在立法中。高等学校属于法律法规授权组织中的事业单位法人,行政法学者一般认为教师与高校间因辞职、辞退等发生的人事争议属于行政争议,主张基于高校的特殊性质以及教师的专业人员身份,教师与高校之间的争议一般不适用《劳动法》《劳动合同法》及《劳动争议调解仲裁法》。同时,考虑到事业单位改革正在进行,《劳动合同法》第 96 条、[⑤]《劳动争议调解仲裁法》第

---

① 《北京市实施〈中华人民共和国教师法〉办法》第 24 条规定:市和区、县人民政府及其教育、劳动行政部门、有关部门,应当指定相应的职能机构按照《教师法》第三十九条的规定,接受教师申诉。申诉的具体办法由市人民政府制定。教师对申诉处理决定不服的,属于行政复议、行政诉讼受案范围的,可以依法申请行政复议或者提起行政诉讼。

② 在北大法宝,以教师申诉为关键词进行标题检索,目前仅有北京和苏州制定了地方规章层面的申诉办法。

③ 尽管通常认为学校面对教育行政部门处于弱势地位,但这种情况对高等学校并不完全适用。按照教师法实施意见,高校教师对高校行为提出申诉由所在区域的主管教育行政部门受理,则省级教育行政部门对所谓部属高校的权威并不足以使得高校服从不利于自己的申诉处理决定。如按照规定,北京大学教师对北京大学处理决定不服申诉的,由北京市教委受理,但北京市教委并非北京大学的主管机构。这种区域管理确定的主管教育行政部门与业务主管之间存在的张力将直接影响申诉的效果。

④ 北大法宝将人事争议界定为:是指聘任制公务员与所在机关之间因履行聘任合同、军队文职人员与聘用单位之间因履行合同、事业单位工作人员与单位之间因辞职、辞退及履行聘用合同所发生的争议。目前分为辞职争议、辞退争议、聘用合同争议三类纠纷。辞职争议是指聘任制公务员、军队文职人员、事业单位工作人员因辞职与单位发生的争议。辞退争议是指聘任制公务员、军队文职人员、事业单位工作人员因辞退与单位发生的争议。聘用合同争议是指聘任制公务员、军队文职人员、事业单位工作人员因履行聘用合同而与单位发生的争议。

⑤ 《劳动合同法》2007 年 6 月 29 日通过,2012 年 12 月 28 日修正。第 96 条规定了事业单位聘用制劳动合同的法律适用:事业单位与实行聘用制的工作人员订立、履行、变更、解除或者终止劳动合同,法律、行政法规或者国务院另有规定的,依照其规定;未作规定的,依照本法有关规定执行。

52条[①]为事业单位人事改革留下了空间。有关教师与高校间的人事争议是否适用劳动争议仲裁也存在争议。

2009年人力资源和社会保障部根据《劳动争议调解仲裁法》《公务员法》和《解放军文职人员条例》,公布了《劳动人事争议仲裁办案规则》。该规则第2条明确规定"事业单位与工作人员之间因除名、辞退、辞职、离职等解除人事关系以及履行聘用合同发生的争议"可以适用劳动人事争议仲裁,这改变了《劳动合同法》及《劳动争议调解仲裁法》对于事业单位争议的过渡性和模糊性表述,教师与高校之间因除名、辞退、辞职、离职等解除人事关系以及履行聘用合同发生的争议,虽然在理论上仍然被视为行政或者至少是公法上的争议,但在争议解决机制上已经不再限于教育法所规定的申诉,有关教师与高校人事争议的劳动人事仲裁解决机制正式确立。对劳动人事仲裁委员会裁决不服的,可以提起民事诉讼,如海南师范大学与刘春雷人事争议纠纷上诉案。[②]

2003年最高人民法院通过《关于人民法院审理事业单位人事争议案件若干问题的规定》,明确规定事业单位与其工作人员之间因辞职、辞退及履行聘用合同所发生的争议属于人事争议,适用劳动法,当事人可以申请劳动仲裁,对劳动仲裁不服的可以提起民事诉讼。2004年最高人民法院《关于事业单位人事争议案件适用法律等问题的答复》进一步明确了实体法律,适用《劳动法》的规定处理,指人民法院审理事业单位人事争议案件的程序运用《劳动法》的相关规定。人民法院对事业单位人事争议案件的实体处理应当适用人事方面的法律规定,但涉及事业单位工作人员劳动权利的内容在人事法律中没有规定的,适用《劳动法》的有关规定。

2014年国务院出台《事业单位人事管理条例》,第八章专门规定了"人事争议处理"。这也是目前我国有关事业单位人事管理具有最高效力的规范。该法第37条肯定了此前教师与高校人事争议可以申请劳动争议仲裁的规定,[③]第38条则对

---

① 《劳动争议调解仲裁法》2007年12月29日通过,2008年5月1日起施行。第52条规定了有关事业单位劳动争议的处理:事业单位实行聘用制的工作人员与本单位发生劳动争议的,依照本法执行;法律、行政法规或者国务院另有规定的,依照其规定。

② 北大法宝案例,法宝引证码为CLI. C. 2849723。

③ 第37条规定:事业单位工作人员与所在单位发生人事争议的,依照《中华人民共和国劳动争议调解仲裁法》等有关规定处理。

教师与高校人事争议之外的考核、处分等决定规定了按国家有关规定复核申诉的途径。①

从现有规定来看,人事争议仲裁作为教师与高校行政争议解决机制,限于教师与高校的人事争议,不包括教师因职务评定、考核等与高校发生的争议,适用范围有限,且作为人事仲裁后续救济的民事诉讼与高校的公权特性并不能很好地契合,②该机制在现实中的实施并不乐观。在事业单位改革的背景下如何在考虑高校个性的基础上兼顾教育质量与教师权益,是事业单位人事仲裁制度也是整个高等教育纠纷解决机制要解决的难题。

(三)小结

现行学生、教师与高校行政争议的非诉解决机制有很多共性,法律都规定了申诉制度,且申诉制度的规定都不够健全,功能发挥都不够理想,与行政复议和行政诉讼的衔接也不清楚。其中尤其值得注意的是,教育行政申诉与行政复议的关系。教育行政申诉是否等于行政复议?从时间来看,《行政复议法》的制定实施晚于《教育法》和《教师法》,此前《行政复议条例》已经在1990年开始施行,但《教育法》和《教师法》并未使用"行政复议"一词,应该是考虑了教师、学生与高校行政争议的特殊性,将教育申诉作为教育行政部门解决师生与高校争议的机制,是教育专门法针对特定对象规定的救济方式。对教育行政申诉处理决定不服的,才可能涉及行政复议问题。或者说对师生不服高校相关处理决定向教育行政主管机关提出申请的,只能视为教育行政申诉,而不能视为行政复议。

现行学生、教师与高校行政争议的非诉解决机制也有区别,学生方面毕竟已经构建了校内申诉制度和教育行政申诉并存的局面,行政复议和行政诉讼对部分争议也采取了开放的态度,但在教师方面并未确立校内申诉制度,现有人事争议仲裁制度效果不佳,而行政复议和行政诉讼对相关争议原则上采取封闭态度。而且,在已经确立的争议解决机制中并未区分学生、教师与学校行政争议的不同性质,未提出对学术性争议与其他类行政争议的不同审查原则、范围与强度,同时在与行政复

① 第38条规定:事业单位工作人员对涉及本人的考核结果、处分决定等不服的,可以按照国家有关规定申请复核、提出申诉。

② 李莉琴:《教师聘任纠纷中的人事争议仲裁制度研究》,北京师范大学教育学院2008年硕士学位论文。

议、行政诉讼制度的衔接上并未明确各自不同的范围。而这，恰恰是在高等教育行政争议解决机制中必须要解决的问题。

三、未来高等学校行政争议解决机制的建构

围绕着高校纠纷解决机制的构建，学者多关注行政诉讼机制，强调将受教育权纳入行政诉讼范围，但强调司法审慎和司法节制原则；此外也关注教育仲裁制度、[①]教育申诉制度，但很少提及教育行政复议，对高校行政争议的特征和种类系统研究不足，对不同机制各自的适用范围及相互衔接探讨不足，未能从整体上构建高等学校行政争议机制。国家目前推行的事业单位改革似乎更强调高校教师聘任的合同性质，在处理该类合同纠纷时未能充分考虑到高校目前教师的不同类型与高校公法上的特殊性。

（一）确定争议解决机制的原则

现行高等学校行政争议解决机制的建构，应当遵循几个原则：一是尊重高等教育行政争议的个性与多样性，区别对待不同争议。对学生、教师与高校间的行政争议要有别于学生、教师与教育行政机关间的行政争议、高校与教育行政机关之间的行政争议、高校与非教育行政机关之间的行政争议。二是选择重点、逐步完善。学生、教师与高校行政争议是高等教育行政争议的重点和难点，鉴于学生与高校行政争议解决机制已经有所突破，教师与高校行政争议解决机制可以在一定程度上加以借鉴。三是整合完善现有机制，稳步推进。现有申诉、仲裁、复议和诉讼制度如能够有效衔接并加以完善，应该足以解决这些争议。在现有机制未加整合完善的情况下，不宜动辄构建新的机制。

现行高等教育行政争议解决机制的核心就是高校行政争议解决机制，主要解决以高校为行政主体的一方与学生和教师所发生的行政争议。学生与高校的争议可以分为两个阶段进行分析：一是学生入学前，即学生与高校招生行为之间发生的争议，可以称为与高校关系形成发生的争议；二是学生进入高校就学后同高校所发生的争议，包括学生取得入学资格尚未注册前与注册后取得高校成员身份后两个

① 陈久奎：《我国教育纠纷仲裁制度建构研究》，西南大学 2006 年博士学位论文；吴殿朝：《教育仲裁制度研究》，载《高等工程教育研究》2006 年第 6 期。

阶段与高校发生的争议。已经成为高校成员的学生与高校之间为一种混合法律关系,分别为公法上的法律关系和私法上的法律关系。基于高校行使高校自治权力包括学术性权力和行政性权力而与学生所发生的争议为公法上的争议;高校所提供的后勤服务如提供饮食住宿等与学生之间发生的关系为一种私法上的争议,不属于高校行政争议。公法上的争议又分为两类,一类是学生由于考试评定、学位授予、课程选择等与学术直接相关事项发生的争议,另一类则是学生由于违反相应的秩序管理规则受到行政处分而与高校发生的争议。教师与高校之间的争议也可以分为两类:一类是教师与高校之间由于聘任发生的争议,包括由于是否聘任、续聘、解聘等事项而发生的争议,可以称为与高校关系形成发生的争议;另一类则是教师与高校之间由于教学研究、职称评定晋升而发生的争议。

对学生、教师与高校的行政争议来说,并不必然以求得司法救济为途径,而需要视高校决定对学生或教师的重大权益发生影响区分为高校内部救济与外部救济,并且外部救济还包括教育行政救济,不一定是司法救济。高校行政争议解决机制必然是多元的,包括高校内部解决机制、行政解决机制、司法审查机制。高校争议的不同性质决定了解决机制的不同。

(二)完善高等学校行政争议解决机制的建议

第一,明确校内申诉制度,建立完善的高校内部争议解决机制。高校内部争议解决机制是指由高校内部机构解决高校内部所发生的种种争议的机制。这一机制具有非常重要的意义。基于学术自由与高校自治,高校内部争议多属于高校自治范围内的事项,由高校来解决内部争议,能够更好地维护学术自由与高校自治,避免外部争议解决机制可能对学术自由与高校自治的侵犯。并且,内部争议解决机制较之于外部解决机制对于争议享有更为充分的权力,不仅可以对争议的合法性问题做出判断,也可以对合理性问题做出判断,还能够直接做出决定。并非所有的争议最终都能够诉诸外部争议解决机制,外部争议也并不能直接对有关学术评定等事项进行实质性审查,高校内部的争议解决机制建设就更为重要,既是高校维护学术自由和高校自治的保障,也是学生和教师权利得到充分救济的保障。现有申诉制度正是这一机制的体现。

高校内部争议解决机制主要解决高校内部所发生的争议,包括学生与高校之间发生的争议和教师与高校之间发生的争议,但对于学生与高校之间因为招生发生的争议以及教师与高校之间因为聘任而发生的争议，即与高校关系形成过程中所发生的争议，一般不属于内部解决机制的范围。高校内部争议解决机制的重点是对于学生的学术评定、纪律处分等学术性争议和行政性争议，这些争议都属于公法性质的争议，对于争议处理结果不服的，仍可能再经由行政复议和司法审查机制解决。学生与高校间发生的私法上的争议也可以在高校内部解决，但对该争议解决不服的，需要通过民事诉讼途径解决。教师与高校之间关于晋升等发生的争议也属于高校内部争议解决的范围。

高校内部争议解决机制的完善首先是高校内部相应组织机构的建立健全，其次是规则的制定和执行。高校内部争议解决机制包括教师校内申诉和学生校内申诉。从现有申诉制度来看，当务之急是建立教师的校内申诉制度，设立教师申诉委员会。由于教师与高校发生的争议多为学术评议事项，教师申诉委员应当强调专业人员的参与。学生申诉处理委员主要处理违反纪律规则和管理规则做出的处分决定，对于与学生学术水平的具体评定有关的争议事项应当交由学术机构解决。涉及教师职称评定和学生成绩评定等事项，可以交由已有的学校机构如学位评定委员会和学术委员会进行。原则上所有的学生、教师与高校的行政争议都可以进行申诉，但申诉以一次为限。涉及学术的高校行为，校内申诉应当作为教育行政申诉的前置程序。但并非所有的涉及学术行为的校内申诉决定都能够进入教育行政申诉程序。

第二，细化教育申诉和教育仲裁制度，健全完善教育行政救济机制。行政救济机制是由教育行政机关所主持的一种争议解决机制。高校在自治行政之外作为行政相对人与非教育行政机关之间发生的争议，如卫生处罚等，可以由相应的行政复议制度解决，不是教育行政救济机制的重点。行政救济机制主要解决教育行政争议和高校内部争议，包括高校内部的学生和教师基于高校行使自治权力发生的争议；高校作为自治行政接受教育行政的干预监督，与教育行政机关之间发生的教育行政争议。

高等教育行政救济机制可以有两种模式。一种是教育系统内部司法制度。一些国家中央和地方教育行政部门设有专门机构行使教育行政裁判权和司法仲裁权，负责对涉及教师、校长、教育行政人员的诉讼案件和违法案件的行政惩处和裁决；另一种是教育系统外部行政司法制度。许多国家设立了单独的行政仲裁制度和机构,专门受理涉及行政违法行为的诉讼案件。这类行政司法机构有权对包括违反教育法律在内的一切行政违法行为作出裁决,有权受理涉及包括教师和教育行政人员在内的公务人员的诉讼案件。我国高等教育行政救济机制可以在现有机制的基础上沿着上述进路出发,即在教育系统内完善教育申诉制度和教育行政复议制度,同时在教育系统外完善教育仲裁制度。

我国现行教育行政救济机制采取的主要是教育系统内部司法制度,由教育行政机关来处理教育行政争议。教育行政机关既是高校自治行政的监督者,又是教育行政机构自身教育行政行为的监督者。它可以解决高校内部争议和教育行政争议。对高校内部争议,教育行政机关只能审查高校行为的合法性而不能及于高校行为的合理性,不能代替高校直接作出行为。对教育行政争议,由于是教育行政机关自身对于高校所进行的干预行为,教育行政机关有权进行合法性和合理性审查,并可以直接做出行政决定。应当肯定,教师或学生对高校内部争议解决机制的决定仍然不服的,可以向教育行政机关进行申诉,但建议将高校内部争议解决机制作为诉诸行政争议解决机制的前置程序。对教育行政机关的申诉处理决定仍然不服的,才有可能提起司法审查。对于教育行政争议,高校可以通过行政争议解决机制解决,也可以直接提起司法审查,行政争议解决机制不是高校对教育行政争议提起司法审查的前置程序。

教育仲裁制度作为教育系统外由人事部门所进行的行政救济机制有其优势,可以予以保留,但建议对教育系统尤其是高等教育领域人事争议仲裁制度的实施情况进行评估,在考虑到高等教育和高校的特殊性的基础上进行改造。尤其要解决教师申诉与教育仲裁的关系,在明确二者各自救济范围的基础上,应当允许二者作为行政救济机制并行不悖,允许当事人自由选择。但在选择之后是否有必要进入同一救济环节需要权衡。目前对教育行政申诉不服的,可以申请复议或行政诉讼,而对人事争议仲裁不服的则进入民事诉讼,这种差别不利于争议的解决。

第三,完善行政复议和行政诉讼制度,勾连不同争议解决机制。高等学校行政争议要进入行政复议和行政诉讼范围,但并不是所有的争议都能够进入。要建立高等学校行政争议对行政诉讼的入口机制。这个入口机制一方面体现为行政复议和诉讼受理此类争议的范围的有限性,另一方面体现为行政复议和诉讼受理此类争议的时机限定性。高等学校行政争议涉及学生和教师权益的,仅在足以影响二者身份时且必须已经经过校内申诉程序方可进入复议和诉讼。必要时也可以规定校内申诉之后的行政复议程序,穷尽行政救济之后才可能进入行政诉讼。并且,此类高等学校行政争议的司法审查强度是受限制的,对于学术性争议,司法审查应当尊重高校的学术自主,原则上只审查程序问题,不介入实体判断。

当然,仅有这些机制还不足以解决高等学校行政纠纷。教师与高校之间的人事争议随着事业单位改革的深入进行将会出现更复杂的情况,需要探索完善教育人事争议仲裁制度。教育行政争议的解决应该更依赖包括校内申诉、教育申诉等系统内的纠纷解决机制,行政复议和行政诉讼尤其是后者并非最好选择。行政法学面临从行政诉讼向行政过程为中心的转变,对高校行政争议非诉讼解决机制的探索,既是高校学术自由和学术权力的应有之义,也是对行政法学这一行政过程中心转变的回应。

图书在版编目（CIP）数据

教育法问题研究／姚金菊著. -- 北京：法律出版社，2017（2020.1 重印）
ISBN 978-7-5118-9611-7

Ⅰ. ①教… Ⅱ. ①姚… Ⅲ. ①教育法-研究-中国
Ⅳ. ①D922.164

中国版本图书馆 CIP 数据核字（2016）第 122760 号

教育法问题研究
JIAOYU FA WENTI YANJIU

姚金菊 著

策划编辑 沈小英
责任编辑 陈 妮
装帧设计 汪奇峰

出版 法律出版社
总发行 中国法律图书有限公司
经销 新华书店
印刷 三河市兴达印务有限公司
责任校对 杨锦华
责任印制 吕亚莉

编辑统筹 法治与经济出版分社
开本 710 毫米×1000 毫米 1/16
印张 16
字数 257 千
版本 2017 年 12 月第 1 版
印次 2020 年 1 月第 2 次印刷

法律出版社／北京市丰台区莲花池西里 7 号（100073）
网址／www.lawpress.com.cn
投稿邮箱／info@lawpress.com.cn
举报维权邮箱／jbwq@lawpress.com.cn
销售热线／400-660-8393
咨询电话／010-63939796

中国法律图书有限公司／北京市丰台区莲花池西里 7 号（100073）
全国各地中法图分、子公司销售电话：
统一销售客服／400-660-8393/6393
第一法律书店／010-83938432/8433
西安分公司／029-85330678
重庆分公司／023-67453036
上海分公司／021-62071639/1636
深圳分公司／0755-83072995

书号：ISBN 978-7-5118-9611-7
定价：76.00 元
（如有缺页或倒装，中国法律图书有限公司负责退换）

教育法问题研究

Jiao Yu Fa Wen Ti Yan Jiu

姚金菊 著

法律出版社
LAW PRESS·CHINA